COLLECTION MICHEL LÉVY

THÉATRE
DE
MARIVAUX

Imprimerie de L. TOINON et Cie, à Saint-Germain. 698

THÉATRE

DE

MARIVAUX

PRÉCÉDÉ D'UNE ÉTUDE

PAR

PAUL DE SAINT-VICTOR

PARIS

MICHEL LÉVY FRÈRES, LIBRAIRES ÉDITEURS

RUE VIVIENNE, 2 BIS, ET BOULEVARD DES ITALIENS, 15

A LA LIBRAIRIE NOUVELLE

1863

MARIVAUX

Chaque fois que je revois une pièce de Marivaux, je me souviens d'un beau conte, lu dans je ne sais quel livre oublié.

Une fée entrait, à minuit, dans la grande salle d'un vieux château, tendue de tapisseries de haute lice. Les bergers de *l'Astrée*, les nymphes de *l'Aminte*, les divinités galantes, de belles dames de l'ancien temps, en habits de fête, jouaient de la flûte ou tiraient de l'arc, trônaient sur les nuées ou causaient dans des cabinets de verdure, le long des murailles transformées en jardins d'idylle. Mais l'automne des siècles avait passé sur ce printemps de couleurs : le ciel jaunissait, les nuages laissaient tomber leurs flocons, les arbres craquaient dans leur écorce brodée ; les figures elles-mêmes commençaient à décroître et à s'effacer : leurs yeux n'étaient que des taches luisantes, leurs joues rentraient dans l'étoffe, leur sourire éclairci tournait au bâillement ou à la grimace ; les gestes ne tenaient plus qu'à un fil, les traits à une nuance, la forme à un contour déjà entamé et presque déteint. Tous ces frêles personnages, décomposés maille à maille, laissaient transparaître leur vide intérieur. Encore quelques jours, et leur existence fictive allait s'évanouir...

La fée touchait de sa baguette cette fantasmagorie pâlissante, et une vie magique la ranimait subitement. Le ciel se retrempait dans l'azur, les nuages reprenaient leur souffle aérien, les oiseaux chantaient dans les arbres reverdis ; la couleur, circulant dans le tissu flétri, ressuscitait ses fantômes ; l'arc vibrait sous les doigts des nymphes, les flûtes résonnaient entre les lèvres des bergers, un murmure de robes de soie et de chaînes d'or remplissait la toile. On entendait battre les ailes de l'Amour.

C'est le miracle qui se fait à chaque reprise dans ces comédies de Marivaux, aussi fanées aujourd'hui que les tapisseries du vieux temps. Elle n'est plus, cette société voluptueuse dont il a fixé, dans un style d'argent et de soie, l'éclat fugitif. Ses personnages nous sont devenus aussi étrangers que pourraient l'être les habitants de la planète de Vénus. Nous avons perdu la clef ciselée de leur fin langage, nous ne comprenons qu'à demi leurs élégances et leurs quintessences. Cependant, que la scène ravive cet Eldorado de la galanterie, et le charme opère, et le sortilége s'accomplit. Sous ces figures de camaïeu court le frémissement de la vie ; nous nous reprenons à aimer ce monde précieux, ces mœurs langoureuses, cette métaphysique délicate, ces tendres amants et ces douces jeunes femmes dont les amours subtils font penser aux mariages des fleurs et à leurs échanges de parfums.

Ce qui nous séduit avant tout dans le théâtre de Marivaux, c'est sa poésie romanesque. On placerait volontiers la scène de ses comédies dans une de ces îles merveilleuses que Shakspeare choisit pour cadre de ses féeries. Au milieu des licences de la littérature de l'époque, son répertoire vous apparaît comme une oasis où un cercle d'honnêtes jeunes femmes et d'amants discrets s'est réfugié pour tenir un décaméron. Les joies triviales et les rires bruyants sont bannis de ce calme asile. On y cause à demi-voix, on y brûle à petit feu, on s'y promène à pas lents dans des labyrinthes aux riants dédales. Les plus imperceptibles battements du cœur y résonnent, comme dans ces paysages de contes bleus où l'on entend germer l'herbe et pousser les feuilles. Une teinte d'âge d'or flotte sur ce théâtre poétique. Ses amoureux ressemblent à des Princes Charmants ; ses mères et ses tantes grondent et radotent à la façon des vieilles fées ; ses jardiniers et ses paysans ont la riante bêtise des sylvains de trumeau ; les soubrettes reflètent comme des miroirs et répètent comme des échos l'esprit et la beauté de leurs jeunes maîtresses ; quant à ses jeunes femmes, on dirait les sœurs des héroïnes de Shakspeare.

Cette ressemblance si frappante est peut-être un simple hasard. A l'époque où Marivaux écrivait, Shakspeare était aussi inconnu en France qu'aurait pu l'être un poëte japonais. Son œuvre immense n'avait pas été découverte : ni Voltaire ni Letourneur ne l'avaient encore abordée. En Angleterre même, sa gloire était alors éclipsée par la réaction pseudo-classique du siècle de la reine Anne.

Marivaux pénétra-t-il par quelque voie secrète dans ce théâtre vierge et sauvage ? eut-il la primeur de ses beautés et de ses merveilles ? L'esprit romanesque de ses personnages ferait croire à une initiation clandestine. Par moments, il semble que le parc de ses châteaux donne dans les paysages enchantés du *Songe d'une nuit d'été* et de *Comme il vous plaira*. Il semble que ses marquis et ses chevaliers rapportent, mêlés à la poudre de leur coiffure, les parfums de *la Forêt des Ardennes*. Ses femmes surtout, par leur faculté exquise et nerveuse de sentir la vie, rappellent les filles du grand poëte anglais. Même caprice ému, même ironie attendrie, même goût de surprises et de déguisements. Silvia n'aurait qu'à changer son tablier de soubrette contre la cape de Rosalinde pour intriguer le pâle Orlando. Les reparties d'Araminte et de Dorante se croiseraient sans dissonance avec les concetti d'Hermia et de Lysandre errant dans les sentiers du bois athénien.

Quoi qu'il en soit, quelles délicieuses créatures que ces jeunes femmes à demi vraies, à demi factices ! Telles ces fleurs rares qui tiennent de la nature la séve et le parfum, de l'art les nuances uniques qui teignent leurs corolles. On sent battre un cœur sous leur corsage à nœuds de rubans; on sent passer de sincères rougeurs sous l'incarnat qui farde leurs joues. Ce qui les distingue entre toutes les héroïnes de l'ancien théâtre, c'est leur sensibilité spirituelle. Elles filent le parfait amour à une quenouille délicieusement embrouillée; elles aiment *un peu, beaucoup, passionnément*, jamais *pas du tout*, et ne se lassent pas d'effeuiller cette marguerite immortelle. L'aveu voltige sur leurs lèvres; mais comme elles savent le reprendre au moment où il s'échappe, et le cacher sous l'ironie d'un sourire! c'est là que le style de Marivaux se déploie dans sa complication délicate; mélange unique de tendresse et de taquinerie, d'émotion et de légèreté, de mélancolie et de verve; effets de clair-obscur transposés dans le langage. La réticence enveloppe la pensée, et la voile comme d'un demi-jour.

Swedenborg raconte, dans ses *Visions*, qu'il vit des esprits de l'air causer entre eux et se comprendre par le seul clignement de leurs yeux. Il y a quelque chose, dans les dialogues de Marivaux, du mystère de ces entretiens palpitant au fond des nuées.

On a beaucoup médit de ce fin jargon; on a reproché à Marivaux sa manière; mais cette manière lui est naturelle; il serait affecté s'il était simple. Les sensitives sont dans la nature aussi bien que les bleuets des champs. Toutes les civilisations extrêmes produisent des sentiments trop complexes pour être traduits par la langue vulgaire. Les recherches de la parole peuvent seules exprimer certains raffinements de l'esprit et des mœurs. — L'amour ne fait que changer de costumes et de conventions; il faut remonter la source des siècles pour le rencontrer à l'état de nature. Il est nu, près des puits de la Genèse, lorsqu'il inspire les filles de patriarches donnant à boire aux pasteurs. Il est nu encore, dans l'*Iliade*, quoique déjà à demi drapé de sublimité, lorsqu'il pousse Hélène rougissante dans le lit nuptial de Pâris. Mais, au-delà de cette antiquité vénérable, que de métamorphoses et que d'artifices! La Grèce le traite en enfant; elle lui apprend toute sorte de gentillesses et de mignardises anacréontiques. Rome l'enivre dans ses orgies. Le moyen âge le spiritualise; il en fait un ange, une fée, une étoile, quelque chose d'aérien et d'incorporel que la chevalerie poursuit en rêvant... A la renaissance, l'Amour reprend son beau corps païen; mais il garde l'auréole mystique dont le christianisme l'avait entouré. Son culte sensuel et subtil se complique de rites nouveaux et de pratiques infinies. Au XVIIe siècle, il devient le maître des cérémonies du cœur, et lève théoriquement le cours des fleuves du pays de Tendre. Sous Louis XV, il prend les ailes du désir et s'évapore en caprices.

Ainsi l'histoire de l'Amour n'est qu'un carnaval; il varie à l'infini ses masques et ses modes, ses idiomes et ses élégances; mais, ce qu'il y a de plus maniéré dans une société quelle qu'elle soit, c'est lui, toujours lui. Qu'il soit ardent ou transi, qu'il s'enveloppe du voile des vierges ou qu'il dénoue sa ceinture, qu'il monte, le poignard aux dents, l'échelle de soie de l'Espagne, ou qu'il tienne à deux genoux, sur un tabouret, l'écheveau que roule sa maîtresse, ce sera toujours avec des mines et des afféteries adorables. Il a son dialecte à lui dans chaque langue, son sanscrit sacré dans chaque idiome; une langue de concetti, d'hyperboles et de délicieuses gasconnades. Il se fait, pour ainsi dire, un sérail de toutes les sensualités et de toutes les grâces du vocabulaire. — Prenez au hasard un verset de Salomon, une strophe d'Hafiz, une élégie de Properce, un sonnet de Pétrarque, une déclaration d'amour de Shakspeare, une tirade de Racine, un rondeau de Voiture, une épître de Gentil-Bernard, vous y trouverez partout le même luxe de métaphores, les mêmes recherches de la parole se chargeant, pour mieux séduire, de toutes les parures, joyaux ou clinquants, qu'elle peut recueillir. — Que d'étoiles, que de lis, que d'yeux de gazelle, que de perles, que de flocons de neige, que de rayons de soleil, que de croissants de lune! Toutes les fleurs du ciel et de la terre versées pêle-mêle dans le giron de la bien-aimée!

Pourquoi donc reprocher à Marivaux son marivaudage? Sa langue est celle d'un siècle d'analyse et de volupté. Il a découvert les infiniment petits du cœur; il a fixé des nuances, des colorations, des reflets qui, sans lui, se seraient à tout jamais dissipés. Il raffine sans doute, et il subtilise; il note le soupir, il distille une larme, il égrène le mot, il volatilise la pensée : on doit le respirer et non s'en nourrir. Mais l'esprit français a donné en lui sa fleur des pois et son élixir; le *dessus* de ses élégances est enfermé dans ce précieux répertoire. Le jour où il disparaîtrait, quelque chose s'en irait avec lui, quelque chose de frivole sans doute, mais d'exquis et d'irréparable.

Héliogabale éleva un mausolée « aux mânes d'un vase de cristal, » voulant éterniser la mémoire des joies et des ivresses qu'il avait versées. La comédie de Marivaux est fragile comme le vase du César idolâtre; comme lui aussi, elle charme et enivre. Mais prenons garde de la briser, n'altérons pas sa tradition délicate : ses légers mânes ne reviendraient pas.

PAUL DE SAINT-VICTOR.

TABLE

La Surprise de l'amour.   1
Le Jeu de l'amour et du hasard. 63
Le Legs. 127
Les Fausses Confidences. 163
L'Épreuve. 239

LA
SURPRISE DE L'AMOUR

COMÉDIE

EN TROIS ACTES

Représentée pour la première fois, à Paris, en 1727

PERSONNAGES

LA MARQUISE, veuve.
LE CHEVALIER.
LE COMTE.
LISETTE, suivante de la marquise.
LUBIN, valet du chevalier.
M. HORTENSIUS, pédant.

LA SURPRISE DE L'AMOUR

ACTE PREMIER

SCÈNE PREMIÈRE

LA MARQUISE, LISETTE. La marquise entre tristement sur la scène; Lisette la suit sans qu'elle le sache.

LA MARQUISE, s'arrêtant et soupirant.

Ah!

LISETTE, derrière elle.

Ah!

LA MARQUISE.

Qu'est-ce que j'entends?... Ah! c'est vous?

LISETTE.

ui, madame.

LA MARQUISE.

De quoi soupirez-vous?

LISETTE.

Moi? De rien... Vous soupirez; je prends cela pour une parole, et je vous réponds de même.

LA MARQUISE.

Fort bien; mais qui est-ce qui vous a dit de me suivre?

LISETTE.

Qui me l'a dit, madame? Vous m'appelez, je viens; vous marchez, je vous suis; j'attends le reste.

LA MARQUISE.

Je vous ai appelée, moi?

LISETTE.

Oui, madame.

LA MARQUISE.

Allez! vous rêvez. Retournez-vous-en; je n'ai pas besoin de vous.

LISETTE.

Retournez-vous-en!... Les personnes affligées ne doivent point rester seules, madame.

LA MARQUISE.

Ce sont mes affaires; laissez-moi.

LISETTE.

Cela ne fait qu'augmenter leur tristesse.

LA MARQUISE.

Ma tristesse me plaît.

LISETTE.

Et c'est à ceux qui vous aiment à vous secourir dans cet état-là; je ne veux pas vous laisser mourir de chagrin.

LA MARQUISE.

Ah! voyons donc où cela ira.

LISETTE.

Pardi! il faut bien se servir de sa raison dans la vie, et ne pas quereller les gens qui sont attachés à nous.

LA MARQUISE.

Il est vrai que votre zèle est fort bien entendu: pour m'empêcher d'être triste, il me met en colère.

LISETTE.

Eh bien, cela distrait toujours un peu; il vaut mieux quereller que soupirer.

LA MARQUISE.

Eh! laissez-moi; je dois soupirer toute ma vie.

LISETTE.

Vous devez, dites-vous? Oh! vous ne payerez jamais cette dette-là; vous êtes trop jeune, elle ne saurait être sérieuse.

LA MARQUISE.

Eh! ce que je dis là n'est que trop vrai; il n'y a plus de consolation pour moi, il n'y en a plus. Après deux ans de l'amour le plus tendre, épouser ce que l'on aime, ce qu'il y avait de plus aimable au monde, l'épouser, et le perdre un mois après!

LISETTE.

Un mois! c'est toujours autant de pris. Je connais une dame qui n'a gardé son mari que deux jours : c'est cela qui est piquant!

LA MARQUISE.

J'ai tout perdu, vous dis-je.

LISETTE.

Tout perdu! Vous me faites trembler. Est-ce que tous les hommes sont morts?

LA MARQUISE.
Eh! que m'importe qu'il reste des hommes?
LISETTE.
Ah! madame, que dites-vous là! Que le ciel les conserve! ne méprisons jamais nos ressources.
LA MARQUISE.
Mes ressources! à moi qui ne veux plus m'occuper que de ma douleur, moi qui ne vis presque plus que par un effort de raison!
LISETTE.
Comment donc par un effort de raison? Voilà une pensée qui n'est pas de ce monde; mais vous êtes bien fraîche pour une personne qui se fatigue tant.
LA MARQUISE.
Je vous prie, Lisette, point de plaisanterie! vous me divertissez quelquefois, mais je ne suis pas à présent en situation de vous écouter.
LISETTE.
Ah çà! madame, sérieusement, je vous trouve le meilleur visage du monde; voyez ce que c'est! quand vous aimiez la vie, peut-être que vous n'étiez pas si belle; la peine de vivre vous donne un air plus vif et plus mutin dans les yeux, et je vous conseille de batailler toujours contre la vie, cela vous réussit on ne peut pas mieux.
LA MARQUISE.
Que vous êtes folle! Je n'ai pas fermé l'œil de la nuit.
LISETTE.
N'auriez-vous pas dormi en rêvant que vous ne dormiez point? car vous avez le teint bien reposé; mais vous êtes un peu trop négligée, et je suis d'avis de vous arranger un peu la tête. La Brie, qu'on apporte ici la toilette de madame.
LA MARQUISE.
Qu'est-ce que tu vas faire? Je n'en veux point!
LISETTE.
Vous n'en voulez point? vous refusez le miroir? Un miroir, madame! savez-vous bien que vous me faites peur? cela serait sérieux pour le coup, et nous allons voir cela. Il ne sera pas dit que vous serez charmante impunément; il faut que vous le voyiez; et que cela vous console, et qu'il vous plaise de vivre. (On apporte la toilette. Elle prend un siége.) Allons, madame, mettez-vous là, que je vous ajuste. Tenez, le savant que vous avez pris chez vous ne vous lira point de livre si consolant que ce que vous allez voir.
LA MARQUISE.
Oh! tu m'ennuies... Qu'ai-je besoin d'être mieux que je ne suis?... Je ne veux voir personne.
LISETTE.
De grâce! un petit coup d'œil sur la glace, un seul petit

coup d'œil, quand vous ne le donneriez que de côté; tâtez-en seulement.

LA MARQUISE.

Si tu voulais bien me laisser en repos!

LISETTE.

Quoi! votre amour-propre ne dit plus mot, et vous n'êtes pas à l'extrémité? Cela n'est pas naturel, et vous trichez... Faut-il vous parler franchement? je vous disais que vous étiez plus belle qu'à l'ordinaire; mais la vérité est que vous êtes très-changée, et je voulais vous attendrir un peu pour un visage que vous abandonnez bien durement.

LA MARQUISE.

Il est vrai que je suis dans un terrible état.

LISETTE.

Il n'y a donc qu'à emporter la toilette. La Brie, remettez cela où vous l'avez pris.

LA MARQUISE.

Je ne me pique plus ni d'agréments ni de beauté.

LISETTE.

Madame, la toilette s'en va, je vous en avertis.

LA MARQUISE.

Mais, Lisette, je suis donc bien épouvantable?

LISETTE.

Extrêmement changée.

LA MARQUISE.

Voyons donc! car il faut bien que je me débarrasse de toi.

LISETTE.

Ah! je respire, vous voilà sauvée. Allons, courage, madame. (On apporte le miroir.)

LA MARQUISE.

Donne le miroir... Tu as raison, je suis bien abattue.

LISETTE, lui donnant le miroir.

Ne serait-ce pas un meurtre que de laisser dépérir ce teint-là, qui n'est que lis et que rose quand on en a soin?... Rangez-moi ces cheveux qui vous cachent les yeux. Ah! les fripons, comme ils ont encore l'œillade assassine! ils m'auraient déjà brûlée, si j'étais de leur compétence; ils ne demandent qu'à faire du mal.

LA MARQUISE, rendant le miroir.

Tu rêves; on ne peut pas les avoir plus battus.

LISETTE.

Oui, battus. Ce sont de bons hypocrites; que l'ennemi vienne, il verra beau jeu! Mais voici, je pense, un domestique de M. le chevalier. C'est ce valet de campagne si naïf, qui vous a tant divertie il y a quelques jours.

LA MARQUISE.

Que me veut son maître?... Je ne vois personne.

LISETTE.

Il faut bien l'écouter.

SCÈNE II

LUBIN, LA MARQUISE, LISETTE.

LUBIN.

Madame, pardonnez l'embarras...

LISETTE.

Abrége, abrége; il t'appartient bien d'embarrasser madame!

LUBIN.

Il vous appartient bien de m'interrompre, ma mie! est-ce qu'il ne m'est pas libre d'être honnête?

LA MARQUISE.

Finis; de quoi s'agit-il?

LUBIN.

Il s'agit, madame, que M. le chevalier m'a dit de vous dire... ce que votre femme de chambre m'a fait oublier.

LISETTE.

Quel original!

LUBIN.

Cela est vrai; mais, quand la colère me prend, ordinairement la mémoire me quitte.

LA MARQUISE.

Retourne donc savoir ce que tu me veux.

LUBIN.

Oh! ce n'est pas la peine, madame, et je m'en ressouviens à cette heure; c'est que nous arrivâmes hier tous deux à Paris, M. le chevalier et moi, et que nous en partons demain pour n'y revenir jamais; ce qui fait que M. le chevalier vous mande que vous ayez à trouver bon qu'il ne vous voie point cette après-dînée, et qu'il ne vous assure point de ses respects, sinon ce matin, si cela ne vous déplaisait pas, pour vous dire adieu, à cause de l'incommodité de ses embarras.

LISETTE.

Tout ce galimatias-là signifie que M. le chevalier souhaiterait vous voir à présent.

LA MARQUISE.

Sais-tu ce qu'il a à me dire? car je suis dans l'affliction.

LUBIN, d'un ton triste, et, à la fin, pleurant.

Il a à vous dire que vous ayez la bonté de l'entretenir un quart d'heure. Pour ce qui est d'affliction, ne vous embarrassez pas, madame; il ne nuira pas à la vôtre, au contraire, car il est encore plus triste que vous, et moi aussi; nous faisons compassion à tout le monde.

LISETTE.

Mais, en effet, je crois qu'il pleure.

LUBIN.

Oh! vous ne voyez rien, je pleure bien autrement quand je suis seul; mais je me retiens par honnêteté.

LISETTE.

Tais-toi.

LA MARQUISE.

Dis à ton maître qu'il peut venir et que je l'attends; et vous, Lisette, quand M. Hortensius sera revenu, qu'il vienne sur-le-champ me montrer les livres qu'il a dû m'acheter. (Elle soupire en s'en allant.) Ah!

SCÈNE III

LISETTE, LUBIN.

LISETTE.

La voilà qui soupire, et c'est toi qui en es cause, butor que tu es; nous avons bien affaire de tes pleurs!

LUBIN.

Ceux qui n'en veulent pas n'ont qu'à les laisser; ils ont fait plaisir à madame, et M. le chevalier l'accommodera bien autrement, car il soupire encore bien mieux que moi.

LISETTE.

Qu'il s'en garde bien!... dis-lui de cacher sa douleur, je ne t'arrête que pour cela; ma maîtresse n'en a déjà que trop, et je veux tâcher de l'en guérir, entends-tu?

LUBIN.

Pardi!... tu cries assez haut.

LISETTE.

Tu es bien brusque. Et de quoi pleurez-vous donc tous deux? peut-on le savoir?

LUBIN.

Ma foi, de rien... Moi, je pleure parce que je le veux bien... car, si je voulais, je serais gaillard.

LISETTE.

Le plaisant garçon!

LUBIN.

Oui, mon maître soupire, parce qu'il a perdu une maîtresse; et, comme je suis le meilleur cœur du monde, moi, je me suis mis à faire comme lui pour l'amuser; de sorte que je vais toujours pleurant sans être fâché, seulement par compliment.

LISETTE, riant.

Ah! ah! ah! ah!

LUBIN, riant aussi.

Eh! eh! eh! tu en ris? J'en ris quelquefois de même, mais rarement, car cela me dérange; j'ai pourtant perdu aussi une maîtresse, moi; mais, comme je ne la verrai plus, je l'aime toujours sans en être plus triste. (Il rit.) Eh! eh! eh!

LISETTE.

Il me divertit. Adieu. Fais ta commission, et ne manque pas d'avertir M. le chevalier de ce que je t'ai dit.

LUBIN, riant.

Adieu, adieu.

LISETTE.

Comment donc! tu me lorgnes, je pense?

LUBIN.

Oui-da, je te lorgne.

LISETTE.

Tu ne pourras plus te remettre à pleurer.

LUBIN.

Gageons que si. Veux-tu voir?

LISETTE.

Va-t-en; ton maître t'attendra.

LUBIN.

Je ne l'en empêche pas.

LISETTE.

Je n'ai que faire d'un homme qui part demain; retire-toi.

LUBIN.

A propos, tu as raison, et ce n'est pas la peine d'en dire davantage. Adieu donc, la fille.

LISETTE.

Bonjour, l'ami.

SCÈNE IV

LISETTE, seule.

Ce bouffon-là est amusant... Mais voici M. Hortensius aussi chargé de livres qu'une bibliothèque!... Que cet homme-là m'ennuie avec sa doctrine ignorante! Quelle fantaisie a madame d'avoir pris ce personnage-là chez elle pour la conduire dans ses lectures et amuser sa douleur! Que les femmes du monde ont de travers!

SCÈNE V

HORTENSIUS, LISETTE.

LISETTE.

Monsieur Hortensius, madame m'a chargé de vous dire que vous alliez lui montrer les livres que vous avez achetés pour elle.

HORTENSIUS.

Je serai ponctuel à obéir, mademoiselle Lisette, et madame la marquise ne pouvait charger de ses ordres personne qui me les rendît plus dignes de ma prompte obéissance.

LISETTE.

Ah! le joli tour de phrase! Comment! vous me saluez de la période la plus galante qui se puisse, et l'on sent bien qu'elle part d'un homme qui sait sa rhétorique.

HORTENSIUS.

La rhétorique que je sais là-dessus, mademoiselle, ce sont vos beaux yeux qui me l'ont apprise.

LISETTE.

Mais ce que vous me dites-là est merveilleux; je ne savais pas que mes beaux yeux enseignassent la rhétorique.

HORTENSIUS.

Ils ont mis mon cœur en état de soutenir thèse, mademoiselle, et, pour essai de ma science, je vais, si vous l'avez pour agréable, vous donner un petit argument en forme.

LISETTE.

Un argument à moi? Je ne sais ce que c'est, je ne veux point tâter de cela. Adieu.

HORTENSIUS.

Arrêtez; voyez mon petit syllogisme; je vous assure qu'il est concluant.

LISETTE.

Un syllogisme? Et que voulez-vous que je fasse de cela?

HORTENSIUS.

Écoutez : on doit son cœur à ceux qui vous donnent le leur : je vous donne le mien; *ergò*, vous me devez le vôtre.

LISETTE.

Est-ce là tout? Oh! je sais la rhétorique aussi, moi. Tenez, on ne doit son cœur qu'à ceux qui le prennent; assurément, vous ne prenez pas le mien; *ergo*, vous ne l'aurez pas. Bonjour.

HORTENSIUS, l'arrêtant.

La raison répond...

LISETTE.

Oh! pour la raison, je ne m'en mêle point ; les filles de mon âge n'ont point de commerce avec elle. Adieu, monsieur Hortensius; que le ciel vous bénisse, vous, votre thèse et votre syllogisme !

HORTENSIUS.

J'avais pourtant fait de petits vers latins sur vos beautés.

LISETTE.

Eh! mais, monsieur Hortensius, mes beautés n'entendent que le français.

HORTENSIUS.

On peut vous les traduire.

LISETTE.

Achevez donc, car j'ai hâte.

HORTENSIUS

Je crois les avoir serrés dans un livre. (Pendant qu'il cherche, Lisette voit venir la marquise et dit :)

LISETTE.

Voilà madame. Laissons-le chercher son papier. (Elle sort.)

HORTENSIUS, continue en feuilletant.

Je vous y donne le nom d'Hélène de la manière du monde la plus poétique, et j'ai pris la liberté de m'appeler le Pâris de l'aventure. Les voilà : cela est galant.

SCÈNE VI

LA MARQUISE, HORTENSIUS, UN LAQUAIS.

LA MARQUISE.

Que voulez-vous donc dire avec cette aventure où vous vous appelez Pâris? A qui parliez-vous? Voyons ce papier.

HORTENSIUS.

Madame, c'est un trait de l'histoire des Grecs, dont mademoiselle Lisette me demandait l'explication.

LA MARQUISE.

Elle est bien curieuse, et vous bien complaisant. Où sont les livres que vous m'avez achetés, monsieur?

HORTENSIUS.

Je les tiens, madame, tous bien conditionnés, et d'un prix fort raisonnable; souhaitez-vous les voir?

LA MARQUISE.

Montrez.

LE LAQUAIS.

Voici M. le chevalier, madame.

LA MARQUISE.

Faites entrer. (A Hortensius.) Portez-les chez moi; nous les verrons tantôt.

SCÈNE VII

LA MARQUISE, LE CHEVALIER.

LE CHEVALIER.

Je vous demande pardon, madame, d'une visite sans doute importune, surtout dans la situation où je sais que vous êtes.

LA MARQUISE.

Ah! votre visite ne m'est point importune, je la reçois avec plaisir. Puis-je vous rendre quelque service? De quoi s'agit-il? Vous me paraissez bien triste.

LE CHEVALIER.

Vous voyez, madame, un homme au désespoir, et qui va se confiner dans le fond de sa province, pour y finir une vie qui lui est à charge.

LA MARQUISE.

Que me dites-vous là! vous m'inquiétez; que vous est-il donc arrivé?

LE CHEVALIER.

Le plus grand de tous les malheurs, le plus sensible, le plus irréparable : j'ai perdu Angélique, et je la perds pour jamais.

LA MARQUISE.

Comment donc! est-ce qu'elle est morte?

LE CHEVALIER.

C'est la même chose pour moi... Vous savez où elle s'était retirée depuis huit mois pour se soustraire au mariage auquel son père voulait la contraindre; nous espérions tous deux que sa retraite fléchirait le père; il a continué de la persécuter, et, lasse apparemment de ses persécutions, accoutumée à notre absence, désespérant sans doute de me voir jamais à elle, elle a cédé, renoncé au monde, et s'est liée par des nœuds qu'elle ne peut plus rompre. Il y a deux mois que la chose est faite! Je la vis la veille, je lui parlai, je me désespérai, et ma désolation, mes prières, mon amour, tout m'a été inutile; j'ai été témoin de mon malheur; j'ai, depuis, toujours demeuré dans le lieu, il a fallu m'en arracher; je n'en arrivai qu'avant hier... Je me meurs, je voudrais mourir, je ne sais pas comment je vis encore.

LA MARQUISE.

En vérité, il me semble, que dans le monde, les afflictions ne soient faites que pour les honnêtes gens.

LE CHEVALIER.

Je devrais retenir ma douleur, madame; vous n'êtes que trop affligée vous-même.

LA MARQUISE.

Non, chevalier, ne vous gênez point... Votre douleur fait votre éloge... je la regarde comme une vertu... J'aime à voir un cœur estimable, car cela est si rare. Hélas! il n'y a plus de mœurs, plus de sentiment dans le monde; moi qui vous parle, on trouve étonnant que je pleure depuis six mois... Vous passerez aussi pour un homme extraordinaire; il n'y aura que moi qui vous plaindrai véritablement, et vous êtes le seul qui rendez justice à mes pleurs; vous me ressemblez... Vous êtes né sensible, je le vois bien.

LE CHEVALIER.

Il est vrai, madame, que mes chagrins ne m'empêchent pas d'être touché des vôtres.

LA MARQUISE.

J'en suis persuadée; mais venons au reste... Que me voulez-vous?

LE CHEVALIER.

Je ne verrai plus Angélique, elle me l'a défendu, et je veux lui obéir.

LA MARQUISE.

Voilà comment pense un honnête homme, par exemple.

LE CHEVALIER.

Voici une lettre que je ne saurais lui faire tenir, et qu'elle ne recevrait point de ma part; vous allez incessamment à votre campagne, qui est voisine du lieu où elle est; faites-moi, je vous supplie, le plaisir de la lui donner vous-même; la lire est la seule grâce que je lui demande; et, si à mon tour, madame, je pouvais jamais vous obliger...

LA MARQUISE, l'interrompant.

Eh! qui est-ce qui en doute? Dès que vous êtes capable d'une vraie tendresse, vous êtes né généreux, cela va sans dire; je sais à présent votre caractère comme le mien, les bons cœurs se ressemblent, chevalier... Mais la lettre n'est point cachetée.

LE CHEVALIER.

Je ne sais ce que je fais, dans le trouble où je suis; puisqu'elle ne l'est point, lisez-la, madame; vous en jugerez mieux combien je suis à plaindre; nous causerons plus longtemps ensemble, et je sens que votre conversation me soulage.

LA MARQUISE.

Tenez, sans compliment, depuis six mois, je n'ai eu de moment supportable que celui-ci; et la raison de cela, c'est qu'on aime à soupirer avec ceux qui vous entendent. Lisons la lettre. (Elle lit.) « J'avais dessein de vous revoir encore, Angélique; mais j'ai songé que je vous désobligerais, et je m'en abstiens... Après tout, qu'aurais-je été chercher? Je ne saurais le dire; tout ce que je sais, c'est que je vous ai perdue, que je voudrais vous parler pour redoubler la douleur de ma perte, pour m'en pénétrer jusqu'à mourir. » (La Marquise, répétant les derniers mots et s'interrompant.) « Pour m'en pénétrer jusqu'à mourir. » Mais cela est étonnant; ce que vous dites là, chevalier, je l'ai pensé mot pour mot dans mon affliction; peut-on se rencontrer jusque-là! En vérité, vous me donnez bien de l'estime pour vous. Achevons. (Elle relit.) « Mais c'est fait, et je ne vous écris que pour vous demander pardon de ce qui m'échappa contre vous à notre dernière entrevue; vous me quittiez pour jamais, Angélique, j'étais au désespoir, et, dans ce moment-là, je vous aimais trop pour vous rendre justice; mes reproches vous coûtèrent des larmes, je ne voulais pas les voir; je voulais que vous fussiez coupable, et que vous crussiez l'être, et j'avoue que j'offensais la vertu même. Adieu, Angélique! ma tendresse ne finira qu'avec ma vie, et je renonce à tout engagement; j'ai voulu que vous fussiez contente de mon cœur, afin que l'estime que vous aurez pour lui, excuse la tendresse dont vous m'honorâtes. » (Rendant la lettre.) Allez, chevalier, avec cette façon de sentir-là, vous n'êtes point à plaindre; quelle lettre! Autrefois, le marquis m'en écrivit une à peu près de même; je croyais qu'il n'y avait que lui au monde qui en fût capable; vous étiez son ami, et je ne m'en étonne pas.

LE CHEVALIER.

Vous savez combien son amitié m'était chère.

LA MARQUISE.

Il ne la donnait qu'à ceux qui la méritaient.

LE CHEVALIER.

Que cette amitié-là me serait d'un grand secours, s'il vivait encore!

LA MARQUISE, pleurant.

Sur ce pied-là, nous l'avons donc perdu tous deux.

LE CHEVALIER.
Je crois que je ne lui survivrai pas longtemps.
LA MARQUISE.
Non, chevalier, vivez pour me donner la satisfaction de voir son ami le regretter avec moi; à la place de son amitié, je vous donne la mienne.
LE CHEVALIER.
Je vous la demande de tout mon cœur; elle sera ma ressource; je prendrai la liberté de vous écrire, vous voudrez bien me répondre, et c'est une espérance consolante que j'emporte en partant.
LA MARQUISE.
En vérité, chevalier, je souhaiterais que vous restassiez; il n'y a qu'avec vous que ma douleur se verrait libre.
LE CHEVALIER.
Si je restais, je romprais avec tout le monde, et ne voudrais voir que vous.
LA MARQUISE.
Mais, effectivement, faites-vous bien de partir? Consultez-vous... Il me semble qu'il vous sera plus doux d'être moins éloigné d'Angélique.
LE CHEVALIER.
Il est vrai que je pourrais vous en parler quelquefois.
LA MARQUISE.
Oui, je vous plaindrais du moins, et vous me plaindriez aussi; cela rend la douleur plus supportable.
LE CHEVALIER.
En vérité, je crois que vous avez raison.
LA MARQUISE.
Nous sommes voisins.
LE CHEVALIER.
Nous demeurons comme dans la même maison, puisque le même jardin nous est commun.
LA MARQUISE.
Nous sommes affligés, nous pensons de même.
LE CHEVALIER.
L'amitié nous sera d'un grand secours.
LA MARQUISE.
Nous n'avons que cette ressource-là dans les afflictions, vous en conviendrez. Aimez-vous la lecture?
LE CHEVALIER.
Beaucoup.
LA MARQUISE.
Cela vient encore fort bien : j'ai pris, depuis quinze jours,

un homme à qui j'ai donné le soin de ma bibliothèque. Je n'ai pas la vanité de devenir savante ; mais je suis bien aise de m'occuper. Il me lit tous les jours quelque chose ; nos lectures sont sérieuses, raisonnables ; il y met un ordre qui m'instruit en m'amusant. Voulez-vous être de la partie ?

LE CHEVALIER.

Voilà qui est fini, madame, vous me déterminez ; c'est un bonheur pour moi que de vous avoir vue, je me sens déjà plus tranquille. Allons, je ne partirai point ; j'ai des livres aussi en assez grande quantité ; celui qui a soin des vôtres les mettra tous ensemble, et je vais appeler mon valet pour changer les ordres que je lui ai donnés... Que je vous ai d'obligation ! peut-être que vous me sauvez la raison, mon désespoir se calme ; vous avez dans l'esprit une douceur qui m'était nécessaire et qui me gagne ; vous avez renoncé à l'amour, et moi aussi, et votre amitié me tiendra lieu de tout, si vous êtes sensible à la mienne.

LA MARQUISE.

Sérieusement, je m'y crois presque obligée, pour vous dédommager de celle du marquis. Allez, chevalier, faites vite vos affaires ; je vais, de mon côté, donner quelques ordres aussi ; nous nous reverrons tantôt. (A part.) En vérité, ce garçon-là a un fonds de probité qui me charme.

SCÈNE VIII

LE CHEVALIER, seul.

Voilà vraiment de ces esprits propres à consoler une personne affligée. Que cette femme-là a de mérite ! je ne la connaissais pas encore. Quelle solidité d'esprit ! quelle bonté de cœur ! C'est un caractère à peu près comme celui d'Angélique, et ce sont des trésors que ces caractères-là... Oui, je la préfère à tous les amis du monde. (Il appelle.) Lubin ? Il me semble que je le vois dans le jardin.

SCÈNE IX

LUBIN, LE CHEVALIER.

LUBIN, répond derrière le théâtre.

Monsieur... (Et puis il arrive très-triste.) Que vous plaît-il, monsieur ?

LE CHEVALIER.

Qu'as-tu donc, avec cet air triste ?

LUBIN.

Hélas ! monsieur, quand je suis à rien faire, je m'attriste

à cause de votre maîtresse, et un peu à cause de la mienne. Je suis fâché de ce que nous partons ; si nous restions, je serais fâché de même.

LE CHEVALIER.

Nous ne partons point ; ainsi ne fais rien de ce que je t'avais ordonné pour notre départ.

LUBIN.

Nous ne partons point ?

LE CHEVALIER.

Non, j'ai changé d'avis.

LUBIN.

Mais, monsieur, j'ai fait mon paquet.

LE CHEVALIER.

Eh bien, tu n'as qu'à le défaire.

LUBIN.

J'ai dit adieu à tout le monde ; je ne pourrai donc plus voir personne ?

LE CHEVALIER.

Eh ! tais-toi. Rends-moi mes lettres.

LUBIN.

Ce n'est pas la peine, je les porterai tantôt.

LE CHEVALIER.

Cela n'est plus nécessaire, puisque je reste ici.

LUBIN.

Je n'y comprends rien. C'est donc encore autant de perdu que ces lettres-là ? Mais, monsieur, qui est-ce qui vous empêche de partir ? est-ce madame la marquise ?

LE CHEVALIER.

Oui.

LUBIN.

Et nous ne changeons point de maison ?

LE CHEVALIER.

Et pourquoi en changer ?

LUBIN.

Ah ! me voilà perdu.

LE CHEVALIER.

Comment donc ?

LUBIN.

Vos maisons se communiquent ; de l'une, on entre dans l'autre ; je n'ai plus ma maîtresse ; madame la marquise a une femme de chambre tout agréable ; de chez vous, j'irai chez elle, crac! me voilà infidèle tout de plain-pied, et cela m'afflige. Pauvre Marton ! faudra-t-il que je t'oublie ?

LE CHEVALIER.

Tu serais un bien mauvais cœur.

LUBIN.

Ah! pour cela, oui, cela sera bien vilain ; mais cela ne manquera pas d'arriver, car j'y sens déjà du plaisir, et cela me met au désespoir; encore, si vous aviez la bonté de montrer l'exemple, tenez! la voilà qui vient, Lisette.

SCÈNE X

LISETTE, LE COMTE, LE CHEVALIER, LUBIN.

LE COMTE.

J'allais chez vous, chevalier, et j'ai su de Lisette que vous étiez ici. Elle m'a dit votre affliction, et je vous assure que j'y prends beaucoup de part. Il faut tâcher de se dissiper.

LE CHEVALIER.

Cela n'est pas aisé, monsieur le comte.

LUBIN, faisant un sanglot.

Eh!

LE CHEVALIER.

Tais-toi.

LE COMTE.

Que lui est-il donc arrivé, à ce pauvre garçon?

LE CHEVALIER.

Il a, dit-il, du chagrin de ce que je ne pars point, comme je l'avais résolu.

LUBIN, riant.

Et pourtant je suis bien aise de rester, à cause de Lisette.

LISETTE.

Cela est galant... Mais, monsieur le chevalier, venons à ce qui nous amène, M. le comte et moi. J'étais sous le berceau pendant votre conversation avec madame la marquise, et j'en ai entendu une partie sans le vouloir. Votre voyage est rompu, ma maîtresse vous a conseillé de rester, vous êtes tous deux dans la tristesse, et la conformité de vos sentiments fera que vous vous verrez souvent... Je suis attachée à ma maîtresse plus que je ne saurais vous le dire, et je suis désolée de voir qu'elle ne veut pas se consoler, qu'elle soupire et pleure toujours; à la fin, elle n'y résistera pas; n'entretenez point sa douleur, tâchez même de la tirer de sa mélancolie. Voilà M. le comte, qui l'aime; vous le connaissez, il est de vos amis; madame la marquise n'a point de répugnance à le voir; ce serait un mariage qui conviendrait, je tâche de le faire réussir; aidez-nous de votre côté, monsieur le chevalier! rendez ce service à votre ami, servez ma maîtresse elle-même.

LE CHEVALIER.

Mais, Lisette, ne me dites-vous pas que madame la marquise voit le comte sans répugnance?

LE COMTE.

Mais, sans répugnance, cela veut dire qu'elle me souffre, voilà tout.

LISETTE.

Et qu'elle reçoit vos visites.

LE CHEVALIER.

Fort bien. Mais s'aperçoit-elle que vous l'aimez?

LE COMTE.

Je crois que oui.

LISETTE.

De temps en temps, de mon côté, je glisse de petits mots, afin qu'elle y prenne garde.

LE CHEVALIER.

Mais, vraiment, ces petits mots-là doivent faire un grand effet, et vous êtes entre de bonnes mains, monsieur le comte. Et que vous dit la marquise? vous répond-elle d'une façon qui promette quelque chose?

LE COMTE.

Jusqu'ici, elle me traite avec beaucoup de douceur.

LE CHEVALIER.

Avec douceur, sérieusement?

LE COMTE.

Il me le paraît.

LE CHEVALIER, brusquement.

Mais, sur ce pied-là, vous n'avez donc pas besoin de moi?

LE COMTE.

C'est conclure d'une manière qui m'étonne.

LE CHEVALIER.

Point du tout, je dis fort bien : on voit votre amour, on le souffre, on y fait accueil; apparemment qu'on s'y plaît, et je gâterais peut-être tout si je m'en mêlais; cela va tout seul.

LISETTE.

Je vous avoue que voilà un raisonnement auquel je n'entends rien.

LE COMTE.

J'en suis aussi surpris que vous.

LE CHEVALIER.

Ma foi, monsieur le comte, je faisais tout pour le mieux;

mais, puisque vous le voulez, je parlerai; il en arrivera ce qu'il pourra, vous le voulez; malgré mes bonnes raisons, je suis votre serviteur et votre ami.

LE COMTE.

Non, monsieur, je vous suis bien obligé, et vous aurez la bonté de ne rien dire; j'irai mon chemin. Adieu, Lisette! ne m'oubliez pas; puisque madame la marquise a des affaires, je reviendrai une autre fois.

SCÈNE XI

LE CHEVALIER, LISETTE, LUBIN.

LE CHEVALIER.

Faites entendre raison aux gens, voilà ce qui en arrive; assurément, cela est original : il me quitte aussi froidement que s'il quittait un rival.

LUBIN.

Eh bien, tout coup vaille! il ne faut jurer de rien dans la vie; cela dépend des fantaisies; fournissez-vous toujours; et vivent les provisions! n'est-ce pas, Lisette?

LISETTE.

Oserais-je, monsieur le chevalier, vous parler à cœur ouvert?

LE CHEVALIER.

Parlez.

LISETTE.

Mademoiselle Angélique est perdue pour vous.

LE CHEVALIER.

Je ne le sais que trop.

LISETTE.

Madame la marquise est riche, jeune et belle.

LUBIN.

Cela est friand.

LE CHEVALIER.

Après?

LISETTE.

Eh bien!... monsieur le chevalier, tantôt vous l'avez vue soupirer de ses afflictions; n'auriez-vous pas trouvé qu'elle a bonne grâce à soupirer? Je crois que vous m'entendez?

LUBIN.

Courage, monsieur !

LE CHEVALIER.

Expliquez-vous; qu'est-ce que cela signifie? que j'ai de l'inclination pour elle?

LISETTE.

Pourquoi non? Je le voudrais de tout mon cœur. Dans l'état où je vois ma maîtresse, que m'importe par qui elle en sorte, pourvu qu'elle épouse un honnête homme!

LE CHEVALIER.

Lisette, je pardonne le zèle que vous avez pour votre maîtresse; mais votre discours ne me plaît point.

LUBIN.

Il est incivil.

LE CHEVALIER.

Mon voyage est rompu; on ne change pas à tout moment de résolution, et je ne partirai point; à l'égard de M. le comte, je parlerai en sa faveur à votre maîtresse : et, s'il est vrai, comme je le préjuge, qu'elle ait du penchant pour lui, ne vous inquiétez de rien, mes visites ne seront pas fréquentes, et ma tristesse ne gâtera rien ici.

LISETTE.

N'avez-vous que cela à me dire, monsieur?

LE CHEVALIER.

Que pourrais-je vous dire davantage?

LISETTE.

Adieu, monsieur, je suis votre servante.

SCÈNE XII

LUBIN, LE CHEVALIER.

LE CHEVALIER, quelque temps sérieux.

Tout ce que j'entends là me rend la perte d'Angélique encore plus sensible.

LUBIN.

Ma foi, Angélique me coupe la gorge.

LE CHEVALIER, comme en se promenant.

Je m'attendais à trouver quelque consolation dans la marquise; sa généreuse résolution de ne plus aimer me la rendait respectable, et la voilà qui va se remarier; à la bonne heure! je la distinguais, et ce n'est qu'une femme comme une autre.

LUBIN.

Mettez-vous à la place d'une veuve qui s'ennuie.

LE CHEVALIER.

Ah! chère Angélique, s'il y a quelque chose au monde qui puisse me consoler, c'est de sentir combien vous êtes au-dessus de votre sexe, c'est de voir combien vous méritez mon amour.

LUBIN.

Ah ! Marton, Marton, je t'oubliais d'un grand courage ; mais mon maître ne veut pas que j'achève ; je m'en vais donc me remettre à te regretter comme auparavant, et que le ciel m'assiste !...

LE CHEVALIER, se promenant.

Je me sens plus que jamais accablé de ma douleur.

LUBIN.

Lisette m'avait un peu ragaillardi.

LE CHEVALIER.

Je vais m'enfermer chez moi ; je ne verrai que tantôt la marquise. Je n'ai plus que faire ici, si elle se marie : suis-je en état de voir des fêtes ? En vérité, la marquise y songe-t-elle, et qu'est devenue la mémoire de son mari ?

LUBIN.

Ah ! monsieur, qu'est-ce que vous voulez qu'elle fasse d'une mémoire ?

LE CHEVALIER.

Quoi qu'il en soit, je lui ai dit que je ferais apporter mes livres, et l'honnêteté veut que je tienne parole : va me chercher celui qui a soin des siens... Ne serait-ce pas lui qui entre ?

SCÈNE XIII

HORTENSIUS, LUBIN, LE CHEVALIER.

HORTENSIUS.

Je n'ai pas l'honneur d'être connu de vous, monsieur. Je m'appelle Hortensius ; madame la marquise, dont j'ai l'avantage de diriger les lectures, et à qui j'enseigne tour à tour les belles-lettres, la morale et la philosophie, sans préjudice des autres sciences que je pourrais lui enseigner encore, m'a fait entendre, monsieur, le désir que vous avez de me montrer vos livres, lesquels témoigneront, sans doute, l'excellence de votre bon goût ; partant, monsieur, que vous plaît-il qu'il en soit ?

LE CHEVALIER.

Lubin va vous mener à ma bibliothèque, monsieur, et vous pouvez en faire apporter les livres ici.

HORTENSIUS.

Soit fait comme vous le commandez.

SCÈNE XIV

LUBIN, HORTENSIUS.

HORTENSIUS.

Eh bien, mon garçon, je vous attends.

LUBIN.

Un petit moment d'audience, monsieur le docteur Hortus.

HORTENSIUS.

Hortensius, Hortensius; ne défigurez point mon nom.

LUBIN.

Qu'il reste comme il est; je n'ai pas envie de lui gâter la taille.

HORTENSIUS.

Je le crois; mais que voulez-vous? (A part.) Il faut gagner la bienveillance de tout le monde.

LUBIN.

Vous apprenez la morale et la philosophie à la marquise?

HORTENSIUS.

Oui.

LUBIN.

A quoi cela sert-il, ces choses-là?...

HORTENSIUS.

A purger l'âme de toutes ses passions.

LUBIN.

Tant mieux; faites-moi prendre un doigt de cette médecine-là contre ma mélancolie.

HORTENSIUS.

Est-ce que vous avez du chagrin?

LUBIN.

Tant, que j'en mourrais, sans le bon appétit, qui me sauve.

HORTENSIUS.

Vous avez là un puissant antidote; je vous dirai pourtant, mon ami, que le chagrin est toujours inutile, parce qu'il ne remédie à rien, et que la raison doit être notre règle dans tous les états.

LUBIN.

Ne parlons point de raison; je la sais par cœur, celle-là : purgez-moi plutôt avec de la morale.

HORTENSIUS.

Je vous en dis, et de la meilleure.

LUBIN.

Elle ne vaut donc rien pour mon tempérament; servez-moi de la philosophie.

HORTENSIUS.

Ce serait à peu près la même chose.

LUBIN.

Voyons donc les belles-lettres.

HORTENSIUS.

Elles ne vous conviendraient pas. Mais quel est votre chagrin?

LUBIN.

C'est l'amour.

HORTENSIUS.

Oh! la philosophie ne veut pas qu'on prenne d'amour.

LUBIN.

Oui; mais, quand il est pris, que veut-elle qu'on en fasse?

HORTENSIUS.

Qu'on y renonce, qu'on le laisse là.

LUBIN.

Qu'on le laisse là? Et s'il ne s'y tient pas? car il court après vous.

HORTENSIUS.

Il faut fuir de toutes ses forces.

LUBIN.

Bon! quand on a de l'amour, est-ce qu'on a des jambes? La philosophie en fournit donc?

HORTENSIUS.

Elle nous donne d'excellents conseils.

LUBIN.

Des conseils? Ah! le triste équipage pour gagner pays!

HORTENSIUS.

Écoutez; voulez-vous un remède infaillible? Vous pleurez une maîtresse, faites-en une autre.

LUBIN.

Eh! morbleu! que ne parlez-vous? Voilà qui est bon, cela. Gageons que c'est avec cette morale-là que vous traitez la marquise, qui va se marier avec M. le comte?

HORTENSIUS, étonné.

Elle va se marier, dites-vous?

LUBIN.

Assurément, et, si nous avions voulu d'elle, nous l'aurions eue par préférence; car Lisette nous l'a offerte.

HORTENSIUS.

Êtes-vous bien sûr de ce que vous me dites?

LUBIN.

A telles enseignes, que Lisette nous a ensuite proposé de nous retirer, parce que nous sommes tristes, et que vous êtes un peu pédant, à ce qu'elle dit, et qu'il faut que la marquise se tienne en joie.

HORTENSIUS, à part.

Benè, benè. Je te rends grâces, ô Fortune! de m'avoir instruit de cela; je me trouve bien ici, ce mariage m'en chasserait; mais je vais soulever un orage qu'on ne pourra vaincre.

LUBIN.

Que marmottez-vous là dans vos dents, docteur?

HORTENSIUS.

Rien... Allons toujours chercher les livres, car le temps presse.

ACTE DEUXIÈME

SCÈNE PREMIÈRE

LUBIN, HORTENSIUS.

LUBIN, chargé d'une manne de livres et s'asseyant dessus.

Ah! je n'aurais jamais cru que la science fût si pesante.

HORTENSIUS.

Belle bagatelle! j'ai bien plus de livres que tout cela dans ma tête.

LUBIN.

Vous?

HORTENSIUS.

Moi-même.

LUBIN.

Et qu'est-ce que vous faites de tout cela dans votre tête?

HORTENSIUS.

J'en nourris mon esprit.

2

LUBIN.

Il me semble que cette nourriture-là ne lui profite point; je l'ai trouvée maigre.

HORTENSIUS.

Vous ne vous y connaissez point. Mais reposez-vous un moment; vous viendrez me trouver après dans la bibliothèque, où je vais faire de la place à ces livres.

LUBIN.

Allez, allez toujours devant.

SCÈNE II

LUBIN, LISETTE.

LUBIN, un moment seul et assis.

Ah! pauvre Lubin! j'ai bien du tourment dans le cœur : je ne sais plus à présent si c'est Marton que j'aime, ou si c'est Lisette. Je crois pourtant que c'est Lisette, à moins que ce ne soit Marton. (Lisette arrive avec quelques laquais, qui portent des siéges.)

LISETTE.

Apportez, apportez-en encore un ou deux, et mettez-les là.

LUBIN, assis.

Bonjour, m'amour.

LISETTE.

Que fais-tu donc ici ?

LUBIN.

Je me repose sur un paquet de livres que je viens d'apporter pour nourrir l'esprit de madame; car le docteur le dit ainsi.

LISETTE.

La sotte nourriture! Quand verrai-je finir toutes ces folies-là? Va, va, porte ton impertinent ballot.

LUBIN.

C'est de la morale et de la philosophie. Ils disent que cela purge l'âme; j'en ai pris une petite dose; mais cela ne m'a pas seulement fait éternuer.

LISETTE.

Je ne sais ce que tu viens me conter ; laisse-moi en repos, va-t'en.

LUBIN.

Eh! pardi! ce n'est donc pas pour moi que tu faisais apporter des siéges?

LISETTE.

Le butor! C'est pour madame, qui va venir ici.

LUBIN.

Voudrais-tu, en passant, prendre la peine de t'asseoir un moment, mademoiselle? Je t'en prie, j'aurais quelque chose à te communiquer.

LISETTE.

Eh bien, que me veux-tu, monsieur?

LUBIN.

Je te dirai, Lisette, que je viens de regarder ce qui se passe dans mon cœur, et je te confie que j'ai vu la figure de Marton qui en délogeait, et la tienne qui demandait à se nicher dedans; je lui ai dit que je t'en parlerais; elle attend; veux-tu que je la laisse entrer?

LISETTE.

Non, Lubin, je te conseille de la renvoyer; car, dis-moi, que ferais-tu? à quoi cela aboutirait-il? à quoi nous servirait de nous aimer?

LUBIN.

Ah! on trouve toujours bien le débit de cela entre deux personnes.

LISETTE.

Non, te dis-je! ton maître ne veut point s'attacher à ma maîtresse, et ma fortune dépend de demeurer avec elle, comme la tienne dépend de rester avec le chevalier.

LUBIN.

Cela est vrai; j'oubliais que j'avais une fortune qui n'est pas d'avis que je te trouve belle. Cependant, si tu me trouvais à ton gré! c'est dommage que tu n'aies pas la satisfaction de m'aimer à ton aise; c'est un hasard qui ne se trouve pas toujours. Serais-tu d'avis que j'en touchasse un petit mot à la marquise? Elle a de l'amitié pour le chevalier, le chevalier en a pour elle; ils pourraient fort bien se faire l'amitié de s'épouser par amour, et notre affaire irait tout de suite.

LISETTE.

Tais-toi, voici madame.

LUBIN.

Laisse-moi faire.

SCÈNE III

LA MARQUISE, HORTENSIUS, LISETTE, LUBIN.

LA MARQUISE.

Lisette, allez dire là-bas qu'on ne laisse entrer personne; je crois que voilà l'heure de notre lecture, il faudrait avertir le chevalier. Ah! te voilà, Lubin? où est ton maître?

LUBIN.

Je crois, madame, qu'il est allé soupirer chez lui.

LA MARQUISE.

Va lui dire que nous l'attendons.

LUBIN.

Oui, madame; et j'aurai aussi, pour moi, une petite bagatelle à vous proposer, dont je prendrai la liberté de vous entretenir en toute humilité, comme cela se doit.

LA MARQUISE.

Et de quoi s'agit-il?

LUBIN.

Oh! presque de rien : nous parlerons de cela tantôt, quand j'aurai fait votre commission.

LA MARQUISE.

Je te rendrai service, si je le puis.

SCÈNE IV

HORTENSIUS, LA MARQUISE.

LA MARQUISE, nonchalamment.

Eh bien, monsieur, vous n'aimez donc pas les livres du chevalier?

HORTENSIUS.

Non, madame; le choix ne m'en paraît pas docte; dans dix tomes, pas la moindre citation de nos auteurs grecs ou latins, lesquels, quand on compose, doivent fournir tout le suc d'un ouvrage.

LA MARQUISE.

Changeons de discours; que me lirez-vous aujourd'hui?

HORTENSIUS.

Je m'étais proposé de vous lire un peu du *Traité de la Patience*. Chapitre premier : *du Veuvage*.

LA MARQUISE.

Oh! prenez autre chose; rien ne me donne moins de patience que les traités qui en parlent.

HORTENSIUS.

Ce que vous me dites est probable.

LA MARQUISE.

J'aime assez l'*Éloge de l'Amitié* ; nous en lirons quelque chose.

HORTENSIUS.

Je vous supplierai de m'en dispenser, madame; ce n'est pas la peine pour le peu de temps que nous avons à rester ensemble, puisque vous vous mariez avec M. le comte.

LA MARQUISE.

Moi?

HORTENSIUS.

Oui, madame; au moyen duquel mariage je deviens à présent un serviteur superflu. Je combattais vos passions : vous vous accommodez avec elles, et je me retire avant qu'on me réforme.

LA MARQUISE.

Vous tenez là de jolis discours, avec vos passions... Il est vrai que vous êtes assez propre à leur faire peur; mais je n'ai que faire de vous pour les combattre. Des passions avec qui je m'accommode! En vérité, vous êtes burlesque. Et ce mariage, de qui le tenez-vous donc?

HORTENSIUS.

De mademoiselle Lisette, qui l'a dit à Lubin, lequel me l'a rapporté, avec cette apostille contre moi, qui est que ce mariage m'expulserait d'ici.

LA MARQUISE, étonnée.

Mais qu'est-ce que cela signifie? Le chevalier croira que je suis folle, et je veux savoir ce qu'il a répondu. Ne me cachez rien, parlez.

HORTENSIUS.

Madame, je ne sais rien là-dessus que de très-vague.

LA MARQUISE.

Du vague! voilà qui est bien instructif; voyons donc ce vague.

HORTENSIUS.

Je pense donc que Lisette ne disait à M. le chevalier que vous épousiez M. le comte...

LA MARQUISE.

Abrégez les qualités.

HORTENSIUS.

Qu'afin de savoir si ledit chevalier ne voudrait pas vous rechercher lui-même, et se substituer aux lieu et place dudi comte; et même il appert par le récit dudit Lubin, que ladite Lisette vous a offerte au sieur chevalier.

LA MARQUISE.

Voilà, par exemple, de ces faits incroyables! c'est promener la main d'une femme, et dire aux gens : « La voulez-vous? » Ah! ah! je m'imagine voir le chevalier reculer de dix pas à la proposition, n'est-il pas vrai?

HORTENSIUS.

Je cherche sa réponse littérale.

LA MARQUISE.

Ne vous brouillez point; vous avez la mémoire fort nette ordinairement.

HORTENSIUS.

L'histoire rapporte qu'il s'est d'abord écrié dans sa surprise, et qu'ensuite il a refusé la chose.

LA MARQUISE.

Oh! pour l'exclamation, il pouvait la retrancher, ce me semble; elle me paraît très-imprudente et très-impolie. J'en approuve l'esprit; s'il pensait autrement, je ne le verrais de ma vie : mais se récrier devant des domestiques, m'exposer à leur raillerie, ah! c'en est un peu trop! il n'y a point de situation qui dispense d'être honnête.

HORTENSIUS.

La remarque critique est judicieuse.

LA MARQUISE.

Oh! je vous assure que je mettrai ordre à cela. Comment donc! cela m'attaque directement, cela va presque au mépris. Oh! monsieur le chevalier, aimez votre Angélique tant que vous voudrez; mais que je n'en souffre pas, s'il vous plaît. Je ne veux pas me marier, mais je ne veux pas qu'on me refuse.

HORTENSIUS.

Ce que vous dites est sans faute. (A part.) Ceci va bon train pour moi. (A la marquise.) Mais, madame, que deviendrai-je? puis-je rester ici? n'ai-je rien à craindre?

LA MARQUISE.

Allez, monsieur, je vous retiens pour cent ans; vous n'avez ici ni comte ni chevalier à craindre; c'est moi qui vous en assure et qui vous protége : prenez votre livre et lisons; je n'attends personne. (Hortensius tire un livre.)

SCÈNE V

LUBIN, HORTENSIUS, LA MARQUISE.

LUBIN.

Madame, M. le chevalier finit un embarras avec un homme; il va venir, et il dit qu'on l'attende.

LA MARQUISE.

Va, va; quand il viendra, nous le prendrons.

LUBIN.

Si vous le permettez à présent, madame, j'aurai l'honneur de causer avec vous.

LA MARQUISE.

Eh bien, que veux-tu? Achève.

LUBIN.

Oh! mais je n'oserais; vous me paraissez en colère.

LA MARQUISE, à Hortensius.

Moi, de la colère! Ai-je cet air-là, monsieur?

HORTENSIUS.

La paix règne sur votre visage.

LUBIN.

C'est donc que cette paix y règne d'un air fâché?

LA MARQUISE.

Finis, finis.

LUBIN.

C'est que vous saurez, madame, que Lisette trouve ma personne assez agréable; la sienne me revient assez, et ce serait un marché fait, si, par une bonté qui nous rendrait la vie, madame, qui est à marier, voulait bien prendre un peu d'amour pour mon maître, qui a du mérite, et qui, dans cette occasion, se comporterait à l'avenant.

LA MARQUISE, à Hortensius.

Ah! écoutons; voilà qui se rapporte assez à ce que vous m'avez dit.

LUBIN.

On parle aussi de M. le comte, et les comtes sont d'honnêtes gens; je les considère beaucoup; mais, si j'étais femme, je ne voudrais que des chevaliers pour mon mari. Vive un cadet dans le ménage!

LA MARQUISE.

Sa vivacité me divertit... Tu as raison, Lubin; mais, malheureusement, dit-on, ton maître ne se soucie point de moi.

LUBIN.

Cela est vrai, il ne vous aime pas, et je lui en ai fait la réprimande avec Lisette... Mais, si vous commenciez, cela le mettrait en train.

LA MARQUISE, à Hortensius.

Eh bien, monsieur, qu'en dites-vous? Sentez-vous là, dedans le personnage que je joue? La sottise du chevalier me donne-t-elle un ridicule assez complet?

HORTENSIUS.

Vous l'avez prévu avec sagacité.

LUBIN.

Oh! je ne dispute pas qu'il n'ait fait une sottise, assurément; mais, dans l'occurrence, un honnête homme se reprend.

LA MARQUISE.

Tais-toi; en voilà assez.

LUBIN.

Hélas! madame, je serais bien fâché de vous déplaire; je vous demande seulement d'y faire réflexion.

SCÈNE VI

LISETTE, LA MARQUISE, HORTENSIUS, LUBIN.

LISETTE.

Je viens de donner vos ordres, madame; on dira là-bas que vous n'y êtes pas, et, un moment après...

LA MARQUISE.

Cela suffit, il s'agit d'autre chose à présent; approche. (A Lubin.) Et toi, reste ici, je te prie.

LISETTE.

Qu'est-ce que c'est donc que cette cérémonie?

LUBIN, à Lisette, bas.

Tu vas entendre parler de ma besogne.

LA MARQUISE.

Mon mariage avec le comte, quand le terminerez-vous, Lisette?

LISETTE, regardant Lubin.

Tu es un étourdi.

LUBIN.

Écoute, écoute.

LA MARQUISE.

Répondez-moi donc, quand le terminerez-vous? (Hortensius rit.)

LISETTE, le contrefaisant.

Eh! eh! eh! Pourquoi me demandez-vous cela, madame?

LA MARQUISE.

C'est que j'apprends que vous me mariez avec M. le comte, au défaut du chevalier, à qui vous m'avez proposée, et qui ne veut point de moi, malgré tout ce que vous avez pu lui dire avec son valet, qui vient m'exhorter à avoir de l'amour pour son maître, dans l'espérance que cela le touchera.

LISETTE.

J'admire le tour que prennent les choses les plus louables, quand un benêt les rapporte.

LUBIN.

Je crois qu'on parle de moi.

LA MARQUISE.

Vous admirez le tour que prennent les choses?

LISETTE.

Ah çà! madame, n'allez-vous pas vous fâcher? n'allez-vous pas croire que j'ai tort?

LA MARQUISE.

Quoi! vous portez la hardiesse jusque-là, Lisette? Quoi! prier le chevalier de me faire la grâce de m'aimer, et tout pour pouvoir épouser cet imbécile-là?

LUBIN.

Attrape, attrape toujours!

LA MARQUISE.

Qu'est-ce que c'est donc que l'amour du comte? Vous êtes donc la confidente des passions qu'on a pour moi, et que je ne connais point? Et qu'est-ce qui pourrait se l'imaginer! Je suis dans les pleurs, et l'on promet mon cœur et ma main à tout le monde, même à ceux qui n'en veulent point: je suis rejetée, j'essuie des affronts; j'ai des amants qui espèrent, et je ne sais rien de tout cela! Qu'une femme est à plaindre dans la situation où je suis! quelle perte j'ai faite! et comment me traite-t-on!

LUBIN, à part.

Voilà notre ménage renversé.

LA MARQUISE, à Lisette.

Allez! je vous croyais plus de zèle et plus de respect pour votre maîtresse.

LISETTE.

Fort bien, madame; vous parlez de zèle, et je suis payée du mien. Voilà ce que c'est que de s'attacher à ses maîtres; la reconnaissance n'est point faite pour eux : si vous réussissez à les servir, ils en profitent, et, quand vous ne réussissez pas, ils vous traitent comme des misérables.

LUBIN.

Comme des imbéciles.

HORTENSIUS, à Lisette.

Il est vrai qu'il vaudrait mieux que cela ne fût point advenu.

LA MARQUISE.

Eh! monsieur, mon veuvage est éternel. En vérité, il n'y a point de femme au monde plus éloignée du mariage que moi, et j'ai perdu le seul homme qui pouvait me plaire; mais, malgré tout cela, il y a de certaines aventures désagréables pour une femme. Le chevalier m'a refusée, par exemple; mon amour-propre ne lui en veut aucun mal; il n'y a là dedans, comme je vous l'ai déjà dit, que le ton, que la manière que je condamne; car, quand il m'aimerait, cela lui serait inutile : mais enfin il m'a refusée, cela est constant; il peut se vanter de cela, il le fera peut-être. Qu'en arrive-t-il? Cela jette un air de rebut sur une femme, les égards et l'attention qu'on a pour elle en diminuent, cela glace tous les esprits pour elle. Je ne parle point des cœurs, car je n'en ai que faire; mais on a besoin de considération dans la vie, elle dépend de l'opinion qu'on prend de vous; c'est l'opinion qui nous donne tout, qui nous ôte tout, au point qu'après ce qui m'arrive, si je voulais me remarier, je le suppose, à peine m'estimerait-on quelque chose; il ne serait plus flatteur de m'aimer; le comte, s'il savait ce qui s'est passé, oui, le comte, je suis persuadée qu'il ne voudrait plus de moi.

LUBIN, derrière.

Je ne serais pas si dégoûté.

LISETTE.

Et moi, madame, je dis que le chevalier est un hypocrite; car, si son refus est sérieux, pourquoi n'a-t-il pas voulu servir M. le comte comme je l'en priais? pourquoi m'a-t-il refusée durement, d'un air inquiet et piqué?

LA MARQUISE.

Qu'est-ce que c'est que d'un air piqué? Quoi! que voulez-vous dire? Est-ce qu'il était jaloux? En voici d'une autre espèce!

LISETTE.

Oui, madame, je l'ai cru jaloux; voilà ce que c'est; il en avait toute la mine. Monsieur s'informe comment le comte est auprès de vous, comment vous le recevez; on lui dit que vous souffrez ses visites, que vous ne les recevez point mal. « Point mal? dit-il avec dépit. Ce n'est doncpas la peine que je m'en mêle. » Qui est-ce qui n'aurait pas cru, là-dessus qu'il songeait à vous pour lui-même? Voilà ce qui m'avait fait parler, moi. Eh! que sait-on ce qui se passe dans sa tête? Peut-être qu'il vous aime.

LUBIN, derrière.

Il en est bien capable.

LA MARQUISE.

Me voilà déroutée; je ne sais plus comment régler ma conduite; car il y en a une à tenir là dedans; j'ignore laquelle, et cela m'inquiète.

HORTENSIUS.

Si vous me le permettez, madame, je vous apprendrai un petit axiome qui vous sera, sur la chose, d'une merveilleuse instruction; c'est que le jaloux veut avoir ce qu'il aime; or, étant manifeste que le chevalier vous refuse...

LA MARQUISE, l'interrompant.

Il me refuse? Vous avez des expressions bien grossières; votre axiome ne sait ce qu'il dit : il n'est pas encore sûr qu'il me refuse.

LISETTE.

Il s'en faut bien. Demandez au comte ce qu'il en pense.

LA MARQUISE.

Comment! est-ce que le comte était présent?

LISETTE.

Il n'y était plus. Je dis seulement qu'il croit que le chevalier est son rival.

LA MARQUISE.

Ce n'est pas assez qu'il le croie, ce n'est pas assez, il faut que cela soit; il n'y a que cela qui puisse me venger de l'affront presque public que m'a fait sa réponse; il n'y a que cela : j'ai besoin, pour réparation, que son discours n'ait été qu'un dépit amoureux. Dépendre d'un dépit amoureux, cela n'est-il pas agréable? Assurément, ce n'est pas que je me soucie de ce qu'on appelle la gloire d'une femme, gloire sotte, ridicule, mais reçue, mais établie, qu'il faut soutenir et qui nous pare; les hommes pensent comme cela, il faut penser comme les hommes, ou ne pas vivre avec eux. Où en suis-je donc, si le chevalier n'est point jaloux? L'est-il? ne l'est-il point? On n'en sait rien, c'est un peut-être; mais cette gloire en souffre, toute sotte qu'elle est, et me voilà dans la triste nécessité d'être aimée d'un homme qui me déplaît; le moyen de tenir à cela? Oh! je n'en demeurerai pas là, je n'en demeurerai pas là. Qu'en dites-vous, monsieur? Il faut que la chose s'éclaircisse absolument.

HORTENSIUS.

Le mépris serait suffisant, madame.

LA MARQUISE.

Eh! non, monsieur! vous me conseillez mal; vous ne savez parler que de livres.

LUBIN.

Il y aura du bâton pour moi dans cette affaire-là.

LISETTE, pleurant.

Pour moi, madame, je ne sais pas où vous prenez toutes vos alarmes ; on dirait que j'ai renversé le monde entier. On n'a jamais aimé une maîtresse autant que je vous aime. Je m'avise de tout, et puis il se trouve que j'ai fait tous les maux imaginables. Je ne saurais durer comme cela ; j'aime mieux me retirer; du moins, je ne verrai point votre tristesse, et l'envie de vous en tirer ne me fera point faire d'impertinences.

LA MARQUISE.

Il ne s'agit pas de vos larmes; je suis compromise, et vous ne savez pas jusqu'où cela va. Voilà le chevalier qui vient. Restez; j'ai intérêt d'avoir des témoins.

SCÈNE VII

LE CHEVALIER, LA MARQUISE, LUBIN, HORTENSIUS, LISETTE.

LE CHEVALIER.

Vous m'avez peut-être attendu, madame, et je vous prie de m'excuser; j'étais en affaire.

LA MARQUISE.

Il n'y a pas grand mal, monsieur le chevalier; c'est une lecture retardée, voilà tout.

LE CHEVALIER.

J'ai cru, d'ailleurs, que M. le comte vous tenait compagnie, et cela me tranquillisait.

LUBIN, derrière.

Aïe! aïe! je m'enfuis.

LA MARQUISE, examinant toujours.

On m'a dit que vous l'aviez vu, le comte.

LE CHEVALIER.

Oui, madame.

LA MARQUISE, regardant le chevalier.

C'est un fort honnête homme.

LE CHEVALIER.

Sans doute, et je le crois même d'un esprit très-propre à consoler ceux qui ont du chagrin.

LA MARQUISE.

Il est fort de mes amis.

LE CHEVALIER.

Il est des miens aussi.

LA MARQUISE.

Je ne savais pas que vous le connussiez beaucoup; il vient ici quelquefois, et c'est presque le seul des amis de feu M. le marquis que je voie encore; il m'a paru mériter cette distinction-là. Qu'en dites-vous?

LE CHEVALIER.

Oui, madame, vous avez raison, et je pense comme vous; il est digne d'être excepté.

LA MARQUISE, à Lisette, bas.

Trouvez-vous cet homme-là jaloux, Lisette?

LE CHEVALIER, à part.

M. le comte et son mérite m'ennuient. (A la marquise.) Madame, on a parlé d'une lecture, et, si je croyais vous déranger, je me retirerais.

LA MARQUISE.

Puisque la conversation vous ennuie, nous allons lire.

LE CHEVALIER.

Vous me faites un étrange compliment.

LA MARQUISE.

Point du tout, et vous allez être content (A Lisette.) Retirez-vous, Lisette, vous me déplaisez. (A Hortensius.) Et vous, monsieur, ne vous écartez point, on va vous appeler.

SCÈNE VIII

LA MARQUISE, LE CHEVALIER.

LA MARQUISE.

Pour vous, chevalier, j'ai encore un mot à vous dire avant notre lecture; il s'agit d'un petit éclaircissement qui ne vous regarde point, qui ne touche que moi, et je vous demande en grâce de me répondre avec la dernière naïveté sur la question que je vais vous faire.

LE CHEVALIER.

Voyons, madame, je vous écoute.

LA MARQUISE.

Le comte m'aime, je viens de le savoir, et je l'ignorais.

LE CHEVALIER, ironiquement.

Vous l'ignoriez !

LA MARQUISE.

Je dis la vérité, ne m'interrompez point.

LE CHEVALIER.

Cette vérité-là est singulière.

LA MARQUISE.

Je n'y saurais que faire; elle ne laisse pas que d'être : il est permis aux gens de mauvaise humeur de la trouver comme ils voudront.

LE CHEVALIER.

Je vous demande pardon d'avoir dit ce que j'en pense : continuons.

LA MARQUISE, impatiente.

Vous m'impatientez. Aviez-vous cet esprit-là avec Angélique ? Elle aurait dû ne vous aimer guère.

LE CHEVALIER.

Je n'en avais point d'autre; mais il était de son goût, et il a le malheur de n'être pas du vôtre; cela fait une grande différence.

LA MARQUISE.

Vous l'écoutiez donc quand elle vous parlait; écoutez-moi aussi. Lisette vous a prié de me parler pour le comte, vous ne l'avez point voulu.

LE CHEVALIER.

Je n'avais garde; le comte est un amant, vous m'avez dit que vous ne les aimiez point; mais vous êtes la maîtresse.

LA MARQUISE.

Non, je ne la suis point; peut-on, à votre avis, répondre à l'amour d'un homme qui ne vous plaît pas? Vous êtes bien particulier !

LE CHEVALIER, riant.

Eh ! eh ! eh ! j'admire la peine que vous prenez pour me cacher vos sentiments; vous craignez que je ne les critique, après ce que vous m'avez dit : mais, non, madame, ne vous gênez point; je sais combien il vaut de compter avec le cœur humain, et je ne vois rien là que de fort ordinaire.

LA MARQUISE, en colère.

Non, je n'ai de ma vie eu tant d'envie de quereller quelqu'un. Adieu.

LE CHEVALIER, la retenant.

Ah! marquise, tout ceci n'est que conversation, et je serais au désespoir de vous chagriner; achevez, de grâce.

LA MARQUISE.

Je reviens. Vous êtes l'homme du monde le plus estimable, quand vous voulez; et je ne sais par quelle fatalité vous sortez aujourd'hui d'un caractère naturellement doux et raisonnable; laissez-moi finir... Je ne sais plus où j'en suis.

LE CHEVALIER.

Au comte, qui vous déplaît.

LA MARQUISE.

Eh bien, ce comte qui me déplaît, vous n'avez pas voulu me parler pour lui; Lisette s'est même imaginée vous voir un air piqué.

LE CHEVALIER.

Il en pouvait être quelque chose.

LA MARQUISE.

Passe pour cela, c'est répondre, et je vous reconnais; sur cet air piqué, elle a pensé que je ne vous déplaisais pas.

LE CHEVALIER salue en riant.

Cela n'est pas difficile à penser.

LA MARQUISE.

Pourquoi? On ne plaît pas à tout le monde : or, comme elle a cru que vous me conveniez, elle vous a proposé ma main, comme si cela dépendait d'elle, et il est vrai que souvent je lui laisse assez de pouvoir sur moi; vous vous êtes, dit-elle, révolté avec dédain contre la proposition.

LE CHEVALIER.

Avec dédain? Voilà ce qu'on appelle du fabuleux, de l'impossible.

LA MARQUISE.

Doucement, voici ma question : avez-vous rejeté l'offre de Lisette comme piqué de l'amour du comte, ou comme une chose qu'on rebute? était-ce dépit jaloux? Car enfin, malgré nos conventions, votre cœur aurait pu être tenté du mien : ou bien était-ce vrai dédain?

LE CHEVALIER.

Commençons par rayer ce dernier, il est incroyable; pour de la jalousie...

LA MARQUISE.

Parlez hardiment.

LE CHEVALIER, d'un air embarrassé.

Que diriez-vous, si je m'avisais d'en avoir?

LA MARQUISE.

Je dirais... que vous seriez jaloux.

LE CHEVALIER.

Oui ; mais, madame, me pardonneriez-vous ce que vous haïssez tant ?

LA MARQUISE.

Vous ne l'étiez donc point ? (Elle le regarde.) Je vous entends, je l'avais bien prévu, et mon injure est avérée.

LE CHEVALIER.

Que parlez-vous d'injure ? où est-elle ? est-ce que vous êtes fâchée contre moi ?

LA MARQUISE.

Contre vous, chevalier ? Non certes ; et pourquoi me fâcherais-je ? Vous ne m'entendez point, c'est à l'impertinente Lisette que j'en veux ; je n'ai point de part à l'offre qu'elle vous a faite ; et il a fallu vous l'apprendre, et voilà tout : d'ailleurs, ayez de l'indifférence ou de la haine pour moi, que m'importe ! J'aime bien mieux cela que de l'amour, au moins, ne vous y trompez pas.

LE CHEVALIER.

Qui ? moi, madame, m'y tromper ? Eh ! ce sont ces dispositions-là dans lesquelles je vous ai vue, qui m'ont attaché à vous ; vous le savez bien ; et, depuis que j'ai perdu Angélique, j'oublierais presque qu'on peut aimer, si vous ne m'en parliez pas.

LA MARQUISE.

Oh ! pour moi, j'en parle sans m'en ressouvenir.

SCÈNE IX

LE CHEVALIER, LA MARQUISE, HORTENSIUS.

LA MARQUISE.

Allons, monsieur Hortensius, approchez, prenez votre place ; lisez-moi quelque chose de gai, qui m'amuse. Chevalier, vous êtes le maître de rester, si ma lecture vous convient ; mais vous êtes bien triste, et je veux tâcher de me dissiper.

LE CHEVALIER, sérieux.

Pour moi, madame, je n'en suis point encore aux lectures amusantes. (Il s'en va.)

LA MARQUISE, à Hortensius.

Qu'est-ce que c'est que votre livre ?

HORTENSIUS.

Ce ne sont que des réflexions très-sérieuses.

LA MARQUISE.

Eh bien, que ne parlez-vous donc ? Vous êtes bien taciturne; pourquoi laisser sortir le chevalier, puisque ce que vous allez lire lui convient?

HORTENSIUS, appelant.

Monsieur le chevalier! monsieur le chevalier!

LE CHEVALIER, qui reparaît.

Que me voulez-vous?

HORTENSIUS.

Madame vous prie de revenir; je ne lirai rien de récréatif.

LA MARQUISE.

Que voulez-vous dire? « Madame vous prie... » Je ne prie point; vous avez des réflexions... et vous rappelez monsieur, voilà tout.

LE CHEVALIER.

Je m'aperçois, madame, que je faisais une impolitesse de me retirer, et je vais rester, si vous le voulez bien.

LA MARQUISE.

Comme il vous plaira; asseyons-nous donc. (Ils prennent des siéges.)

HORTENSIUS, après avoir toussé, craché, lit.

« La raison est d'un prix à qui tout cède; c'est elle qui fait notre véritable grandeur; on a nécessairement toutes les vertus avec elle; enfin le plus respectable de tous les hommes, ce n'est pas le plus puissant, c'est le plus raisonnable. »

LE CHEVALIER, s'agitant sur son siége.

Ma foi, sur ce pied-là, le plus respectable de tous les hommes a tout l'air de n'être qu'une chimère; quand je dis les hommes, j'entends tout le monde.

LA MARQUISE.

Mais du moins y a-t-il des gens qui sont plus raisonnables les uns que les autres.

LE CHEVALIER.

Hum! disons qui ont moins de folie, cela sera plus sûr.

LA MARQUISE.

Eh! de grâce, laissez-moi un peu de raison, chevalier; je ne saurais convenir que je suis folle, par exemple...

LE CHEVALIER.

Vous, madame? Eh! n'êtes-vous pas exceptée? Cela va sans dire, et c'est la règle.

LA MARQUISE.

Je ne suis point tentée de vous remercier; poursuivons.

HORTENSIUS, lisant.

« Puisque la raison est un si grand bien, n'oublions rien

pour la conserver; fuyons les passions qui nous la dérobent: l'amour est une de celles... »

LE CHEVALIER.

L'amour! l'amour ôte la raison? Cela n'est pas vrai, je n'ai jamais été plus raisonnable que depuis que j'en ai pour Angélique, et j'en ai excessivement.

LA MARQUISE.

Vous en aurez tant qu'il vous plaira, ce sont vos affaires, et on ne vous en demande pas le compte; mais l'auteur n'a point tant de tort : je connais des gens, moi, que l'amour rend bourrus et sauvages, et ces défauts-là n'embellissent personne, je pense.

HORTENSIUS.

Si monsieur me donnait la licence de parachever, peut-être que...

LE CHEVALIER.

Petit auteur que cela, esprit superficiel.

HORTENSIUS, se levant.

Petit auteur, esprit superficiel! un homme qui cite Sénèque pour garant de ce qu'il dit, ainsi que vous le verrez plus bas, folio 24, chapitre V.

LE CHEVALIER.

Fût-ce chapitre M. Sénèque ne sait ce qu'il dit.

HORTENSIUS.

Cela est impossible.

LA MARQUISE, riant.

En vérité, cela me divertit plus que ma lecture; mais monsieur Hortensius, en voilà assez: votre livre ne plaît point au chevalier, n'en lisons plus; une autre fois, nous serons plus heureux.

LE CHEVALIER.

C'est votre goût, madame, qui doit décider.

LA MARQUISE.

Mon goût veut bien avoir cette complaisance-là pour le vôtre.

HORTENSIUS, s'en allant.

Sénèque un petit auteur! Par Jupiter! si je le disais, je croirais faire un blasphème littéraire. Adieu, monsieur.

LE CHEVALIER.

Serviteur, serviteur.

SCÈNE X

LE CHEVALIER, LA MARQUISE.

LA MARQUISE.

Vous voilà brouillé avec Hortensius, chevalier. De quoi vous avisez-vous aussi de médire de Sénèque ?

LE CHEVALIER.

Sénèque et son défenseur ne m'inquiètent pas, pourvu que vous ne preniez pas leur parti, madame.

LA MARQUISE.

Ah ! je demeurerai neutre, si la querelle continue ; car je m'imagine que vous ne voudrez pas la recommencer. Nos occupations vous ennuient, n'est-il pas vrai ?

LE CHEVALIER.

Il faut être plus tranquille que je ne suis, pour réussir à s'amuser.

LA MARQUISE.

Ne vous gênez point, chevalier, vivons sans façons : vous voulez peut-être être seul. Adieu, je vous laisse.

LE CHEVALIER.

Il n'y a plus de situation qui ne me soit à charge.

LA MARQUISE.

Je voudrais de tout mon cœur pouvoir vous calmer l'esprit. (Elle part lentement.)

LE CHEVALIER, pendant qu'elle marche.

Ah ! je m'attendais à plus de repos quand j'ai rompu mon voyage ; je ne ferai plus de projets, je vois bien que je rebute tout le monde.

LA MARQUISE, s'arrêtant au milieu du théâtre.

Ce que je lui entends dire là me touche ; il ne serait pas généreux de le quitter dans cet état-là. (Elle revient.) Non, chevalier, vous ne me rebutez point ; ne cédez point à votre douleur : tantôt vous partagiez mes chagrins, vous étiez sensible à la part que je prenais aux vôtres ; pourquoi n'êtes-vous plus de même ? C'est cela qui me rebuterait, par exemple ; car la véritable amitié veut qu'on fasse quelque chose pour elle, elle veut consoler.

LE CHEVALIER.

Aussi aurait-elle bien du pouvoir sur moi ; si je la trouvais, personne au monde n'y serait plus sensible ; j'ai le cœur fait pour elle ; mais où est-elle ? Je m'imaginais l'avoir trouvée ; me voilà détrompé, et ce n'est pas sans qu'il en coûte à mon cœur.

LA MARQUISE.

Peut-on faire de reproche plus injuste que celui que vous me faites? De quoi vous plaignez-vous? voyons; d'une chose que vous avez rendu nécessaire. Une étourdie vient vous proposer ma main; vous y avez de la répugnance, à la bonne heure; ce n'est point là ce qui me choque : un homme qui a aimé Angélique peut trouver les autres femmes bien inférieures; elle a dû vous rendre les yeux très-difficiles, et, d'ailleurs, tout ce qu'on appelle vanité là-dessus, je n'en suis plus.

LE CHEVALIER.

Ah! madame, je regrette Angélique; mais vous m'en auriez consolé, si vous aviez voulu.

LA MARQUISE.

Je n'en ai point de preuves; car cette répugnance, dont je ne me plains point, fallait-il la marquer ouvertement? Représentez-vous cette action-là de sang-froid; vous êtes galant homme; jugez-vous; où est l'amitié dont vous parlez? Car, encore une fois, ce n'est pas de l'amour que je veux, vous le savez bien; mais l'amitié n'a-t-elle pas ses sentiments, ses délicatesses? L'amour est bien tendre, chevalier : eh bien, croyez qu'elle ménage, avec encore plus de scrupules que lui, les intérêts de ceux qu'elle unit ensemble; voilà le portrait que je m'en suis toujours fait, voilà comme je la sens, et comme vous auriez dû la sentir. Il me semble que l'on n'en peut rien rabattre, et vous n'en connaissez pas les devoirs comme moi : qu'il vienne quelqu'un me proposer votre main, par exemple, et je vous apprendrai comme on répond là-dessus.

LE CHEVALIER.

Oh! je suis sûr que vous y seriez plus embarrassée que moi; car, enfin, vous n'accepteriez point la proposition.

LA MARQUISE.

Nous n'y sommes pas; ce quelqu'un n'est pas venu, et ce n'est que pour vous dire combien je vous ménagerais; cependant vous vous plaignez.

LE CHEVALIER.

Eh! morbleu! madame, vous m'avez parlé de répugnance, et je ne saurais vous souffrir cette idée-là. Tenez, je trancherai tout d'un coup là-dessus : si je n'aimais pas Angélique, qu'il faut bien que j'oublie, vous n'auriez qu'une chose à craindre avec moi, qui est que mon amitié ne devînt amour; et raisonnablement il n'y aurait que cela à craindre non plus. C'est là toute la répugnance que je me connais.

LA MARQUISE.

Ah! pour cela, c'en serait trop; il ne faut pas, chevalier, il ne faut pas.

LE CHEVALIER.

Mais ce serait vous rendre justice : d'ailleurs, d'où peut venir le refus dont vous m'accusez? car enfin était-il naturel? C'est que le comte vous aimait, c'est que vous le souffriez ; j'étais outré de voir cet amour venir traverser un attachement qui devait faire toute ma consolation : mon amitié n'est point compatible avec cela ; ce n'est point une amitié faite comme les autres.

LA MARQUISE.

Eh bien, voilà qui change tout! je ne me plains plus, je suis contente; ce que vous me dites-là, je l'éprouve, je le sens; c'est là précisément l'amitié que je demande, la voilà, c'est la véritable; elle est délicate, elle est jalouse; elle a droit de l'être. Mais que ne parliez-vous? que n'êtes-vous venu me dire : « Qu'est-ce que c'est que le comte? que fait-il chez vous? » Je vous aurais tiré d'inquiétude, et tout cela ne serait point arrivé.

LE CHEVALIER.

Vous ne me verrez point faire d'inclination, à moi; je n'y songe point avec vous.

LA MARQUISE.

Vraiment, je vous le défends bien ; ce ne sont pas là nos conditions, et je serais jalouse aussi, moi, jalouse comme nous l'entendons.

LE CHEVALIER.

Vous, madame?

LA MARQUISE.

Est-ce que je ne l'étais pas de cette façon-là tantôt? Votre réponse à Lisette n'avait-elle pas dû me choquer?

LE CHEVALIER.

Vous m'avez pourtant dit de cruelles choses.

LA MARQUISE.

Eh! à qui en dit-on, si ce n'est aux gens qu'on aime, et qui semblent n'y pas répondre?

LE CHEVALIER.

Dois-je vous en croire? Que vous me tranquillisez, ma chère marquise!

LA MARQUISE.

Écoutez; je n'avais pas moins besoin de cette explication-là que vous.

LE CHEVALIER.

Que vous me charmez! que vous me donnez de joie! (il lui baise la main.)

4.

LA MARQUISE, riant.

On le prendrait pour mon amant, de la manière dont il me remercie.

LE CHEVALIER.

Ma foi, je défie un amant de vous aimer plus que je fais ; je n'aurais jamais cru que l'amitié allât si loin ; cela est surprenant, l'amour est moins vif.

LA MARQUISE.

Et cependant il n'y a rien de trop.

LE CHEVALIER.

Non, il n'y a rien de trop ; mais il me reste une grâce à vous demander. Gardez-vous Hortensius ? Je crois qu'il est fâché de me voir ici, et je sais lire aussi bien que lui.

LA MARQUISE.

Eh bien, chevalier, il faut le renvoyer ; voilà toute la façon qu'il faut y faire.

LE CHEVALIER.

Et le comte, qu'en ferons-nous ? Il m'inquiète un peu.

LA MARQUISE.

On le congédiera aussi ; je veux que vous soyez content, je veux vous mettre en repos. Donnez-moi la main, je serais bien aise de me promener dans le jardin.

LE CHEVALIER.

Allons, marquise.

ACTE TROISIÈME

SCÈNE PREMIÈRE

HORTENSIUS, seul.

N'est-ce pas chose étrange, qu'un homme comme moi n'ait point de fortune ? Posséder le grec et le latin, et ne pas posséder dix pistoles ! O divin Homère ! ô Virgile ! et vous, gentil Anacréon ! vos doctes interprètes ont de la peine à vivre ; bientôt je n'aurai plus d'asile. J'ai vu la marquise irritée contre le chevalier ; mais incontinent je l'ai vue dans le jardin discourir avec lui de la manière la plus bénévole. Quels solécismes de conduite! Est-ce que l'amour m'expulserait d'ici?

SCÈNE II

HORTENSIUS, LISETTE, LUBIN.

LUBIN, gaillardement.

Tiens, Lisette, le voilà bien à propos pour lui faire nos adieux. (En riant.) Ah! ah! ah!

HORTENSIUS.

A qui en veut cet étourdi-là, avec son transport de joie?

LUBIN.

Allons, gai, camarade docteur : comment va la philosophie?

HORTENSIUS.

Pourquoi me faites-vous cette question-là?

LUBIN.

Ma foi! je n'en sais rien, si ce n'est pour entrer en conversation.

LISETTE.

Allons, allons, venons au fait.

LUBIN.

Encore un petit mot, docteur : n'avez-vous jamais couché dans la rue?

HORTENSIUS.

Que signifie ce discours?

LUBIN.

C'est que, cette nuit, vous en aurez le plaisir : le vent de bise vous en dira deux mots.

LISETTE.

N'amusons point davantage M. Hortensius : tenez, monsieur, voilà de l'or que madame m'a chargée de vous donner; moyennant quoi, comme elle prend congé de vous, vous pouvez prendre congé d'elle. A mon égard, je salue Votre Érudition, et je suis votre très-humble servante. (Elle lui fait la révérence.)

LUBIN.

Et moi, votre serviteur.

HORTENSIUS.

Quoi! madame me renvoie?

LISETTE.

Non pas, monsieur; elle vous prie seulement de vous retirer.

LUBIN.

Et vous qui êtes honnête, vous ne refuserez rien aux prières de madame.

HORTENSIUS.

Savez-vous la raison de cela, mademoiselle Lisette?

LISETTE.

Non; mais, en gros, je soupçonne que cela pourrait venir de ce que vous l'ennuyez.

LUBIN.

Et, en détail, de ce que nous sommes bien aises de nous marier en paix, en dépit de la philosophie que vous avez dans la tête.

LISETTE.

Tais-toi.

HORTENSIUS.

J'entends; c'est que madame la marquise et M. le chevalier ont de l'inclination l'un pour l'autre.

LISETTE.

Je n'en sais rien; ce ne sont pas mes affaires.

LUBIN.

Eh bien, tout coup vaille! Quand ce serait de l'inclination, quand ce seraient des passions, des soupirs, des flammes, et de la noce après, il n'y a rien de si gaillard; on a un cœur, on s'en sert, cela est naturel.

LISETTE, à Lubin.

Finis tes sottises. (A Hortensius.) Vous voilà averti, monsieur; je crois que cela suffit.

LUBIN.

Adieu. Touchez-là, et partez ferme : il n'y aura pas de mal à doubler le pas.

HORTENSIUS.

Dites à madame que je me conformerai à ses ordres.

SCÈNE III

LISETTE, LUBIN.

LISETTE.

Enfin, le voilà congédié. C'est pourtant un amant que je perds.

LUBIN.

Un amant? Quoi! ce vieux radoteur t'aimait?

LISETTE.

Sans doute; il voulait me faire des arguments.

LUBIN.

Hum!

LISETTE.

Des arguments, te dis-je; mais je les ai fort bien repoussés avec d'autres.

LUBIN.

Des arguments! Voudrais-tu bien m'en pousser un pour voir ce que c'est?

LISETTE.

Il n'y a rien de si aisé. Tiens, en voilà un : tu es un joli garçon, par exemple.

LUBIN.

Cela est vrai.

LISETTE.

J'aime tout ce qui est joli; ainsi je t'aime : c'est là ce qu'on appelle un argument.

LUBIN.

Pardi! tu n'as que faire du docteur pour cela! je t'en ferai aussi bien qu'un autre. Gageons un petit baiser que je t'en donne une douzaine.

LISETTE.

Je gagerai quand nous serons mariés, parce que je serai bien aise de perdre.

LUBIN.

Bon! quand nous serons mariés, j'aurai toujours gagné sans faire de gageure.

LISETTE.

Paix! j'entends quelqu'un qui vient; je crois que c'est M. le comte. Madame m'a chargée d'un compliment pour lui, qui ne le réjouira pas.

SCÈNE IV

LE COMTE, LISETTE, LUBIN.

LE COMTE, d'un air ému.

Bonjour, Lisette. Je viens de rencontrer Hortensius, qui m'a dit des choses bien singulières. La marquise le renvoie, à ce qu'il dit, parce qu'elle aime le chevalier, et qu'elle l'épouse. Cela est-il vrai? Je vous prie de m'instruire...

LISETTE.

Mais, monsieur le comte, je ne crois pas que cela soit, et

je n'y vois pas encore d'apparence. Hortensius lui déplaît ; elle le congédie : voilà tout ce que j'en puis dire.

LE COMTE, à Lubin.

Et toi, n'en sais-tu pas davantage ?

LUBIN.

Non, monsieur le comte, je ne sais que mon amour pour Lisette ; voilà toutes mes nouvelles.

LISETTE.

Madame la marquise est si peu disposée à se marier, qu'elle ne veut pas même voir d'amants : elle m'a dit de vous prier de ne point vous obstiner à l'aimer.

LE COMTE.

Non plus qu'à la voir, sans doute ?

LISETTE.

Mais je crois que cela revient au même.

LUBIN.

Oui, qui dit l'un, dit l'autre.

LE COMTE.

Que les femmes sont inconcevables ! Le chevalier est ici apparemment ?

LISETTE.

Je crois qu'oui.

LUBIN.

Leurs sentiments d'amitié ne permettent pas qu'ils se séparent.

LE COMTE.

Ah ! avertissez, je vous prie, le chevalier que je voudrais lui dire un mot.

LISETTE.

J'y vais de ce pas, monsieur le comte. (Lubin sort avec Lisette en saluant le comte.)

SCÈNE V

LE COMTE, seul.

Qu'est-ce que cela signifie ? Est-ce de l'amour qu'ils ont l'un pour l'autre ? Le chevalier va venir, interrogeons son cœur. Pour en tirer la vérité, je vais me servir d'un stratagème qui, tout commun qu'il est, ne laisse pas souvent que de réussir.

SCÈNE VI

LE CHEVALIER, LE COMTE.

LE CHEVALIER.

On m'a dit que vous me demandiez; puis-je vous rendre quelque service, monsieur?

LE COMTE.

Oui, chevalier, vous pouvez véritablement m'obliger.

LE CHEVALIER.

Parbleu! si je le puis, cela vaut fait.

LE COMTE.

Vous m'avez dit que vous n'aimiez pas la marquise.

LE CHEVALIER.

Que dites-vous là! Je l'aime de tout mon cœur.

LE COMTE.

J'entends que vous n'aviez point d'amour pour elle.

LE CHEVALIER.

Ah! c'est une autre affaire, et je me suis expliqué là-dessus.

LE COMTE.

Je le sais; mais êtes-vous dans les mêmes sentiments? ne s'agit-il point à présent d'amour absolument?

LE CHEVALIER, riant.

Eh! mais, en vérité, par où jugez-vous qu'il y en ait? Qu'est-ce que c'est que cette idée-là?

LE COMTE.

Moi, je n'en juge point; je vous le demande.

LE CHEVALIER.

Hum! vous avez pourtant la mine d'un homme qui le croit.

LE COMTE.

Eh bien, débarrassons-nous de cela, dites-moi oui ou non.

LE CHEVALIER, riant.

Eh! eh! monsieur le comte, un homme d'esprit comme vous ne doit point faire de chicane sur les mots; le oui ou le non, qui ne se sont point présentés à moi, ne valent pas mieux que le langage que je vous tiens; c'est la même chose assurément; il y a entre la marquise et moi une amitié et des sentiments vraiment respectables : êtes-vous content? cela est-il net? voilà du français.

LE COMTE, à part.

Pas trop. (Haut.) On ne saurait mieux dire, et j'ai tort; mais il faut pardonner aux amants, ils se méfient de tout.

LE CHEVALIER.

Je sais ce qu'ils sont par mon expérience... Revenons à vous et à vos amours : je m'intéresse beaucoup à ce qui vous regarde; mais n'allez pas encore empoisonner ce que je vais vous dire, ouvrez-moi votre cœur. Est-ce que vous voulez continuer d'aimer la marquise?

LE COMTE.

Toujours.

LE CHEVALIER.

Entre nous, il est étonnant que vous ne vous lassiez point de son indifférence. Parbleu! il faut quelques sentiments dans une femme : vous hait-elle? on connaît sa haine; ne lui déplaisez-vous pas? on espère. Mais une femme qui ne répond rien, comment se conduire avec elle? par où prendre son cœur? un cœur qui ne se remue, ni pour ni contre, qui n'est ni ami ni ennemi, qui n'est rien, qui est mort, le ressuscite-t-on? je n'en crois rien; et c'est pourtant ce que vous voulez faire.

LE COMTE, finement.

Non, non, chevalier, je vous parle confidemment à mon tour. Je n'en suis pas tout à fait réduit à une entreprise si chimérique, et le cœur de la marquise n'est pas si mort que vous le pensez : m'entendez-vous? Vous êtes distrait.

LE CHEVALIER.

Vous vous trompez, je n'ai jamais eu plus d'attention.

LE COMTE.

Elle savait mon amour, je lui en parlais, elle écoutait.

LE CHEVALIER.

Elle écoutait?

LE COMTE.

Oui, je lui demandais du retour.

LE CHEVALIER.

C'est l'usage; et à cela quelle réponse?

LE COMTE.

On me disait de l'attendre.

LE CHEVALIER.

C'est qu'il était tout venu.

LE COMTE, à part.

Il l'aime. (Haut.) Cependant, aujourd'hui, elle ne veut pas me voir; j'attribue cela à ce que j'avais été quelques jours sans paraître, avant que vous arrivassiez ; la marquise est la femme de France la plus fière.

LE CHEVALIER.

Ah! je la trouve passablement humiliée d'avoir cette fierté-là.

LE COMTE.

Je vous ai prié tantôt de me raccommoder avec elle, et je vous en prie encore.

LE CHEVALIER.

Eh! vous vous moquez, cette femme-là vous adore.

LE COMTE.

Je ne dis pas cela.

LE CHEVALIER.

Et moi qui ne m'en soucie guère, je le dis pour vous.

LE COMTE.

Ce qui m'en plaît, c'est que vous le dites sans jalousie.

LE CHEVALIER.

Oh! parbleu! si cela vous plaît, vous êtes servi à souhait ; car je vous dirai que j'en suis charmé, que je vous en félicite, et que je vous embrasserais volontiers.

LE COMTE.

Embrassez donc, mon cher.

LE CHEVALIER.

Ah! ce n'est pas la peine ; il me suffit de m'en réjouir sincèrement, et je vais vous en donner des preuves qui ne seront point équivoques.

LE COMTE.

Je voudrais bien vous en donner de ma reconnaissance, moi ; et, si vous étiez d'humeur à accepter celle que j'imagine, ce serait alors que je serais bien sûr de vous. A l'égard de la marquise...

LE CHEVALIER.

Comte, finissons. Vous autres amants, vous n'avez que votre amour et ses intérêts dans la tête, et toutes ces folies-là n'amusent point les autres. Parlons d'autre chose ; de quoi s'agit-il?

LE COMTE.

Dites-moi, mon cher, auriez-vous renoncé au mariage?

LE CHEVALIER.

Oh! parbleu! c'en est trop : faut-il que j'y renonce pour vous mettre en repos? Non, monsieur ; je vous demande grâce pour ma postérité, s'il vous plaît. Je n'irai point sur vos brisées ; mais qu'on me trouve un parti convenable, et demain je me marie ; et qui plus est, c'est que cette marquise, qui ne vous sort pas de l'esprit, tenez, je m'engage à la prier de la fête.

LE COMTE.

Ma foi, chevalier, vous me ravissez; je sens bien que j'ai affaire au plus franc de tous les hommes; vos dispositions me charment. Mon cher ami, continuons; vous connaissez ma sœur : que pensez-vous d'elle?

LE CHEVALIER.

Ce que j'en pense?... Votre question me fait ressouvenir qu'il y a longtemps que je ne l'ai vue, et qu'il faut que vous me présentiez à elle.

LE COMTE.

Vous m'avez dit cent fois qu'elle était digne d'être aimée du plus honnête homme; on l'estime, vous connaissez son bien, vous lui plairez, j'en suis sûr, et, si vous ne voulez qu'un parti convenable, en voilà un.

LE CHEVALIER.

En voilà un... vous avez raison... Oui, votre idée est admirable. Elle est amie de la marquise, n'est-ce pas?

LE COMTE.

Je crois que oui.

LE CHEVALIER.

Allons, cela est bon, et je veux que ce soit moi qui lui annonce la chose; je crois que c'est elle qui entre. Retirez-vous pour quelques moments dans ce cabinet, vous allez voir ce qu'un rival de mon espèce est capable de faire, et vous paraîtrez quand je vous appellerai. Partez; point de remerciement, un jaloux n'en mérite point.

SCÈNE VII

LE CHEVALIER, seul.

Parbleu! madame, je suis donc cet ami qui devait vous tenir lieu de tout; vous m'avez joué, femme que vous êtes; mais vous allez voir combien je m'en soucie.

SCÈNE VIII

LA MARQUISE, LE CHEVALIER.

LA MARQUISE.

Le comte, dit-on, était avec vous, chevalier. Vous avez été bien longtemps ensemble : de quoi donc était-il question?

LE CHEVALIER, sérieusement.

De pures visions de sa part, marquise ; mais des visions qui m'ont chagriné, parce qu'elles vous intéressent, et dont la première a d'abord été de me demander si je vous aimais.

LA MARQUISE.

Mais je crois que cela n'est pas douteux.

LE CHEVALIER.

Sans difficulté ; mais prenez garde, il parlait d'amour, et non pas d'amitié.

LA MARQUISE.

Ah! il parlait d'amour ? Il est bien curieux ; à votre place, je n'aurais pas seulement voulu les distinguer ; qu'il devine.

LE CHEVALIER.

Non pas, marquise ; il n'y avait pas moyen de jouer là-dessus ; car il vous enveloppait dans ses soupçons, et vous faisait pour moi le cœur plus tendre que je ne mérite : vous voyez bien que cela était sérieux ; il fallait une réponse décisive ; aussi l'ai-je bien assuré qu'il se trompait, et qu'absolument il ne s'agissait point d'amour entre nous deux, absolument.

LA MARQUISE.

Mais croyez-vous l'avoir persuadé, et croyez-vous lui avoir dit cela d'un ton bien vrai, du ton d'un homme qui le sent ?

LE CHEVALIER.

Oh! ne craignez rien : je l'ai dit de l'air dont on dit la vérité... Comment donc! je serais très-fâché, à cause de vous, que le commerce de notre amitié rendît vos sentiments équivoques ; mon attachement pour vous est trop délicat, pour profiter de l'honneur que cela me ferait ; mais j'y ai mis bon ordre, et cela, par une chose tout à fait imprévue ; vous connaissez sa sœur, elle est riche, très-aimable, et de vos amies même.

LA MARQUISE.

Assez médiocrement.

LE CHEVALIER.

Dans la joie qu'il a eue de perdre ses soupçons, le comte me l'a proposée ; et comme il y a des instants et des réflexions qui nous déterminent tout d'un coup, ma foi, j'ai pris mon parti : nous sommes d'accord, et je dois l'épouser. Ce n'est pas là tout, c'est que je me suis chargé de vous parler en faveur du comte, et je vous en parle du mieux qu'il m'est possible ; vous n'aurez pas le cœur inexorable, et je ne crois pas la proposition fâcheuse.

SCÈNE IX

LE COMTE, dans le fond; LA MARQUISE, LE CHEVALIER.

LA MARQUISE, froidement.

Non, monsieur, je vous avoue que le comte ne m'a jamais déplu.

LE CHEVALIER.

Ne vous a jamais déplu! c'est fort bien fait; mais pourquoi donc m'avez-vous dit le contraire?

LA MARQUISE.

C'est que je voulais me le cacher à moi-même, et il l'ignore aussi.

LE CHEVALIER.

Point du tout, madame, car il vous écoute.

LA MARQUISE.

Lui?

LE COMTE.

J'ai suivi les conseils du chevalier, madame; permettez que mes transports vous marquent la joie où je suis. (Il se jette aux genoux de la marquise.)

LA MARQUISE.

Levez-vous, comte; vous pouvez espérer.

LE COMTE.

Que je suis heureux! Et toi, chevalier, que ne te dois-je pas! Mais, madame, achevez de me rendre le plus content de tous les hommes. Chevalier, joignez vos prières aux miennes.

LE CHEVALIER, d'un air agité.

Vous n'en avez pas besoin, monsieur; j'avais promis de parler pour vous, j'ai tenu parole : je vous laisse ensemble, je me retire. (A part.) Je me meurs.

LE COMTE.

J'irai te retrouver chez toi.

SCÈNE X

LA MARQUISE, LE COMTE.

LE COMTE.

Madame, il y a longtemps que mon cœur est à vous;

consentez à mon bonheur, que cette aventure-ci vous détermine : souvent il n'en faut pas davantage. J'ai ce soir affaire chez mon notaire ; je pourrais vous l'amener ici ; nous y souperions avec ma sœur, qui doit venir vous voir ; le chevalier s'y trouverait ; vous verriez ce qu'il vous plairait de faire. Des articles sont bientôt passés et ils n'engagent qu'autant qu'on veut : ne me refusez pas, je vous en conjure.

LA MARQUISE.

Je ne saurais vous répondre ; je me sens un peu indisposée : laissez-moi me reposer, je vous prie.

LE COMTE.

Je vais toujours prendre les mesures qui pourront vous engager à m'assurer vos bontés.

SCÈNE XI

LA MARQUISE seule.

Ah ! je ne sais où j'en suis. Respirons... D'où vient que je soupire ? Les larmes me coulent des yeux ; je me sens saisie de la tristesse la plus profonde, et je ne sais pourquoi. Qu'ai-je affaire de l'amitié du chevalier ? L'ingrat qu'il est ! il se marie ; l'infidélité d'un amant ne me toucherait point, celle d'un ami me désespère. Le comte m'aime, j'ai dit qu'il ne me déplaisait pas ; mais où ai-je donc été chercher tout cela ?

SCÈNE XII

LA MARQUISE, LISETTE.

LISETTE.

Madame, je vous avertis qu'on vient de renvoyer madame la comtesse ; mais elle a dit qu'elle repasserait sur le soir ; voulez-vous y être ?

LA MARQUISE.

Non, jamais, Lisette, je ne saurais.

LISETTE.

Êtes-vous indisposée, madame ? Vous avez l'air bien abattu ; qu'avez-vous donc ?

LA MARQUISE.

Hélas ! Lisette, on me persécute, on veut que je me marie.

LISETTE.

Vous marier ! à qui donc ?

LA MARQUISE.

Au plus haïssable de tous les hommes, à un homme que

le hasard a destiné pour me faire du mal, et pour m'arracher malgré moi des discours que j'ai tenus sans savoir ce que je disais.

LISETTE.

Mais il n'est venu que le comte.

LA MARQUISE.

Eh! c'est lui-même.

LISETTE.

Et vous l'épousez?

LA MARQUISE.

Je n'en sais rien, je te dis qu'il le prétend.

LISETTE.

Il le prétend? Mais qu'est-ce que c'est donc que cette aventure-là? Elle ne ressemble à rien.

LA MARQUISE.

Je ne saurais te la mieux dire; c'est le chevalier, c'est ce misanthrope-là qui est cause de cela : il m'a fâchée; le comte en a profité, je ne sais comment; ils veulent souper ce soir ici; ils ont parlé de notaire, d'articles; je les laissais dire; le chevalier est sorti, il se marie aussi; le comte lui donne sa sœur; car il ne lui manquait qu'une sœur pour achever de me déplaire, à cette homme-là...

LISETTE.

Quand le chevalier l'épouserait, que vous importe?

LA MARQUISE.

Veux-tu que je sois la belle-sœur d'un homme qui m'est devenu insupportable?

LISETTE.

Eh! mort de ma vie, ne la soyez pas, renvoyez le comte.

LA MARQUISE.

Eh! sur quel prétexte? car enfin, quoiqu'il me fâche, je n'ai pourtant rien à lui reprocher.

LISETTE.

Oh! je m'y perds, madame, je n'y comprends plus rien.

LA MARQUISE.

Ni moi non plus : je ne sais plus où j'en suis; je ne saurais me démêler, je me meurs. Qu'est-ce que c'est donc que cet état-là?

LISETTE.

Mais c'est, je crois, ce maudit chevalier qui est cause de tout cela; et, pour moi, je crois que cet homme-là vous aime.

LA MARQUISE.

Eh! non, Lisette; on voit bien que tu te trompes.

LISETTE.

Voulez-vous m'en croire, madame? ne le revoyez plus.

LA MARQUISE.

Eh! laisse-moi, Lisette, tu me persécutes aussi! Ne me laissera-t-on jamais en repos? En vérité, la situation où je me trouve est bien triste.

LISETTE.

Votre situation, je la regarde comme une énigme.

SCÈNE XIII

LA MARQUISE, LISETTE, LUBIN.

LUBIN.

Madame, monsieur le chevalier, qui est dans un état à faire compassion...

LA MARQUISE.

Que veut-il dire? Demande-lui ce qu'il a, Lisette.

LUBIN.

Hélas! je crois que son bon sens s'en va : tantôt il marche, tantôt il s'arrête; il regarde le ciel, comme s'il ne l'avait jamais vu. Il dit un mot, il en bredouille un autre, et il m'envoie savoir si vous voulez bien qu'il vous voie.

LA MARQUISE, à Lisette.

Ne me conseilles-tu pas de le voir? Oui, n'est-ce pas?

LISETTE.

Oui, madame; du ton dont vous me le demandez, je vous le conseille.

LUBIN.

Il avait d'abord fait un billet pour vous, qu'il m'a donné.

LA MARQUISE.

Voyons donc.

LUBIN.

Tout à l'heure, madame : quand j'ai eu ce billet, il a couru après moi. « Rends-moi le papier... » Je l'ai rendu. « Tiens, va le porter... » Je l'ai donc repris. « Rapporte le papier... » Je l'ai rapporté; ensuite il a laissé tomber le billet en se promenant, et je l'ai ramassé sans qu'il l'ait vu, afin de vous l'apporter comme à sa bonne amie, pour voir ce qu'il a, et s'il y a quelque remède à sa peine.

LA MARQUISE.

Montre donc.

LUBIN.

Le voici : et tenez, voilà l'écrivain qui arrive.

SCÈNE XIV

LA MARQUISE, LE CHEVALIER, LISETTE.

LA MARQUISE, à Lisette.

Sors; il sera peut-être bien aise de n'avoir point de témoins.

SCÈNE XV

LE CHEVALIER, LA MARQUISE.

LE CHEVALIER. Il prend de longs détours.

Je viens prendre congé de vous, et vous dire adieu, madame.

LA MARQUISE.

Vous, monsieur le chevalier? et où allez-vous donc?

LE CHEVALIER.

Où j'allais quand vous m'avez arrêté.

LA MARQUISE.

Mon dessein n'était pas de vous arrêter pour si peu de temps.

LE CHEVALIER.

Ni le mien de vous quitter sitôt, assurément.

LA MARQUISE.

Pourquoi donc me quittez-vous?

LE CHEVALIER.

Pourquoi je vous quitte? Eh! marquise, que vous importe de me perdre, dès que vous épousez le comte?

LA MARQUISE.

Tenez, chevalier, vous verrez qu'il y a encore du malentendu dans cette querelle-là : ne précipitez rien, je ne veux point que vous partiez; j'aime mieux avoir tort.

LE CHEVALIER.

Non, marquise, c'en est fait; il ne m'est plus possible de rester, mon cœur ne serait plus content du vôtre.

LA MARQUISE, avec douleur.

Je crois que vous vous trompez.

LE CHEVALIER.

Si vous saviez combien je vous dis vrai! combien nos sentiments sont différents!

LA MARQUISE.

Pourquoi différents? Il faudrait donner un peu plus d'étendue à ce que vous dites-là chevalier ; je ne vous entends pas bien.

LE CHEVALIER.

Ce n'est qu'un seul mot qui m'arrête.

LA MARQUISE, avec un peu d'embarras.

Je ne puis deviner, si vous ne me le dites.

LE CHEVALIER.

Tantôt je m'étais expliqué dans un billet que je vous avais écrit.

LA MARQUISE.

A propos de billet, vous me faites ressouvenir que l'on m'en a apporté un quand vous êtes venu.

LE CHEVALIER, intrigué.

Et de qui est-il, madame ?

LA MARQUISE.

Je vous le dirai. (Elle lit.) « Je devais, madame, regretter Angélique toute ma vie ; cependant, le croiriez-vous ? je pars aussi pénétré d'amour pour vous, que je le fus jamais pour elle. »

LE CHEVALIER.

Ce que vous lisez-là, madame, me regarde-t-il?

LA MARQUISE.

Tenez, chevalier, n'est-ce pas là le mot qui vous arrête ?

LE CHEVALIER.

C'est mon billet. Ah ! marquise, que voulez-vous que je devienne ?

LA MARQUISE.

Je rougis, chevalier, c'est vous répondre.

LE CHEVALIER, lui baisant la main.

Mon amour pour vous durera autant que ma vie.

LA MARQUISE.

Je ne vous le pardonne qu'à cette condition-là.

SCÈNE XVI

LA MARQUISE, LE CHEVALIER, LE COMTE.

LE COMTE.

Que vois-je?... Monsieur le chevalier, voilà de grands transports !

LE CHEVALIER.

Il est vrai, monsieur le comte ; quand vous me disiez que j'aimais madame, vous connaissiez mieux mon cœur que moi ; mais j'étais dans la bonne foi, et je suis sûr de vous paraître excusable.

LE COMTE.
Et vous madame ?
LA MARQUISE.
Je ne croyais pas l'amitié si dangereuse.

(Le comte sort.)

SCÈNE XVII

LA MARQUISE, LE CHEVALIER, LISETTE, LUBIN.

LISETTE.
Madame, il y a là-bas un notaire que le comte a amené.
LE CHEVALIER.
Le retiendrons-nous, madame?
LA MARQUISE.
Faites, je ne me mêle plus de rien.
LISETTE, au chevalier.
Ah! je commence à comprendre; le comte s'en va, le notaire reste, et vous vous mariez.
LUBIN.
Et nous aussi, et il faudra que votre contrat fasse la fondation du nôtre : n'est-ce pas Lisette? Allons, de la joie!

FIN DE LA SURPRISE DE L'AMOUR.

LE JEU
DE L'AMOUR ET DU HASARD

COMÉDIE

EN TROIS ACTES

Représentée pour la première fois, à Paris, en 1730

PERSONNAGES

M. ORGON.
MARIO.
SILVIA.
DORANTE.
LISETTE, femme de chambre de Silvia.
PASQUIN, valet de Dorante.
UN VALET.

La scène est à Paris.

LE JEU
DE L'AMOUR ET DU HASARD

ACTE PREMIER

SCÈNE PREMIÈRE
SILVIA, LISETTE.

SILVIA.

Mais, encore une fois, de quoi vous mêlez-vous? pourquoi répondre de mes sentiments?

LISETTE.

C'est que j'ai cru que, dans cette occasion-ci, vos sentiments ressembleraient à ceux de tout le monde. Monsieur votre père me demande si vous êtes bien aise qu'il vous marie, si vous en avez quelque joie; moi, je lui réponds que oui; cela va tout de suite; et il n'y a peut-être que vous de fille au monde pour qui ce oui-là ne soit pas vrai : le non n'est pas naturel.

SILVIA.

Le non n'est pas naturel? Quelle sotte naïveté! Le mariage aurait donc de grands charmes pour vous?

LISETTE.

Eh bien, c'est encore oui, par exemple.

SILVIA.

Taisez-vous; allez répondre vos impertinences ailleurs, et sachez que ce n'est pas à vous à juger de mon cœur par le vôtre.

LISETTE.

Mon cœur est fait comme celui de tout le monde; de quoi le vôtre s'avise-t-il de n'être fait comme celui de personne?

SILVIA.

Je vous dis que, si elle osait, elle m'appellerait une originale.

LISETTE.
Si j'étais votre égale, nous verrions.

SILVIA.
Vous travaillez à me fâcher, Lisette.

LISETTE.
Ce n'est pas mon dessein. Mais, dans le fond, voyons, quel mal ai-je fait de dire à M. Orgon que vous étiez bien aise d'être mariée?

SILVIA.
Premièrement, c'est que tu n'as pas dit vrai; je ne m'ennuie pas d'être fille.

LISETTE.
Cela est encore tout neuf.

SILVIA.
C'est qu'il n'est pas nécessaire que mon père croie me faire tant de plaisir en me mariant, parce que cela le fait agir avec une confiance qui ne servira peut-être de rien.

LISETTE.
Quoi! vous n'épouserez pas celui qu'il vous destine?

SILVIA.
Que sais-je? peut-être ne me conviendra-t-il point, et cela m'inquiète.

LISETTE.
On dit que votre futur est un des plus honnêtes hommes du monde; qu'il est bien fait, aimable, de bonne mine; qu'on ne peut pas avoir plus d'esprit; qu'on ne saurait être d'un meilleur caractère : que voulez-vous de plus? Peut-on se figurer de mariage plus doux, d'union plus délicieuse?

SILVIA.
Délicieuse? Que tu es folle avec tes expressions!

LISETTE.
Ma foi! madame, c'est qu'il est heureux qu'un amant de cette espèce-là veuille se marier dans les formes; il n'y a presque point de fille, s'il lui faisait la cour, qui ne fût en danger de l'épouser sans cérémonie. Aimable, bien fait, voilà de quoi vivre pour l'amour; sociable et spirituel, voilà pour l'entretien de la société : pardi! tout en sera bon dans cet homme-là; l'utile et l'agréable, tout s'y trouve.

SILVIA.
Oui, dans le portrait que tu en fais, et on dit qu'il y ressemble; mais c'est un *on dit*, et je pourrais bien n'être pas de ce sentiment-là, moi : il est bel homme, dit-on, et c'est presque tant pis.

LISETTE.

Tant pis, tant pis! mais voilà une pensée bien hétéroclite.

SILVIA.

C'est une pensée de très-bon sens; volontiers un bel homme est fat, je l'ai remarqué.

LISETTE.

Oh! il a tort d'être fat, mais il a raison d'être beau.

SILVIA.

On ajoute qu'il est bien fait; passe.

LISETTE.

Oui-da, cela est pardonnable.

SILVIA.

De beauté et de bonne mine, je l'en dispense; ce sont là des agréments superflus.

LISETTE.

Vertuchoux! si je me marie jamais, ce superflu-là sera mon nécessaire.

SILVIA.

Je sais ce que tu dis; dans le mariage, on a plus affaire à l'homme raisonnable qu'à l'aimable homme; en un mot, je ne lui demande qu'un bon caractère, et cela est plus difficile à trouver qu'on ne pense. On loue beaucoup le sien; mais qui est-ce qui a vécu avec lui? Les hommes ne se contrefont-ils pas, surtout quand ils ont de l'esprit? N'en ai-je pas vu, moi, qui paraissaient, avec leurs amis, les meilleures gens du monde? C'est la douceur, la raison, l'enjouement même; il n'y a pas jusqu'à leur physionomie qui ne soit garant de toutes les bonnes qualités qu'on leur trouve. « Monsieur un tel a l'air d'un galant homme, d'un homme bien raisonnable, disait-on tous les jours d'Ergaste. — Aussi l'est-il, répondait-on; je l'ai répondu moi-même. Sa physionomie ne vous ment pas d'un mot. » Oui, fiez-vous-y, à cette physionomie si douce, si prévenante, qui disparaît un quart d'heure après pour faire place à un visage sombre, brutal, farouche, qui devient l'effroi de toute une maison. Ergaste s'est marié; sa femme, ses enfants, son domestique, ne lui connaissent encore que ce visage-là, pendant qu'il promène partout ailleurs cette physionomie si aimable que nous lui voyons, et qui n'est qu'un masque qu'il prend au sortir de chez lui.

LISETTE.

Quel fantasque avec ces deux visages!

SILVIA.

N'est-on pas content de Léandre quand on le voit? Eh bien, chez lui, c'est un homme qui ne dit mot, qui ne rit ni qui ne gronde; c'est une âme glacée, solitaire, inaccessible; sa femme ne la connaît point, n'a point de commerce avec elle; elle n'est mariée qu'avec une figure qui sort d'un cabinet, qui vient à table, et qui fait expirer de langueur, de froid et d'ennui, tout ce qui l'environne : n'est-ce pas là un mari bien amusant?

LISETTE.

Je gèle au récit que vous m'en faites; mais Tersandre, par exemple?

SILVIA.

Oui, Tersandre! il venait l'autre jour de s'emporter contre sa femme; j'arrive, on m'annonce; je vois un homme qui vient à moi les bras ouverts, d'un air serein, dégagé; vous auriez dit qu'il sortait de la conversation la plus badine; sa bouche et ses yeux riaient encore. Le fourbe! Voilà ce que c'est que les hommes! Qui est-ce qui croit que sa femme est à plaindre avec lui? Je la trouvai tout abattue, le teint plombé, avec des yeux qui venaient de pleurer; je la trouvai comme je serai peut-être : voilà mon portrait à venir; je vais du moins risquer d'en être une copie. Elle me fit, Lisette; si j'allais te faire pitié aussi? cela est terrible, qu'en dis-tu? Songe à ce que c'est qu'un mari.

LISETTE.

Un mari? C'est un mari! vous ne deviez pas finir par ce mot-là; il me raccommode avec tout le reste.

SCÈNE II

M. ORGON, SILVIA, LISETTE.

M. ORGON.

Eh! bonjour, ma fille. La nouvelle que je viens t'annoncer te fera-t-elle plaisir? Ton prétendu arrive aujourd'hui, son père me l'apprend par cette lettre-ci. Tu ne me réponds rien; tu me parais triste. Lisette, de son côté, baisse les yeux. Qu'est-ce que cela signifie? Parle donc, toi! de quoi s'agit-il?

LISETTE.

Monsieur, un visage qui fait trembler, un autre qui fait mourir de froid, une âme gelée qui se tient à l'écart, et puis le portrait d'une femme qui a le visage abattu, un teint plombé, des yeux bouffis et qui viennent de pleurer; voilà, monsieur, tout ce que nous considérons avec tant de recueillement.

M. ORGON.

Que veut dire ce galimatias; une âme, un portrait?... Explique-toi donc : je n'y entends rien.

SILVIA.

C'est que j'entretenais Lisette du malheur d'une femme maltraitée par son mari : je lui citais celle de Tersandre, que je trouvai l'autre jour fort abattue, parce que son mari venait de la quereller; et je faisais là-dessus mes réflexions.

LISETTE.

Oui, nous parlions d'une physionomie qui va et qui vient; nous disions qu'un mari porte un masque avec le monde, et une grimace avec sa femme.

M. ORGON.

De tout cela, ma fille, je comprends que le mariage t'alarme, d'autant plus que tu ne connais point Dorante.

LISETTE.

Premièrement, il est beau; et c'est presque tant pis.

M. ORGON.

Tant pis! Rêves-tu, avec ton tant pis?

LISETTE.

Moi, je dis ce qu'on m'apprend; c'est la doctrine de madame; j'étudie sous elle.

M. ORGON.

Allons, allons, il n'est pas question de tout cela... Tiens, ma chère enfant, tu sais combien je t'aime. Dorante vient pour t'épouser : dans le dernier voyage que je fis en province, j'arrêtai ce mariage-là avec son père, qui est mon intime et ancien ami; mais ce fut à condition que vous vous plairiez à tous deux, et que vous auriez entière liberté de vous expliquer là-dessus. Je te défends toute complaisance à mon égard : si Dorante ne te convient point, tu n'as qu'à le dire, et il repart; si tu ne lui convenais pas, il repart de même.

LISETTE.

Un *duo* de tendresse en décidera comme à l'Opéra : « Vous me voulez, je vous veux, vite un notaire! » ou bien : « M'aimez-vous? Non? Ni moi non plus; vite à cheval. »

M. ORGON.

Pour moi, je n'ai jamais vu Dorante; il était absent quand j'étais chez son père : mais, sur tout le bien qu'on m'en a dit, je ne saurais craindre que vous vous remerciiez ni l'un ni l'autre.

SILVIA.

Je suis pénétrée de vos bontés, mon père; vous me défendez toute complaisance, et je vous obéirai.

M. ORGON.

Je te l'ordonne.

SILVIA.

Mais, si j'osais, je vous proposerais, sur une idée qui me vient, de m'accorder une grâce qui me tranquilliserait tout à fait.

M. ORGON.

Parle ; si la chose est faisable, je te l'accorde.

SILVIA.

Elle est très-faisable ; mais je crains que ce ne soit abuser de vos bontés.

M. ORGON.

Eh bien, abuse : va, dans ce monde, il faut être un peu trop bon pour l'être assez.

LISETTE.

Il n'y a que le meilleur de tous les hommes qui puisse dire cela.

M. ORGON.

Explique-toi, ma fille.

SILVIA.

Dorante arrive ici aujourd'hui : si je pouvais le voir, l'examiner un peu sans qu'il me connût? Lisette a de l'esprit, monsieur : elle pourrait prendre ma place pour un peu de temps, et je prendrais la sienne.

M. ORGON, à part.

Son idée est plaisante. (Haut.) Laisse-moi rêver un peu à ce que tu me dis là. (A part.) Si je la laisse faire, il doit arriver quelque chose de bien singulier ; elle ne s'y attend pas elle-même. (Haut.) Soit, ma fille, je te permets le déguisement. Es-tu bien sûre de soutenir le tien, Lisette?

LISETTE.

Moi, monsieur? Vous savez qui je suis ; essayez de m'en conter, et manquez de respect, si vous l'osez, à cette contenance-ci : voilà un échantillon des bons airs avec lesquels je vous attends. Qu'en dites-vous? Hein ! retrouvez-vous Lisette?

M. ORGON.

Comment donc! je m'y trompe actuellement moi-même. Mais il n'y a point de temps à perdre ; va t'ajuster suivant ton rôle. Dorante peut nous surprendre ; hâtez-vous, et qu'on donne le mot à toute la maison.

SILVIA.

Il ne me faut presque qu'un tablier.

LISETTE.

Et moi, je vais à ma toilette : venez m'y coiffer, Lisette, pour vous accoutumer à vos fonctions. Un peu d'attention à votre service, s'il vous plaît.

SILVIA.

Vous serez contente, marquise; marchons.

SCÈNE III

MARIO, M. ORGON, SILVIA.

MARIO.

Ma sœur, je te félicite de la nouvelle que j'apprends ; nous allons voir ton amant, dit-on.

SILVIA.

Oui, mon frère. Mais je n'ai pas le temps de m'arrêter : j'ai des affaires sérieuses, et mon père vous les dira ; je vous quitte.

SCÈNE IV

M. ORGON, MARIO.

M. ORGON.

Ne l'amusez pas, Mario ; venez, vous saurez de quoi il s'agit.

MARIO.

Qu'y a-t-il de nouveau, monsieur ?

M. ORGON.

Je commence par vous recommander d'être discret sur ce que je vais vous dire, au moins.

MARIO.

Je suivrai vos ordres.

M. ORGON.

Nous verrons Dorante aujourd'hui ; mais nous ne le verrons que déguisé.

MARIO.

Déguisé ! Viendra-t-il en partie de masque ? lui donnerez-vous le bal ?

M. ORGON.

Écoutez l'article de la lettre du père. Hum. « Je ne sais, au reste, ce que vous penserez d'une imagination qui est venue à mon fils ; elle est bizarre, il en convient lui-même ; mais le motif en est pardonnable et même délicat : c'est qu'il m'a prié de lui permettre de n'arriver d'abord chez vous que sous la figure de son valet, qui, de son côté, fera le personnage de son maître...»

MARIO.

Ah, ah! cela sera plaisant.

M. ORGON.

Écoutez le reste. « Mon fils sait combien l'engagement qu'il va prendre est sérieux, et il espère, dit-il, sous ce déguisement de peu de durée, saisir quelques traits du caractère de notre future, et la mieux connaître, pour se régler ensuite sur ce qu'il doit faire, suivant la liberté que nous sommes convenus de leur laisser. Pour moi, qui m'en fie bien à ce que vous m'avez dit de votre aimable fille, j'ai consenti à tout, en prenant la précaution de vous avertir, quoiqu'il m'ait demandé le secret; de votre côté, vous en userez là-dessus avec la future comme vous le jugerez à propos. » Voilà ce que le père m'écrit. Ce n'est pas le tout, voici ce qui arrive : c'est que votre sœur, inquiète de son côté sur le chapitre de Dorante, dont elle ignore le secret, m'a demandé de jouer ici la même comédie, et cela précisément pour observer Dorante, comme Dorante veut l'observer. Qu'en dites-vous? Savez-vous rien de plus particulier que cela? Actuellement la maîtresse et la suivante se travestissent. Que me conseillez-vous, Mario ? avertirai-je votre sœur, ou non?

MARIO.

Ma foi! monsieur, puisque les choses prennent ce train-là, je ne voudrais pas les déranger, et je respecterais l'idée qui leur est inspirée à l'un et à l'autre. Il faudra bien qu'ils se parlent souvent tous deux sous ce déguisement; voyons si leur cœur ne les avertira pas de ce qu'ils valent. Peut-être que Dorante prendra du goût pour ma sœur, toute soubrette qu'elle sera, et cela serait charmant pour elle.

M. ORGON.

Nous verrons un peu comment elle se tirera d'intrigue.

MARIO.

C'est une aventure qui ne saurait manquer de nous divertir; je veux me trouver au début, et les agacer tous deux.

SCÈNE V

SILVIA, M. ORGON, MARIO, UN VALET.

SILVIA.

Me voilà, monsieur; ai-je mauvaise grâce en femme de

chambre? Et vous, mon frère, vous savez de quoi il s'agit apparemment : comment me trouvez-vous?

MARIO.

Ma foi, ma sœur, c'est autant de pris que le valet; mais tu pourrais bien aussi escamoter Dorante à ta maîtresse.

SILVIA.

Franchement, je ne haïrais pas de lui plaire sous le personnage que je joue; je ne serais pas fâchée de subjuguer sa raison, de l'étourdir un peu sur la distance qu'il y aura de lui à moi. Si mes charmes font ce coup-là, ils me feront plaisir, je les estimerai. D'ailleurs, cela m'aiderait à démêler Dorante. A l'égard de son valet, je ne crains pas ses soupirs; ils n'oseront m'aborder : il y aura quelque chose dans ma physionomie qui inspirera plus de respect que d'amour à ce faquin-là.

MARIO.

Allons, doucement, ma sœur! ce faquin-là sera votre égal.

M. ORGON.

Et ne manquera pas de t'aimer.

SILVIA.

Eh bien, l'honneur de lui plaire ne me sera pas inutile : les valets sont naturellement indiscrets; l'amour est babillard, et j'en ferai l'historien de son maître.

LE VALET.

Monsieur, il vient d'arriver un domestique qui demande à vous parler. Il est suivi d'un crocheteur qui porte une valise.

M. ORGON.

Qu'il entre... C'est sans doute le valet de Dorante; son maître peut être resté au bureau pour affaires. Où est Lisette?

SILVIA.

Lisette s'habille, et dans son miroir nous trouve très-imprudents de lui livrer Dorante; elle aura bientôt fait.

M. ORGON.

Doucement, on vient.

SCÈNE VI

DORANTE, en valet; M. ORGON, SILVIA, MARIO.

DORANTE.

Je cherche M. Orgon : n'est-ce pas à lui que j'ai l'honneur de faire la révérence?

M. ORGON.

Oui, mon ami, c'est à lui-même.

DORANTE.

Monsieur, vous avez sans doute reçu de nos nouvelles; j'appartiens à M. Dorante, qui me suit, et qui m'envoie toujours devant, vous assurer de ses respects, en attendant qu'il vous en assure lui-même.

M. ORGON.

Tu fais ta commission de fort bonne grâce. Lisette, que dis-tu de ce garçon-là?

SILVIA.

Moi, monsieur? Je dis qu'il est bien venu, et qu'il promet.

DORANTE.

Vous avez bien de la bonté; je fais du mieux qu'il m'est possible.

MARIO.

Il n'est pas mal tourné, au moins; ton cœur n'a qu'à se bien tenir, Lisette.

SILVIA.

Mon cœur? C'est bien des affaires.

DORANTE.

Ne vous fâchez pas, mademoiselle; ce que dit monsieur ne m'en fait point accroire.

SILVIA.

Cette modestie-là me plaît; continuez de même.

MARIO.

Fort bien! mais il me semble que ce nom de mademoiselle qu'il te donne est bien sérieux. Entre gens comme vous, le style des compliments ne doit pas être si grave, vous seriez toujours sur le qui-vive. Allons, traitez-vous plus commodément; tu as nom Lisette; et toi, mon garçon, comment t'appelles-tu?

DORANTE.

Bourguignon, monsieur, pour vous servir.

SILVIA.

Eh bien, Bourguignon, soit.

DORANTE.

Va donc pour Lisette; je n'en serai pas moins votre serviteur.

MARIO.

Votre serviteur! Ce n'est point encore là votre jargon; c'est *ton* serviteur qu'il faut dire.

M. ORGON.
Ah! ah! ah! ah!
SILVIA, bas, à Mario.
Vous me jouez, mon frère.
DORANTE.
A l'égard du tutoiement, j'attends les ordres de Lisette.
SILVIA.
Fais comme tu voudras, Bourguignon; voilà la glace rompue, puisque cela divertit ces messieurs.
DORANTE.
Je t'en remercie, Lisette, et je réponds sur-le-champ à l'honneur que tu me fais.
M. ORGON.
Courage, mes enfants! si vous commencez à vous aimer, vous voilà débarrassés des cérémonies.
MARIO.
Oh! doucement! s'aimer, c'est une autre affaire: vous ne savez peut-être pas que j'en veux au cœur de Lisette, moi qui vous parle. Il est vrai qu'il m'est cruel; mais je ne veux pas que Bourguignon aille sur mes brisées.
SILVIA.
Oui: le prenez-vous sur ce ton-là? Et moi, je veux que Bourguignon m'aime.
DORANTE.
Tu te fais tort de dire : « Je veux, » belle Lisette; tu n'as pas besoin d'ordonner pour être servie.
MARIO.
Monsieur Bourguignon, vous avez pillé cette galanterie-là quelque part.
DORANTE.
Vous avez raison, monsieur; c'est dans ses yeux que je l'ai prise.
MARIO.
Tais-toi, c'est encore pis; je te défends d'avoir tant d'esprit.
SILVIA.
Il ne l'a pas à vos dépens; et, s'il en trouve dans mes yeux, il n'a qu'à prendre.
M. ORGON.
Mon fils, vous perdrez votre procès; retirons-nous. Dorante va venir, allons le dire à ma fille; et vous, Lisette,

montrez à ce garçon l'appartement de son maître. Adieu, Bourguignon.

DORANTE.

Monsieur, vous me faites trop d'honneur.

SCÈNE VII

SILVIA, DORANTE.

SILVIA, à part.

Ils se donnent la comédie; n'importe, mettons tout à profit; ce garçon-ci n'est pas sot, et je ne plains pas la soubrette qui l'aura. Il va m'en conter; laissons-le dire, pourvu qu'il m'instruise.

DORANTE, à part.

Cette fille-ci m'étonne; il n'y a point de femme au monde à qui sa physionomie ne fît honneur : lions connaissance avec elle... (Haut.) Puisque nous sommes dans le style amical, et que nous avons abjuré les façons, dis-moi, Lisette, ta maîtresse te vaut-elle? Elle est bien hardie d'oser avoir une femme de chambre comme toi.

SILVIA.

Bourguignon, cette question-là m'annonce que, suivant la coutume, tu arrives avec l'intention de me conter des douceurs; n'est-il pas vrai?

DORANTE.

Ma foi! je n'étais pas venu dans ce dessein-là, je te l'avoue; tout valet que je suis, je n'ai jamais eu de grandes liaisons avec les soubrettes : je n'aime pas l'esprit domestique; mais, à ton égard, c'est une autre affaire. Comment donc! tu me soumets, je suis presque timide, ma familiarité n'oserait s'apprivoiser avec toi; j'ai toujours envie d'ôter mon chapeau de dessus ma tête; et, quand je te tutoie, il me semble que je joue; enfin j'ai un penchant à te traiter avec des respects qui te feraient rire. Quelle espèce de suivante es-tu donc avec ton air de princesse?

SILVIA.

Tiens, tout ce que tu dis avoir senti en me voyant est précisément l'histoire de tous les valets qui m'ont vue.

DORANTE.

Ma foi! je ne serais pas surpris quand ce serait aussi l'histoire de tous les maîtres.

SILVIA.

Le trait est joli assurément; mais, je te le répète encore,

je ne suis point faite aux cajoleries de ceux dont la garde-robe ressemble à la tienne.

DORANTE.

C'est-à-dire que ma parure ne te plaît pas?

SILVIA.

Non, Bourguignon; laissons là l'amour, et soyons bons amis.

DORANTE.

Rien que cela! ton petit traité n'est composé que de deux clauses impossibles.

SILVIA, à part.

Quel homme pour un valet! (Haut.) Il faut pourtant qu'il s'exécute; on m'a prédit que je n'épouserais jamais qu'un homme de condition, et j'ai juré, depuis, de n'en écouter jamais d'autres.

DORANTE.

Parbleu! cela est plaisant; ce que tu as juré pour homme, je l'ai juré pour femme, moi: j'ai fait serment de n'aimer sérieusement qu'une fille de condition.

SILVIA.

Ne t'écarte donc pas de ton projet.

DORANTE.

Je ne m'en écarte peut-être pas tant que nous le croyons: tu as l'air bien distingué, et l'on est quelquefois fille de condition sans le savoir.

SILVIA.

Ah! ah! ah! je te remercierais de ton éloge, si ma mère n'en faisait pas les frais.

DORANTE.

Eh bien, venge-t'en sur la mienne, si tu me trouves assez bonne mine pour cela.

SILVIA, à part.

Il le mériterait. (Haut.) Mais ce n'est pas là de quoi il est question; trêve de badinage! c'est un homme de condition qui m'est prédit pour époux, et je n'en rabattrai rien.

DORANTE.

Parbleu! si j'étais tel, la prédiction me menacerait; j'aurais peur de la vérifier: je n'ai pas de foi à l'astrologie, mais j'en ai beaucoup à ton visage.

SILVIA, à part.

Il ne tarit point (Haut.) Finiras-tu? Que t'importe la prédiction, puisqu'elle t'exclut?

DORANTE.
Elle n'a pas prédit que je ne t'aimerais point.

SILVIA.
Non; mais elle a dit que tu n'y gagnerais rien, et moi, je te le confirme.

DORANTE.
Tu fais fort bien, Lisette : cette fierté-là te va à merveille, et, quoiqu'elle me fasse mon procès, je suis pourtant bien aise de te la voir; je te l'ai souhaitée d'abord que je t'ai vue ; il te fallait encore cette grâce-là et je me console d'y perdre, parce que tu y gagnes.

SILVIA, à part.
Mais, en vérité, voilà un garçon qui me surprend, malgré que j'en aie. (Haut.) Dis-moi, qui es-tu, toi qui me parles ainsi ?

DORANTE.
Le fils d'honnêtes gens qui n'étaient pas riches.

SILVIA.
Va, je te souhaite de bon cœur une meilleure situation que la tienne, et je voudrais pouvoir y contribuer : la fortune a tort avec toi.

DORANTE.
Ma foi! l'amour a plus de tort qu'elle : j'aimerais mieux qu'il me fût permis de te demander ton cœur que d'avoir tous les biens du monde.

SILVIA, à part.
Nous voilà, grâce au ciel, en conversation réglée. (Haut.) Bourguignon, je ne saurais me fâcher des discours que tu me tiens; mais, je t'en prie, changeons d'entretien; venons à ton maître. Tu peux te passer de me parler d'amour, je pense ?

DORANTE.
Tu pourrais bien te passer de m'en faire sentir, toi.

SILVIA.
Ah! je me fâcherai, tu m'impatientes ; encore une fois, laisse là ton amour.

DORANTE.
Quitte donc ta figure.

SILVIA, à part.
A la fin, je crois qu'il m'amuse. (Haut.) Eh bien, Bourguignon, tu ne veux donc pas finir? Faudra-t-il que je te quitte? (A part.) Je devrais déjà l'avoir fait.

DORANTE.

Attends, Lisette; je voulais moi-même te parler d'autre chose, mais je ne sais plus ce que c'est.

SILVIA.

J'avais, de mon côté, quelque chose à te dire; mais tu m'as fait perdre mes idées aussi, à moi.

DORANTE.

Je me rappelle de t'avoir demandé si ta maîtresse te valait.

SILVIA.

Tu reviens à ton chemin par un détour. Adieu.

DORANTE.

Eh! non, te dis-je, Lisette! il ne s'agit ici que de mon maître.

SILVIA.

Eh bien, soit; je voulais te parler de lui aussi, et j'espère que tu voudras bien me dire confidemment ce qu'il est: ton attachement pour lui m'en donne bonne opinion; il faut qu'il ait du mérite, puisque tu le sers.

DORANTE.

Tu me permettras peut-être bien de te remercier de ce que tu me dis là, par exemple?

SILVIA.

Veux-tu bien ne prendre pas garde à l'imprudence que j'ai eue de le dire?

DORANTE.

Voilà encore de ces réponses qui m'emportent: fais comme tu voudras, je n'y résiste point, et je suis bien malheureux de me trouver arrêté par tout ce qu'il y a de plus aimable au monde.

SILVIA.

Et moi, je voudrais bien savoir comment il se fait que j'ai la bonté de t'écouter; car, assurément, cela est singulier.

DORANTE.

Tu as raison, notre aventure est unique.

SILVIA, à part.

Malgré tout ce qu'il m'a dit, je ne suis point partie, je ne pars point, me voilà encore, et je réponds! En vérité, cela passe la raillerie. (Haut.) Adieu.

DORANTE.

Achevons donc ce que nous voulions dire.

SILVIA.

Adieu, te dis-je, plus de quartier. Quand ton maître sera

venu, je tâcherai, en faveur de ma maîtresse, de le connaître par moi-même, s'il en vaut la peine; en attendant, tu vois cet appartement, c'est le vôtre.

DORANTE.

Tiens, voici mon maître.

SCÈNE VIII

DORANTE, SILVIA, PASQUIN.

PASQUIN.

Ah! te voilà, Bourguignon? Mon portemanteau et toi, avez-vous été bien reçus ici?

DORANTE.

Il n'était pas possible qu'on nous reçût mal, monsieur.

PASQUIN.

Un domestique là-bas m'a dit d'entrer ici, et qu'on allait avertir mon beau-père, qui était avec ma femme.

SILVIA.

Vous voulez dire M. Orgon et sa fille sans doute, monsieur?

PASQUIN.

Eh oui! mon beau-père et ma femme, autant vaut; je viens pour épouser, et ils m'attendent pour être mariés, cela est convenu : il ne manque plus que la cérémonie, qui est une bagatelle.

SILVIA.

C'est une bagatelle qui vaut bien la peine qu'on y pense.

PASQUIN.

Oui; mais, quand on y a pensé, on n'y pense plus.

SILVIA, bas, à Dorante.

Bourguignon, on est homme de mérite à bon marché chez vous, ce me semble?

PASQUIN.

Que dites-vous là à mon valet, la belle?

SILVIA.

Rien; je lui dis seulement que je vais faire descendre M. Orgon.

PASQUIN.

Et pourquoi ne pas dire mon-beau-père, comme moi?

SILVIA.

C'est qu'il ne l'est pas encore.

DORANTE.

Elle a raison, monsieur; le mariage n'est pas fait.

PASQUIN.

Eh bien, me voilà pour le faire.

DORANTE.

Attendez donc qu'il soit fait.

PASQUIN.

Pardi! voilà bien des façons pour un beau-père de la veille ou du lendemain.

SILVIA.

En effet, quelle si grande différence y a-t-il entre être marié ou ne l'être pas? Oui, monsieur, nous avons tort, et je cours informer votre beau-père de votre arrivée.

PASQUIN.

Et ma femme aussi, je vous prie. Mais, avant que de partir, dites-moi une chose : vous qui êtes si jolie, n'êtes-vous pas la soubrette de l'hôtel?

SILVIA.

Vous l'avez dit.

PASQUIN.

C'est fort bien fait, je m'en réjouis. Croyez-vous que je plaise ici? Comment me trouvez-vous?

SILVIA.

Je vous trouve plaisant...

PASQUIN.

Bon! tant mieux : entretenez-vous dans ce sentiment-là, il pourra trouver sa place.

SILVIA.

Vous êtes bien modeste de vous en contenter. Mais je vous quitte : il faut qu'on ait oublié d'avertir votre beau-père, car assurément il serait venu; et j'y vais.

PASQUIN.

Dites-lui que je l'attends avec affection.

SILVIA, à part.

Que le sort est bizarre! Aucun de ces deux hommes n'est à sa place.

SCÈNE IX

DORANTE, PASQUIN.

PASQUIN.

Eh bien, monsieur, mon commencement va bien ; je plais déjà à la soubrette.

DORANTE.

Butor que tu es !

PASQUIN.

Pourquoi donc ? Mon entrée est si gentille !

DORANTE.

Tu m'avais tant promis de laisser là tes façons de parler sottes et triviales, je t'avais donné de si bonnes instructions ; je ne t'avais recommandé que d'être sérieux. Va, je vois bien que je suis un étourdi de m'en être fié à toi.

PASQUIN.

Je ferai encore mieux dans la suite ; et, puisque le sérieux n'est pas suffisant, je donnerai du mélancolique ; je pleurerai, s'il le faut.

DORANTE.

Je ne sais plus où j'en suis ; cette aventure-ci m'étourdit : que faut-il que je fasse ?

PASQUIN.

Est-ce que la fille n'est pas plaisante ?

DORANTE.

Tais-toi ; voici M. Orgon qui vient.

SCÈNE X

M. ORGON, DORANTE, PASQUIN.

M. ORGON.

Mon cher monsieur, je vous demande mille pardons de vous avoir fait attendre ; mais ce n'est que de cet instant que j'apprends que vous êtes ici.

PASQUIN.

Monsieur, mille pardons, c'est beaucoup trop, et il n'en faut qu'un quand on n'a fait qu'une faute ; au surplus, tous mes pardons sont à votre service.

M. ORGON.

Je tâcherai de n'en avoir pas besoin.

PASQUIN.

Vous êtes le maître, et moi votre serviteur.

M. ORGON.

Je suis, je vous assure, charmé de vous voir, et je vous attendais avec impatience.

PASQUIN.

Je serais d'abord venu ici avec Bourguignon ; mais, quand on arrive de voyage, vous savez qu'on est si mal bâti, et j'étais bien aise de me présenter dans un état plus ragoûtant.

M. ORGON.

Vous y avez fort bien réussi. Ma fille s'habille : elle a été un peu indisposée ; en attendant qu'elle descende, voulez-vous vous rafraîchir ?

PASQUIN.

Oh ! je n'ai jamais refusé de trinquer avec personne.

M. ORGON.

Bourguignon, ayez soin de vous, mon garçon.

PASQUIN.

Le gaillard est gourmet, il boira du meilleur.

M. ORGON.

Qu'il ne l'épargne pas.

ACTE DEUXIÈME

SCÈNE PREMIÈRE

LISETTE, M. ORGON.

M. ORGON.

Eh bien, que me veux-tu, Lisette ?

LISETTE.

J'ai à vous entretenir un moment.

M. ORGON.

De quoi s'agit-il ?

LISETTE.

De vous dire l'état où en sont les choses, parce qu'il est important que vous en soyez éclairci, afin que vous n'ayez point à vous plaindre de moi.

M. ORGON.

Ceci est donc bien sérieux?

LISETTE.

Oui, très-sérieux. Vous avez consenti au déguisement de mademoiselle Silvia; moi-même, je l'ai trouvé d'abord sans conséquence; mais je me suis trompée.

M. ORGON.

Et de quelle conséquence est-il donc?

LISETTE.

Monsieur, on a de la peine à se louer soi-même; mais, malgré toutes les règles de la modestie, il faut pourtant que je vous dise que, si vous ne mettez ordre à ce qui arrive, votre prétendu gendre n'aura plus de cœur à donner à mademoiselle votre fille; il est temps qu'elle se déclare, cela presse; car, un jour plus tard, je n'en réponds plus.

M. ORGON.

Eh! d'où vient qu'il ne voudrait plus de ma fille quand il la connaîtra? Te défies-tu de ses charmes?

LISETTE.

Non; mais vous ne vous méfiez pas assez des miens : je vous avertis qu'ils vont leur train, et que je ne vous conseille pas de les laisser faire.

M. ORGON.

Je vous en fais mes compliments, Lisette... (Il rit.) Ah! ah! ah!

LISETTE.

Nous y voilà : vous plaisantez, monsieur, vous vous moquez de moi; j'en suis fâchée, car vous y serez pris.

M. ORGON.

Ne t'en embarrasse pas, Lisette; va ton chemin.

LISETTE.

Je vous le répète encore, le cœur de Dorante va bien vite; tenez, actuellement, je lui plais beaucoup; ce soir, il m'aimera; il m'adorera demain. Je ne le mérite pas, il est de mauvais goût, vous en direz ce qu'il vous plaira; mais cela ne laissera pas que d'être, voyez-vous; demain, je me garantis adorée.

M. ORGON.

Eh bien, que vous importe ? S'il vous aime tant, qu'il vous épouse.

LISETTE.

Quoi ! vous ne l'en empêcheriez pas ?

M. ORGON.

Non, d'homme d'honneur, si tu le mènes jusque-là.

LISETTE.

Monsieur, prenez-y garde : jusqu'ici, je n'ai pas aidé à mes appas, je les ai laissés faire tout seuls ; j'ai ménagé sa tête; si je m'en mêle, je la renverse, il n'y aura plus de remède.

M. ORGON.

Renverse, ravage, brûle, enfin épouse ! je te le permets, si tu le peux.

LISETTE.

Sur ce pied-là, je compte ma fortune faite.

M. ORGON.

Mais, dis-moi, ma fille t'a-t-elle parlé ? Que pense-t-elle de son prétendu ?

LISETTE.

Nous n'avons encore guère trouvé le moment de nous parler, car ce prétendu m'obsède; mais, à vue de pays, je ne la crois pas contente : je la trouve triste, rêveuse, et je m'attends bien qu'elle me priera de le rebuter.

M. ORGON.

Et moi, je te le défends : j'évite de m'expliquer avec elle, j'ai mes raisons pour faire durer ce déguisement. Je veux qu'elle examine son futur plus à loisir. Mais le valet, comment se gouverne-t-il ? Ne se mêle-t-il pas d'aimer ma fille ?

LISETTE.

C'est un original : j'ai remarqué qu'il fait l'homme de conséquence avec elle ; parce qu'il est bien fait, il la regarde et soupire.

M. ORGON.

Et cela la fâche ?

LISETTE.

Mais... elle rougit.

M. ORGON.

Bon ! tu te trompes : les regards d'un valet ne l'embarrassent pas jusque-là.

LISETTE.

Monsieur, elle rougit.

M. ORGON.

C'est donc d'indignation.

LISETTE.

A la bonne heure.

M. ORGON.

Eh bien, quand tu lui parleras, dis-lui que tu soupçonnes ce valet de la prévenir contre son maître ; et, si elle se fâche, ne t'en inquiète point, ce sont mes affaires. Mais voici Dorante, qui te cherche apparemment.

SCÈNE II

LISETTE, PASQUIN, M. ORGON.

PASQUIN.

Ah! je vous trouve, merveilleuse dame! je vous demandais à tout le monde. Serviteur, cher beau-père, ou peu s'en faut.

M. ORGON.

Serviteur... Adieu, mes enfants ; je vous laisse ensemble : il est bon que vous vous aimiez un peu avant que de vous marier.

PASQUIN.

Je ferais bien ces deux besognes-là à la fois, moi.

M. ORGON.

Point d'impatience. Adieu.

SCÈNE III

LISETTE, PASQUIN.

PASQUIN.

Madame, il dit que je ne m'impatiente pas ; il en parle bien à son aise, le bonhomme.

LISETTE.

J'ai de la peine à croire qu'il vous en coûte tant d'attendre, monsieur ; c'est par galanterie que vous faites l'impatient ; à peine êtes-vous arrivé ! Votre amour ne saurait être bien fort ; ce n'est tout au plus qu'un amour naissant.

PASQUIN.

Vous vous trompez, prodige de nos jours! un amour de votre façon ne reste pas longtemps au berceau : votre premier coup d'œil a fait naître le mien, le second lui a donné des forces, et le troisième l'a rendu grand garçon. Tâchons de l'établir au plus vite; ayez soin de lui, puisque vous êtes sa mère.

LISETTE.

Trouvez-vous qu'on le maltraite? est-il si abandonné?

PASQUIN.

En attendant qu'il soit pourvu, donnez-lui seulement votre belle main blanche, pour l'amuser un peu.

LISETTE.

Tenez donc, petit importun, puisqu'on ne saurait avoir la paix qu'en vous amusant.

PASQUIN, lui baisant la main.

Cher joujou de mon âme! cela me réjouit comme du vin délicieux. Quel dommage de n'en avoir que roquille!

LISETTE.

Allons, arrêtez-vous; vous êtes trop avide.

PASQUIN.

Je ne demande qu'à me soutenir en attendant que je vive.

LISETTE.

Ne faut-il pas avoir de la raison?

PASQUIN.

De la raison? Hélas! je l'ai perdue : vos beaux yeux sont les filous qui me l'ont volée.

LISETTE.

Mais est-il possible que vous m'aimiez tant? Je ne saurais me le persuader.

PASQUIN.

Je ne me soucie pas de ce qui est possible, moi; mais je vous aime comme un perdu, et vous verrez bien dans votre miroir que cela est juste.

LISETTE.

Mon miroir ne servirait qu'à me rendre plus incrédule.

PASQUIN.

Ah! mignonne adorable, votre humilité ne serait donc qu'une hypocrite!

LISETTE.

Quelqu'un vient à nous : c'est votre valet.

SCÈNE IV

DORANTE, PASQUIN, LISETTE.

DORANTE.

Monsieur, pourrais-je vous entretenir un moment?

PASQUIN.

Non! Maudit soit la valetaille qui ne saurait nous laisser en repos!

LISETTE.

Voyez ce qu'il vous veut, monsieur.

DORANTE.

Je n'ai qu'un mot à vous dire.

PASQUIN.

Madame, s'il en dit deux, son congé fera le troisième. Voyons.

DORANTE, bas, à Pasquin.

Viens donc, impertinent.

PASQUIN, bas, à Dorante.

Ce sont des injures, et non pas des mots, cela... (A Lisette.) Ma reine, excusez.

LISETTE.

Faites, faites.

DORANTE.

Débarrasse-moi de tout ceci; ne te livre point; parais sérieux et rêveur, et même mécontent, entends-tu?

PASQUIN.

Oui, mon ami; ne vous inquiétez pas, et retirez-vous *.

SCÈNE V

PASQUIN, LISETTE.

PASQUIN.

Ah! madame, sans lui, j'allais vous dire de belles choses, et je n'en trouverai plus que de communes à cette heure, hormis

---

* Les comédiens ajoutent ordinairement ici un jeu de scène assez plaisant. Pasquin appelle Dorante, qui est entré déjà dans la coulisse, et, par un signe, lui montre son chapeau, qu'il a laissé tomber. Dorante se refuse à le ramasser; alors Pasquin l'y contraint par un geste impérieux, et Dorante, obligé de lui obéir pour ne pas se trahir, le lui rend; mais il profite du moment où Lisette tourne la tête d'un autre côté, et il donne à Pasquin un coup de pied dans le derrière.

mon amour, qui est extraordinaire. Mais, à propos de mon amour, quand est-ce que le vôtre lui tiendra compagnie ?

LISETTE.

Il faut espérer que cela viendra.

PASQUIN.

Et croyez-vous que cela vienne ?

LISETTE.

La question est vive : savez-vous bien que vous m'embarrassez ?

PASQUIN.

Que voulez-vous ! je brûle, et je crie au feu.

LISETTE.

S'il m'était permis de m'expliquer si vite...

PASQUIN.

Je suis du sentiment que vous le pouvez en conscience.

LISETTE.

La retenue de mon sexe ne le veut pas.

PASQUIN.

Ce n'est donc pas la retenue d'à présent, qui donne bien d'autres permissions.

LISETTE.

Mais que demandez-vous ?

PASQUIN.

Dites-moi un petit brin que vous m'aimez. Tenez, je vous aime, moi ; faites l'écho, répétez, princesse.

LISETTE.

Quel insatiable ! Eh bien, monsieur, je vous aime.

PASQUIN.

Eh bien, madame, je me meurs ; mon bonheur me confond, j'ai peur d'en courir les champs ; vous m'aimez, cela est admirable !

LISETTE.

J'aurais lieu à mon tour d'être étonnée de la promptitude de votre hommage ; peut-être m'aimerez-vous moins quand nous nous connaîtrons mieux.

PASQUIN.

Ah ! madame, quand nous en serons là, j'y perdrai beaucoup ; il y aura bien à décompter.

LISETTE.

Vous me croyez plus de qualités que je n'en ai.

PASQUIN.

Et vous, madame, vous ne savez pas les miennes, et je ne devrais vous parler qu'à genoux.

LISETTE.

Souvenez-vous qu'on n'est pas les maîtres de son sort.

PASQUIN.

Les pères et mères font tout à leur tête.

LISETTE.

Pour moi, mon cœur vous aurait choisi, dans quelque état que vous eussiez été.

PASQUIN.

Il a beau jeu pour me choisir encore.

LISETTE.

Puis-je me flatter que vous êtes de même à mon égard?

PASQUIN.

Hélas! quand vous ne seriez que Perrette ou Margot, quand je vous aurais vue, le martinet à la main, descendre à la cave, vous auriez toujours été ma princesse.

LISETTE.

Puissent de si beaux sentiments être durables !

PASQUIN.

Pour les fortifier de part et d'autre, jurons-nous de nous aimer toujours, en dépit de toutes les fautes d'orthographe que vous aurez faites sur mon compte.

LISETTE.

J'ai plus d'intérêt à ce serment-là que vous, et je le fais de tout mon cœur.

PASQUIN, se mettant à genoux.

Votre bonté m'éblouit, et je me prosterne devant elle.

LISETTE.

Arrêtez-vous! je ne saurais vous souffrir dans cette posture-là ; je serais ridicule de vous y laisser, levez-vous. Voilà encore quelqu'un.

SCÈNE VI

LISETTE, PASQUIN, SILVIA.

LISETTE.

Que voulez-vous, Lisette?

SILVIA.

J'aurais à vous parler, madame.

PASQUIN.

Ne voilà-t-il pas! Eh! ma mie, revenez dans un quart d'heure; allez! les femmes de chambre de mon pays n'entrent point qu'on ne les appelle.

SILVIA.

Monsieur, il faut que je parle à madame.

PASQUIN.

Mais voyez l'opiniâtre soubrette! Reine de ma vie, renvoyez-la. Retournez-vous-en, ma fille; nous avons ordre de nous aimer avant qu'on nous marie, n'interrompez point nos fonctions.

LISETTE.

Ne pouvez-vous pas revenir dans un moment, Lisette?

SILVIA.

Mais, madame...

PASQUIN.

Mais; ce mais-là n'est bon qu'à me donner la fièvre.

SILVIA, à part.

Ah! le vilain homme! (Haut.) Madame, je vous assure que cela est pressé.

LISETTE.

Permettez donc que je m'en défasse, monsieur.

PASQUIN.

Puisque le diable le veut, et elle aussi... patience... Je me promènerai, en attendant qu'elle ait fait. Ah! les sottes gens que nos gens!

SCÈNE VII

SILVIA, LISETTE.

SILVIA.

Je vous trouve admirable de ne pas le renvoyer tout d'un coup, et de me faire essuyer les brutalités de cet animal-là.

LISETTE.

Pardi! madame, je ne puis pas jouer deux rôles à la fois; il faut que je paraisse ou la maîtresse ou la suivante, que j'obéisse ou que j'ordonne.

SILVIA.

Fort bien! mais, puisqu'il n'y est plus, écoutez-moi comme votre maîtresse: vous voyez bien que cet homme-là ne me convient pas.

LISETTE.

Vous n'avez pas eu le temps de l'examiner beaucoup.

SILVIA.

Êtes-vous folle avec votre examen? Est-il nécessaire de le voir deux fois pour juger du peu de convenance?... En un mot, je n'en veux point. Apparemment que mon père n'approuve pas la répugnance qu'il me voit, car il me fuit, et ne me dit mot. Dans cette conjoncture, c'est à vous à me tirer tout doucement d'affaire, en témoignant adroitement à ce jeune homme que vous n'êtes pas dans le goût de l'épouser.

LISETTE.

Je ne saurais, madame.

SILVIA.

Vous ne sauriez? Et qu'est-ce qui vous en empêche?

LISETTE.

M. Orgon me l'a défendu.

SILVIA.

Il vous l'a défendu? Mais je ne reconnais point mon père à ce procédé-là.

LISETTE.

Positivement défendu.

SILVIA.

Eh bien, je vous charge de lui dire mes dégoûts et de l'assurer qu'ils sont invincibles. Je ne saurais me persuader qu'après cela il veuille pousser les choses plus loin.

LISETTE.

Mais, madame, le futur, qu'a-t-il donc de si désagréable, de si rebutant?

SILVIA.

Il me déplait, vous dis-je, et votre peu de zèle aussi.

LISETTE.

Donnez-vous le temps de voir ce qu'il est; voilà tout ce qu'on vous demande.

SILVIA.

Je le hais assez, sans prendre du temps pour le haïr davantage.

LISETTE.

Son valet, qui fait l'important, ne vous aurait-il point gâté l'esprit sur son compte?

SILVIA.

Hum! la sotte! Son valet a bien affaire ici!

LISETTE.

C'est que je me défie de lui, car il est raisonneur.

SILVIA.

Finissez vos portraits, on n'en a que faire; j'ai soin que ce valet me parle peu, et, dans le peu qu'il m'a dit, il ne m'a jamais rien dit que de très-sage.

LISETTE.

Je crois qu'il est homme à vous avoir conté des histoires maladroites, pour faire briller son bel esprit.

SILVIA.

Mon déguisement ne m'expose-t-il pas à m'entendre dire de jolies choses? A qui en avez-vous? D'où vient la manie d'imputer à ce garçon une répugnance à laquelle il n'a point de part? car enfin vous m'obligez à le justifier; il n'est pas question de le brouiller avec son maître, ni d'en faire un fourbe, pour me faire, moi, une imbécile qui écoute ses histoires.

LISETTE.

Oh! madame, dès que vous le défendez sur ce ton-là, et que cela va jusqu'à vous fâcher, je n'ai plus rien à dire.

SILVIA.

Dès que je le défends sur ce ton-là? Qu'est-ce que c'est que le ton dont vous dites cela vous-même? qu'entendez-vous par ce discours? que se passe-t-il dans votre esprit?

LISETTE.

Je dis, madame, que je ne vous ai jamais vue comme vous êtes, et que je ne conçois rien à votre aigreur. Eh bien, si ce valet n'a rien dit, à la bonne heure; il ne faut pas vous emporter pour le justifier; je vous crois, voilà qui est fini; je ne m'oppose pas à la bonne opinion que vous en avez, moi.

SILVIA.

Voyez-vous le mauvais esprit! comme elle tourne les choses. Je me sens dans une indignation... qui... va jusqu'aux larmes.

LISETTE.

En quoi donc, madame? quelle finesse entendez-vous à ce que je dis?

SILVIA.

Moi, j'y entends finesse? moi, je vous querelle pour lui? j'ai bonne opinion de lui? vous me manquez de respect jusque-là? Bonne opinion, juste ciel! bonne opinion! Que faut-il que je réponde à cela? qu'est-ce que cela veut dire? à qui parlez-vous? qui est à l'abri de ce qui m'arrive? où en sommes-nous?

LISETTE.

Je n'en sais rien; mais je ne reviendrai de longtemps de la surprise où vous me jetez.

SILVIA.

Elle a des façons de parler qui me mettent hors de moi. Retirez-vous, vous m'êtes insupportable; laissez-moi, je prendrai d'autres mesures.

SCÈNE VIII

SILVIA, seule.

Je frissonne encore de ce que je lui ai entendu dire. Avec quelle impudence les domestiques ne nous traitent-ils pas dans leur esprit! comme ces gens-là vous dégradent! Je ne saurais m'en remettre; je n'oserais songer aux termes dont elle s'est servie, ils me font toujours peur; il s'agit d'un valet: ah! l'étrange chose! Écartons l'idée dont cette insolente est venue me noircir l'imagination. Voici Bourguignon, voilà cet objet en question pour lequel je m'emporte; mais ce n'est pas sa faute, le pauvre garçon, et je ne dois pas m'en prendre à lui.

SCÈNE IX

DORANTE, SILVIA.

DORANTE.

Lisette, quelque éloignement que tu aies pour moi, je suis forcé de te parler; je crois que j'ai à me plaindre de toi.

SILVIA.

Bourguignon, ne nous tutoyons plus, je t'en prie.

DORANTE.

Comme tu voudras.

SILVIA.

Tu n'en fais pourtant rien.

DORANTE.

Ni toi non plus. Tu me dis : « Je t'en prie. »

SILVIA.

C'est que cela m'est échappé.

DORANTE.

Eh bien, crois-moi, parlons comme nous pourrons; ce n'est pas la peine de nous gêner pour le peu de temps que nous avons à nous voir.

SILVIA.

Est-ce que ton maître s'en va? Il n'y aurait pas grande perte.

DORANTE.

Ni à moi non plus, n'est-il pas vrai? J'achève ta pensée.

SILVIA.

Je l'achèverais bien moi-même, si j'en avais envie ; mais je ne songe pas à toi.

DORANTE.

Et moi, je ne te perds point de vue.

SILVIA.

Tiens, Bourguignon, une bonne fois pour toutes, demeure, va-t'en, reviens, tout cela doit m'être indifférent, et me l'est en effet; je ne te veux ni bien ni mal; je ne te hais, ni ne t'aime, ni ne t'aimerai, à moins que l'esprit ne me tourne : voilà mes dispositions; ma raison ne m'en permet point d'autres, et je devrais me dispenser de te le dire.

DORANTE.

Mon malheur est inconcevable; tu m'ôtes peut-être tout le repos de ma vie.

SILVIA.

Quelle fantaisie il s'est allé mettre dans l'esprit! Il me fait de la peine. Reviens à toi; tu me parles, je te réponds; c'est beaucoup, c'est trop même, tu peux m'en croire; et, si tu étais instruit, en vérité, tu serais content de moi, tu me trouverais d'une bonté sans exemple, d'une bonté que je blâmerais dans une autre. Je ne me la reproche pourtant pas, le fond de mon cœur me rassure ; ce que je fais est louable; c'est par générosité que je te parle, mais il ne faut pas que cela dure; ces générosités-là ne sont bonnes qu'en passant, et je ne suis pas faite pour me rassurer toujours sur l'innocence de mes intentions ; à la fin, cela ne ressemblerait plus à rien. Ainsi finissons, Bourguignon, finissons, je t'en prie. Qu'est-ce que cela signifie? C'est se moquer; allons, qu'il n'en soit plus parlé.

DORANTE.

Ah! ma chère Lisette, que je souffre!

SILVIA.

Venons à ce que tu voulais me dire: tu te plaignais de moi quand tu es entré ; de quoi était-il question ?

DORANTE.

De rien, d'une bagatelle; j'avais envie de te voir, et je crois que je n'ai pris qu'un prétexte.

SILVIA, à part.

Que dire à cela? Quand je me fâcherais, il n'en serait ni plus ni moins.

DORANTE.

Ta maîtresse, en partant, a paru m'accuser de t'avoir parlé au désavantage de mon maître.

SILVIA.

Elle se l'imagine; et, si elle t'en parle encore, tu peux nier hardiment : je me charge du reste.

DORANTE.

Eh! ce n'est pas cela qui m'occupe.

SILVIA.

Si tu n'as que cela à me dire, nous n'avons plus que faire ensemble.

DORANTE.

Laisse-moi du moins le plaisir de te voir.

SILVIA.

Le beau motif qu'il me fournit là! j'amuserai la passion de Bourguignon! Le souvenir de tout ceci me fera bien rire un jour.

DORANTE.

Tu me railles! tu as raison : je ne sais ce que je dis, ni ce que je te demande. Adieu.

SILVIA.

Adieu; tu prends le bon parti... Mais, à propos de tes adieux, il me reste encore une chose à savoir. Vous partez, m'as-tu dit : cela est-il sérieux?

DORANTE.

Pour moi, il faut que je parte, ou que la tête me tourne.

SILVIA.

Je ne t'arrêtais pas pour cette réponse-là, par exemple.

DORANTE.

Et je n'ai fait qu'une faute, c'est de n'être pas parti dès que je t'ai vue.

SILVIA, à part.

J'ai besoin à tout moment d'oublier que je l'écoute.

DORANTE.

Si tu savais, Lisette, l'état où je me trouve...

SILVIA.

Oh! il n'est pas si curieux à savoir que le mien, je t'en assure.

DORANTE.

Que peux-tu me reprocher? Je ne me propose pas de te rendre sensible.

SILVIA.

Il ne faudrait pas s'y fier.

DORANTE.

Et que pourrais-je espérer en tâchant de me faire aimer? Hélas! quand même j'aurais ton cœur...

SILVIA.

Que le ciel m'en préserve! Quand tu l'aurais, tu ne le saurais pas; et je ferais si bien, que je ne le saurais pas moi-même. Tenez, quelle idée il lui vient là!

DORANTE.

Il est donc bien vrai que tu ne me hais, ni ne m'aimes, ni ne m'aimeras?

SILVIA.

Sans difficulté.

DORANTE.

Sans difficulté! Qu'ai-je donc de si affreux?

SILVIA.

Rien : ce n'est pas là ce qui te nuit.

DORANTE.

Eh bien, chère Lisette, dis-le-moi cent fois, que tu ne m'aimeras point.

SILVIA.

Oh! je te l'ai assez dit; tâche de me croire.

DORANTE.

Il faut que je le croie! Désespère une passion dangereuse, sauve-moi des effets que j'en crains : tu ne me hais, ni ne m'aimes, ni ne m'aimeras! Accable mon cœur de cette certitude-là! J'agis de bonne foi; donne-moi du secours contre moi-même; il m'est nécessaire : je te le demande à genoux. (Il se jette à genoux. Dans ce moment, M. Orgon et Mario entrent, et ne disent mot.)

SCÈNE X

M. ORGON, MARIO, SILVIA, DORANTE.

SILVIA.

Ah! nous y voilà! il ne manquait plus que cette façon-là à mon aventure. Que je suis malheureuse! c'est ma facilité qui le pl   ève-toi donc, Bourguignon, je t'en conjure ; il peut venir quelqu'un. Je dirai ce qu'il te plaira ; que me veux-tu? Je ne te hais point, lève-toi ! je t'aimerais si je pouvais ; tu ne me déplais point, cela doit te suffire.

DORANTE.

Quoi ! Lisette, si je n'étais pas ce que je suis, si j'étais riche, d'une condition honnête, et que je t'aimasse autant que je t'aime, ton cœur n'aurait point de répugnance pour moi ?

SILVIA.

Assurément.

DORANTE.

Tu ne me haïrais pas ? tu me souffrirais ?

SILVIA.

Volontiers ; mais lève-toi.

DORANTE.

Tu parais le dire sérieusement ; et, si cela est, ma raison est perdue.

SILVIA.

Je dis ce que tu veux, et tu ne te lèves point.

M. ORGON, s'approchant.

C'est bien dommage de vous interrompre : cela va à merveille, mes enfants ; courage !

SILVIA.

Je ne saurais empêcher ce garçon de se mettre à genoux, monsieur ; je ne suis pas en état de lui en imposer, je pense.

M. ORGON.

Vous vous convenez parfaitement bien tous deux. Mais j'ai à te dire un mot, Lisette, et vous reprendrez votre conversation quand nous serons partis : vous le voulez bien, Bourguignon ?

DORANTE.

Je me retire, monsieur.

M. ORGON.

Allez, et tâchez de parler de votre maître avec un peu plus de ménagement que vous ne faites.

DORANTE.

Moi, monsieur ?

MARIO.

Vous-même, monsieur Bourguignon ; vous ne brillez pas trop dans le respect que vous avez pour votre maître, dit-on.

LE JEU DE L'AMOUR ET DU HASARD.

DORANTE.

Je ne sais ce qu'on veut dire.

M. ORGON.

Adieu, adieu; vous vous justifierez une autre fois.

SCÈNE XI

SILVIA, MARIO, M. ORGON.

M. ORGON.

Eh bien, Silvia, vous ne nous regardez pas; vous avez l'air tout embarrassé.

SILVIA.

Moi, mon père? et où serait le motif de mon embarras? Je suis, grâce au ciel, comme à mon ordinaire; je suis fâchée de vous dire que c'est une idée.

MARIO.

Il y a quelque chose, ma sœur; il y a quelque chose.

SILVIA.

Quelque chose dans votre tête, à la bonne heure, mon frère; mais, pour dans la mienne, il n'y a que l'étonnement de ce que vous dites.

M. ORGON.

C'est donc ce garçon qui vient de sortir qui t'inspire cette extrême antipathie que tu as pour son maître?

SILVIA.

Qui? le domestique de Dorante?

M. ORGON.

Oui, le galant Bourguignon.

SILVIA.

Le galant Bourguignon, dont je ne savais pas l'épithète, ne me parle pas de lui.

M. ORGON.

Cependant on prétend que c'est lui qui le détruit auprès de toi, et c'est sur quoi j'étais bien aise de te parler.

SILVIA.

Ce n'est pas la peine, mon père, et personne au monde que son maître ne m'a donné l'aversion naturelle que j'ai pour lui.

MARIO.

Ma foi, tu as beau dire, ma sœur, elle est trop forte pour être si naturelle, et quelqu'un y a aidé.

SILVIA, avec vivacité.

Avec quel air mystérieux vous me dites cela, mon frère! Et qui est donc ce quelqu'un qui y a aidé? Voyons.

MARIO.

Dans quelle humeur es-tu, ma sœur! Comme tu t'emportes!

SILVIA.

C'est que je suis bien lasse de mon personnage, et que je me serais déjà démasquée si je n'avais pas craint de fâcher mon père.

M. ORGON.

Gardez-vous-en bien, ma fille! je viens ici pour vous le recommander. Puisque j'ai eu la complaisance de vous permettre votre déguisement, il faut, s'il vous plaît, que vous ayez celle de suspendre votre jugement sur Dorante, et de voir si l'aversion qu'on vous a donnée pour lui est légitime.

SILVIA.

Vous ne m'écoutez donc point, mon père? Je vous dis qu'on ne me l'a point donnée.

MARIO.

Quoi! ce babillard qui vient de sortir ne t'a pas un peu dégoûtée de lui?

SILVIA, avec feu.

Que vos discours sont désobligeants! M'a dégoûtée de lui, dégoûtée! J'essuie des expressions bien étranges; je n'entends plus que des choses inouies, qu'un langage inconcevable; j'ai l'air embarrassé, il y a quelque chose; et puis c'est le galant Bourguignon qui m'a dégoûtée. C'est tout ce qu'il vous plaira, mais je n'y entends rien.

MARIO.

Pour le coup, c'est toi qui es étrange... A qui en as-tu donc? d'où vient que tu es si fort sur le qui-vive? dans quelle idée nous soupçonnes-tu?

SILVIA.

Courage, mon frère! Par quelle fatalité aujourd'hui ne pouvez-vous me dire un mot qui ne me choque? Quel soupçon voulez-vous qui me vienne? avez-vous des visions?

M. ORGON.

Il est vrai que tu es si agitée, que je ne te reconnais point non plus. Ce sont apparemment ces mouvements-là qui sont cause que Lisette nous a parlé comme elle a fait : elle accusait ce valet de ne t'avoir pas entretenue à l'avantage de son maître. Et madame, nous a-t-elle dit, l'a défendu contre moi avec tant de colère, que j'en suis encore toute surprise; » et c'est sur ce mot de surprise que nous l'avons querellée; mais ces gens-là ne savent pas la conséquence d'un mot.

SILVIA.

L'impertinente! y a-t-il rien de plus haïssable que cette fille-là? J'avoue que je me suis fâchée par un esprit de justice pour ce garçon.

MARIO.

Je ne vois point de mal à cela.

SILVIA.

Y a-t-il rien de plus simple? Quoi! parce que je suis équitable, que je veux qu'on ne nuise à personne, que je veux sauver un domestique du tort qu'on peut lui faire auprès de son maître, on dit que j'ai des emportements, des fureurs dont on est surprise. Un moment après, un mauvais esprit raisonne; il faut se fâcher, il faut la faire taire, et prendre mon parti contre elle à cause de la conséquence de ce qu'elle dit. Mon parti! J'ai donc besoin qu'on me défende, qu'on me justifie? on peut donc mal interpréter ce que je fais? Mais que fais-je? de quoi m'accuse-t-on? Instruisez-moi, je vous en conjure. Cela est-il sérieux? me joue-t-on? se moque-t-on de moi? Je ne suis pas tranquille.

M. ORGON.

Doucement donc!

SILVIA.

Non, monsieur, il n'y a pas de douceur qui tienne. Comment donc! des surprises, des conséquences? Eh! qu'on s'explique; que veut-on dire? On accuse ce valet, et on a tort; vous vous trompez tous. Lisette est une folle; il est innocent, et voilà qui est fini : pourquoi donc m'en parler encore? car je suis outrée.

M. ORGON.

Tu te retiens, ma fille; tu aurais grande envie de me quereller aussi! mais faisons mieux. il n'y a que ce valet qui est suspect ici, Dorante n'a qu'à le chasser.

SILVIA.

Quel malheureux déguisement! Surtout, que Lisette ne m'approche pas; je la hais plus que Dorante.

M. ORGON.

Tu la verras, si tu veux : mais tu dois être charmée que ce garçon s'en aille; car il t'aime, et cela t'importune assurément.

SILVIA.

Je n'ai point à m'en plaindre; il me prend pour une suivante, et il me parle sur ce ton-là; mais il ne me dit pas ce qu'il veut, j'y mets bon ordre.

MARIO.

Tu n'en es pas tant la maîtresse que tu le dis bien.

M. ORGON.

Ne l'avons-nous pas vu se mettre à genoux malgré toi? N'as-tu pas été obligée, pour le faire lever, de lui dire qu'il ne te déplaisait pas?

SILVIA, à part.

J'étouffe!

MARIO.

Encore a-t-il fallu, quand il t'a demandé si tu l'aimerais, que tu aies tendrement ajouté : « Volontiers; » sans quoi, il y serait encore.

SILVIA.

L'heureuse apostille, mon frère! Mais, comme l'action m'a déplu, la répétition n'en est pas aimable. Ah çà! parlons sérieusement : quand finira la comédie que vous vous donnez sur mon compte?

M. ORGON.

La seule chose que j'exige de toi, ma fille, c'est de ne te déterminer à le refuser qu'avec connaissance de cause : attends encore; tu me remercieras du délai que je te demande, je t'en réponds.

MARIO.

Tu épouseras Dorante, et même avec inclination, je te le prédis... Mais, mon père, je vous demande grâce pour le valet.

SILVIA.

Pourquoi grâce? Et moi, je veux qu'il sorte.

M. ORGON.

Son maître en décidera : allons-nous-en.

MARIO.

Adieu, adieu, ma sœur; sans rancune.

SCÈNE XII

SILVIA, seule; DORANTE, qui vient peu après.

SILVIA.

Ah! que j'ai le cœur serré! je ne sais ce qui se mêle à l'embarras où je me trouve; toute cette aventure-ci m'afflige; je me défie de tous les visages, je ne suis contente de personne, je ne le suis pas de moi-même.

DORANTE.

Ah! je te cherchais, Lisette.

SILVIA.

Ce n'était pas la peine de me trouver ; car je te fuis, moi.

DORANTE, l'empêchant de sortir.

Arrête donc, Lisette ; j'ai à te parler pour la dernière fois ; il s'agit d'une chose de conséquence qui regarde tes maîtres.

SILVIA.

Va la dire à eux-mêmes : je ne te vois jamais que tu ne me chagrines ; laisse-moi.

DORANTE.

Je t'en offre autant ; mais écoute-moi, te dis-je : tu vas voir les choses bien changer de face par ce que je te vais dire.

SILVIA.

Eh bien, parle donc, je t'écoute, puisqu'il est arrêté que ma complaisance pour toi sera éternelle.

DORANTE.

Me promets-tu le secret?

SILVIA.

Je n'ai jamais trahi personne.

DORANTE.

Tu ne dois la confidence que je vais te faire qu'à l'estime que j'ai pour toi.

SILVIA.

Je le crois ; mais tâche de m'estimer sans me le dire ; car cela sent le prétexte.

DORANTE.

Tu te trompes, Lisette. Tu m'as promis le secret ; achevons. Tu m'as vu dans de grands mouvements, je n'ai pu me défendre de t'aimer.

SILVIA.

Nous y voilà! je me défendrai bien de t'entendre, moi. Adieu.

DORANTE.

Reste ; ce n'est plus Bourguignon qui te parle.

SILVIA.

Eh! qui es-tu donc?

DORANTE.

Ah! Lisette, c'est ici où tu vas juger des peines qu'a dû ressentir mon cœur.

SILVIA.

Ce n'est pas à ton cœur que je parle, c'est à toi.

DORANTE.

Personne ne vient-il?

SILVIA.

Non.

DORANTE.

L'état où sont les choses me force à te le dire, je suis trop honnête homme pour ne pas en arrêter le cours.

SILVIA.

Soit.

DORANTE.

Sache que celui qui est avec ta maîtresse n'est pas ce qu'on pense.

SILVIA, vivement.

Qui est-il donc?

DORANTE.

Un valet.

SILVIA.

Après?

DORANTE.

C'est moi qui suis Dorante.

SILVIA, à part.

Ah! je vois clair dans mon cœur.

DORANTE.

Je voulais, sous cet habit, pénétrer un peu ce que c'était que ta maîtresse avant que de l'épouser. Mon père, en partant, me permit ce que j'ai fait, et l'événement m'en paraît un songe. Je hais la maîtresse dont je devais être l'époux, et j'aime la suivante, qui ne devait trouver en moi qu'un nouveau maître. Que faut-il que je fasse à présent? Je rougis pour elle de le dire; mais ta maîtresse a si peu de goût, qu'elle est éprise de mon valet, au point qu'elle l'épousera, si on la laisse faire. Quel parti prendre?

SILVIA, à part.

Cachons-lui qui je suis... (Haut.) Votre situation est neuve assurément. Mais, monsieur, je vous fais d'abord mes excuses de tout ce que mes discours ont pu avoir d'irrégulier dans nos entretiens.

DORANTE, vivement.

Tais-toi, Lisette; tes excuses me chagrinent; elles me

rappellent la distance qui nous sépare, et ne me la rendent que plus douloureuse.

SILVIA.

Votre penchant pour moi est-il si sérieux? m'aimez-vous jusque-là?

DORANTE.

Au point de renoncer à tout engagement, puisqu'il ne m'est pas permis d'unir mon sort au tien; et dans cet état la seule douceur que je pouvais goûter, c'était de croire que tu ne me haïssais pas.

SILVIA.

Un cœur qui m'a choisie dans la condition où je suis est assurément bien digne qu'on l'accepte; et je le payerais volontiers du mien, si je ne craignais pas de le jeter dans un engagement qui lui ferait tort.

DORANTE.

N'as-tu pas assez de charmes, Lisette? y ajoutes-tu encore la noblesse avec laquelle tu me parles?

SILVIA.

J'entends quelqu'un : patientez encore sur l'article de votre valet, les choses n'iront pas si vite; nous nous reverrons, et nous chercherons les moyens de nous tirer d'affaire.

DORANTE.

Je suivrai tes conseils. (Il sort.)

SILVIA.

Allons, j'avais grand besoin que ce fût là Dorante.

SCÈNE XIII

SILVIA, MARIO.

MARIO.

Je viens te trouver, ma sœur. Nous t'avons laissée dans des inquiétudes qui me touchent; je veux t'en tirer, écoute-moi.

SILVIA, vivement.

Ah! vraiment, mon frère, il y a bien d'autres nouvelles.

MARIO.

Qu'est-ce que c'est?

SILVIA.

Ce n'est point Bourguignon, mon frère; c'est Dorante.

MARIO.
Duquel parlez-vous donc?

SILVIA.
De lui, vous dis-je; je viens de l'apprendre tout à l'heure; il sort, il me l'a dit lui-même.

MARIO.
Qui donc?

SILVIA.
Vous ne m'entendez donc pas?

MARIO.
Si j'y comprends rien, je veux mourir.

SILVIA.
Venez, sortons d'ici; allons trouver mon père, il faut qu'il le sache. J'aurai besoin de vous aussi, mon frère; il me vient de nouvelles idées : il faudra feindre de m'aimer; vous en avez déjà dit quelque chose en badinant. Mais surtout gardez bien le secret, je vous en prie.

MARIO.
Oh! je le garderai bien, car je ne sais ce que c'est.

SILVIA.
Allons, mon frère, venez! ne perdons point de temps; il n'est jamais rien arrivé d'égal à cela.

MARIO.
Je prie le ciel qu'elle n'extravague pas.

ACTE TROISIÈME

SCÈNE PREMIÈRE

DORANTE, PASQUIN.

PASQUIN.
Hélas! monsieur, mon très-honoré maître, je vous en conjure!

DORANTE.
Encore?

PASQUIN.

Ayez compassion de ma bonne aventure : ne portez point guignon à mon bonheur, qui va son train si rondement ; ne lui fermez point le passage.

DORANTE.

Allons donc, misérable ! je crois que tu te moques de moi. Tu mériterais cent coups de bâton.

PASQUIN.

Je ne les refuse point, si je les mérite, mais, quand je les aurai reçus, permettez-moi d'en mériter d'autres. Voulez-vous que j'aille chercher le bâton ?

DORANTE.

Maraud !

PASQUIN.

Maraud, soit ; mais cela n'est point contraire à faire fortune.

DORANTE.

Ce coquin ! quelle imagination il lui prend !

PASQUIN.

Coquin est encore bon ; il me convient aussi. Un maraud n'est point déshonoré d'être appelé coquin ; mais un coquin peut faire un bon mariage.

DORANTE.

Comment, insolent ! tu veux que je laisse un honnête homme dans l'erreur, et que je souffre que tu épouses sa fille sous mon nom ? Écoute, si tu me parles encore de cette impertinence-là, dès que j'aurai averti M. Orgon de ce que tu es, je te chasse, entends-tu ?

PASQUIN.

Accommodons-nous : cette demoiselle m'adore, elle m'idolâtre ; si je lui dis mon état de valet, et que nonobstant son tendre cœur soit toujours friand de la noce avec moi, ne laisserez-vous pas jouer les violons ?

DORANTE.

Dès qu'on te connaîtra, je ne m'en embarrasse plus.

PASQUIN.

Bon ! et je vais de ce pas prévenir cette généreuse personne sur mon habit de caractère ; j'espère que ce ne sera pas un galon de couleur qui nous brouillera ensemble, et que son amour me fera passer à la table en dépit du sort qui ne m'a mis qu'au buffet.

SCÈNE II

DORANTE, seul, et ensuite **MARIO**.

DORANTE.

Tout ce qui se passe ici, tout ce qui m'y est arrivé à moi-même, est incroyable... Je voudrais pourtant bien voir Lisette, et savoir le succès de ce qu'elle m'a promis de faire auprès de sa maîtresse pour me tirer d'embarras. Allons voir si je pourrai la trouver seule.

MARIO.

Arrêtez, Bourguignon; j'ai un mot à vous dire.

DORANTE.

Qu'y a-t-il pour votre service, monsieur?

MARIO.

Vous en contez à Lisette?

DORANTE.

Elle est si aimable, qu'on aurait de la peine à ne lui pas parler d'amour.

MARIO.

Comment reçoit-elle ce que vous lui dites?

DORANTE.

Monsieur, elle en badine.

MARIO.

Tu as de l'esprit : ne fais-tu pas l'hypocrite?

DORANTE.

Non. Mais qu'est-ce que cela vous fait, supposé que Lisette eût du goût pour moi?

MARIO.

Du goût pour lui! Où prenez-vous vos termes? Vous avez le langage bien précieux pour un garçon de votre espèce.

DORANTE.

Monsieur, je ne saurais parler autrement.

MARIO.

C'est apparemment avec ces petites délicatesses-là que vous attaquez Lisette? Cela imite l'homme de condition.

DORANTE.

Je vous assure, monsieur, que je n'imite personne. Mais sans doute que vous ne venez pas exprès pour me traiter de ridicule, et vous aviez autre chose à me dire? Nous parlions de Lisette, de mon inclination pour elle, et de l'intérêt que vous y prenez.

MARIO.

Comment, morbleu! il y a déjà un ton de jalousie dans ce que tu me réponds? Modère-toi un peu. Eh bien, tu me disais qu'en supposant que Lisette eût du goût pour toi; après?

DORANTE.

Pourquoi faudrait-il que vous le sussiez, monsieur?

MARIO.

Ah! le voici : c'est que, malgré le ton badin que j'ai pris tantôt, je serais très-fâché qu'elle t'aimât; c'est que, sans autre raisonnement, je te défends de t'adresser davantage à elle : non pas, dans le fond, que je craigne qu'elle t'aime, elle me paraît avoir le cœur trop haut pour cela; mais c'est qu'il me déplaît, à moi, d'avoir Bourguignon pour rival.

DORANTE.

Ma foi! je vous crois; car Bourguignon, tout Bourguignon qu'il est, n'est pas même content que vous soyez le sien.

MARIO.

Il prendra patience.

DORANTE.

Il faudra bien... Mais, monsieur, vous l'aimez donc beaucoup?

MARIO.

Assez pour m'attacher sérieusement à elle dès que j'aurai pris de certaines mesures. Comprends-tu ce que cela signifie?

DORANTE.

Oui ; je crois que je suis au fait : et, sur ce pied-là, vous êtes aimé sans doute.

MARIO.

Qu'en penses-tu? Est-ce que je ne vaux pas la peine de l'être?

DORANTE.

Vous ne vous attendez pas à être loué par vos propres rivaux, peut-être?

MARIO.

La réponse est de bon sens, je te la pardonne; mais je suis bien mortifié de ne pouvoir pas dire qu'on m'aime; et je ne le dis pas pour t'en rendre compte, comme tu le crois bien, mais c'est qu'il faut dire la vérité.

DORANTE.

Vous m'étonnez, monsieur; Lisette ne sait donc pas vos desseins?

MARIO.

Lisette sait tout le bien que je lui veux, et n'y paraît pas sensible ; mais j'espère que la raison me gagnera son cœur. Adieu ; retire-toi sans bruit. Son indifférence pour moi, malgré tout ce que je lui offre, doit te consoler du sacrifice que tu feras... Ta livrée n'est pas propre à faire pencher la balance en ta faveur, et tu n'es pas fait pour lutter contre moi.

SCÈNE III

SILVIA, DORANTE, MARIO.

MARIO.
Ah ! te voilà, Lisette ?

SILVIA.
Qu'avez-vous, monsieur ? Vous me paraissez ému.

MARIO.
Ce n'est rien ; je disais un mot à Bourguignon.

SILVIA.
Il est triste : est-ce que vous le querelliez ?

DORANTE.
Monsieur m'apprend qu'il vous aime, Lisette.

SILVIA.
Ce n'est pas ma faute.

DORANTE.
Et me défend de vous aimer.

SILVIA.
Il me défend donc de vous paraître aimable.

MARIO.
Je ne saurais empêcher qu'il ne t'aime, belle Lisette ; mais je ne veux pas qu'il te le dise.

SILVIA.
Il ne me le dit plus, il ne fait que me le répéter.

MARIO.
Du moins ne te le répétera-t-il pas quand je serai présent. Retirez-vous, Bourguignon.

DORANTE.
J'attends qu'elle me l'ordonne.

MARIO.
Encore ?

SILVIA.
Il dit qu'il attend ; ayez donc patience.

DORANTE.

Avez-vous de l'inclination pour monsieur?

SILVIA.

Quoi, de l'amour? Oh! je crois qu'il ne sera pas nécessaire qu'on me le défende.

DORANTE.

Ne me trompez-vous pas?

MARIO.

En vérité, je joue ici un joli personnage : qu'il sorte donc; à qui est-ce que je parle?

DORANTE.

A Bourguignon, voilà tout.

MARIO.

Eh bien, qu'il s'en aille.

DORANTE, à part.

Je souffre.

SILVIA.

Cédez, puisqu'il se fâche.

DORANTE, bas, à Silvia.

Vous ne demandez peut-être pas mieux?

MARIO.

Allons, finissons.

DORANTE.

Vous ne m'aviez pas dit cet amour-là, Lisette.

SCÈNE IV

M. ORGON, MARIO, SILVIA.

SILVIA.

Si je n'aimais pas cet homme-là, avouons que je serais bien ingrate.

MARIO, riant.

Ah! ah! ah! ah!

M. ORGON.

De quoi riez-vous, Mario?

MARIO.

De la colère de Dorante, qui sort, et que j'ai obligé de quitter Lisette.

SILVIA.

Mais que vous a-t-il dit dans le petit entretien que vous avez eu tête à tête avec lui?

MARIO.

Je n'ai jamais vu d'homme ni plus intrigué, ni de plus mauvaise humeur.

M. ORGON.

Je ne suis pas fâché qu'il soit la dupe de son propre stratagème ; et, d'ailleurs, à le bien prendre, il n'y a rien de si flatteur ni de plus obligeant pour lui que tout ce que tu as fait jusqu'ici, ma fille ; mais en voilà assez.

MARIO.

Mais où en est-il précisément, ma sœur?

SILVIA.

Hélas! mon frère, je vous avoue que j'ai lieu d'être contente.

MARIO.

« Hélas! mon frère, me dit-elle. » Sentez-vous cette paix qui se mêle à ce qu'elle dit ?

M. ORGON.

Quoi! ma fille, tu espères qu'il ira jusqu'à t'offrir sa main douce sous le déguisement où te voilà?

SILVIA.

Oui, mon cher père, je l'espère.

MARIO.

Friponne que tu es, avec ton cher père ; tu ne nous grondes plus à présent, tu nous dis douceurs.

SILVIA.

Vous ne me passez rien.

MARIO.

Ah! ah! je prends ma revanche. Tu m'as tantôt chicané sur les expressions, il faut bien, à mon tour, que je badine un peu sur les tiennes ; ta joie est bien aussi divertissante que l'était ton inquiétude.

M. ORGON.

Vous n'aurez point à vous plaindre de moi, ma fille ; j'acquiesce à tout ce qui vous plaît.

SILVIA.

Ah! monsieur! si vous saviez combien je vous aurai d'obligation! Dorante et moi, nous sommes destinés l'un pour l'autre ; il doit m'épouser. Si vous saviez combien je lui tiendrai compte de ce qu'il fait aujourd'hui pour moi, combien mon cœur gardera le souvenir de l'excès de tendresse qu'il me montre ; si vous saviez combien tout ceci va rendre notre union aimable! Il ne pourra jamais se rappeler notre histoire sans m'aimer, je n'y songerai jamais que je ne l'aime. Vous avez fondé notre bonheur pour la vie, en me laissant faire : c'est un mariage unique ; c'est une aventure dont le seul récit est attendrissant ; c'est le coup de hasard le plus singulier, le plus heureux, le plus...

####### MARIO.

Ah! ah! ah! que ton cœur a de caquet, ma sœur! quelle éloquence !

####### M. ORGON.

Il faut convenir que le régal que tu te donnes est charmant, surtout si tu achèves.

####### SILVIA.

Cela vaut fait, Dorante est vaincu ; j'attends mon captif.

####### MARIO.

Ses fers seront plus dorés qu'il ne pense ; mais je lui crois l'âme en peine, et j'ai pitié de ce qu'il souffre.

####### SILVIA.

Ce qui lui en coûte à se déterminer ne me le rend que plus estimable : il pense qu'il chagrinera son père en m'épousant, il croit trahir sa fortune et sa naissance ; voilà de grands sujets de réflexion. Je serai charmée de triompher ; mais il faut que j'arrache ma victoire, et non pas qu'il me la donne : je veux un combat entre l'amour et la raison.

####### MARIO.

Et que la raison y périsse ?

####### M. ORGON.

C'est-à-dire que tu veux qu'il sente toute l'étendue de l'impertinence qu'il croira faire : quelle insatiable vanité d'amour-propre !

####### MARIO.

Cela, c'est l'amour-propre d'une femme, et il est tout au plus uni.

SCÈNE V

M. ORGON, SILVIA, MARIO, LISETTE.

####### M. ORGON.

Paix! voici Lisette : voyons ce qu'elle nous veut.

####### LISETTE.

Monsieur, vous m'avez dit tantôt que vous m'abandonniez Dorante, que vous livriez sa tête à ma discrétion : je vous ai pris au mot, j'ai travaillé comme pour moi, et vous verrez de l'ouvrage bien fait ; allez, c'est une tête bien conditionnée. Que voulez-vous que j'en fasse à présent ? madame me le cède-t-elle ?

M. ORGON.

Ma fille, encore une fois, n'y prétendez-vous rien?

SILVIA.

Non. Je te le donne, Lisette, je te remets tous mes droits; et, pour dire comme toi, je ne prendrai jamais de part à un cœur que je n'aurai pas conditionné moi-même.

LISETTE.

Quoi! vous voulez bien que je l'épouse? monsieur le veut bien aussi?

M. ORGON.

Oui; qu'il s'accommode : pourquoi t'aime-t-il?

MARIO.

J'y consens aussi, moi.

LISETTE.

Moi aussi, et je vous en remercie tous.

M. ORGON.

Attends : j'y mets pourtant une petite restriction; c'est qu'il faudrait, pour nous disculper de ce qui arrivera, que tu lui dises un peu qui tu es.

LISETTE.

Mais, si je le lui dis un peu, il le saura tout à fait.

M. ORGON.

Eh bien, cette tête en si bon état ne soutiendra-t-elle pas cette secousse-là? Je ne le crois pas de caractère à s'effaroucher là-dessus.

LISETTE.

Le voici qui me cherche, ayez donc la bonté de me laisser le champ libre; il s'agit ici de mon chef-d'œuvre.

M. ORGON.

Cela est juste, retirons-nous.

SILVIA.

De tout mon cœur.

MARIO.

Allons.

SCÈNE VI

LISETTE, PASQUIN.

PASQUIN.

Enfin, ma reine, je vous vois, et je ne vous quitte plus; car j'ai trop pâti d'avoir manqué de votre présence, et j'ai cru que vous esquiviez la mienne.

LISETTE.
Il faut vous avouer, monsieur, qu'il en était quelque chose.
PASQUIN.
Comment donc, ma chère âme, élixir de mon cœur, avez-vous entrepris la fin de ma vie ?
LISETTE.
Non, mon cher ; la durée m'en est trop précieuse.
PASQUIN.
Ah ! que ces paroles me fortifient !
LISETTE.
Et vous ne devez point douter de ma tendresse.
PASQUIN.
Je voudrais bien pouvoir baiser ces petits mots-là, et les cueillir sur votre bouche avec la mienne.
LISETTE.
Mais vous me pressiez sur notre mariage, et mon père ne m'avait pas encore permis de vous répondre. Je viens de lui parler, et j'ai son aveu pour vous dire que vous pouvez lui demander ma main quand vous voudrez.
PASQUIN.
Avant que je la demande à lui, souffrez que je la demande à vous ; je veux lui rendre mes grâces de la charité qu'elle aura de vouloir bien entrer dans la mienne, qui en est véritablement indigne.
LISETTE.
Je ne refuse pas de vous la prêter un moment, à condition que vous la prendrez pour toujours.
PASQUIN.
Chère petite main rondelette et potelée, je vous prends sans marchander : je ne suis pas en peine de l'honneur que vous me ferez ; il n'y a que celui que je vous rendrai qui m'inquiète.
LISETTE.
Vous m'en rendrez plus qu'il ne m'en faut.
PASQUIN.
Ah ! que nenni ; vous ne savez pas cette arithmétique-là aussi bien que moi.
LISETTE.
Je regarde pourtant votre amour comme un présent du ciel.
PASQUIN.
Le présent qu'il vous a fait ne le ruinera pas ; il est bien mesquin.

LISETTE.

Je ne le trouve que trop magnifique.

PASQUIN.

C'est que vous ne le voyez pas au grand jour.

LISETTE.

Vous ne sauriez croire combien votre modestie m'embarrasse.

PASQUIN.

Ne faites point dépense d'embarras ; je serais bien effronté si je n'étais pas modeste.

LISETTE.

Enfin, monsieur, faut-il vous dire que c'est moi que votre tendresse honore ?

PASQUIN.

Aïe ! aïe ! je ne sais plus où me mettre.

LISETTE.

Encore une fois, monsieur, je me connais.

PASQUIN.

Eh ! je me connais bien aussi, et je n'ai pas là une fameuse connaissance, ni vous non plus, quand vous l'aurez faite ; mais c'est là le diable que de me connaître ; vous ne vous attendez pas au fond du sac.

LISETTE, à part.

Tant d'abaissement n'est pas naturel. (Haut.) D'où vient me dites-vous cela ?

PASQUIN.

Et voilà où gît le lièvre.

LISETTE.

Mais encore ? Vous m'inquiétez : est-ce que vous n'êtes pas...?

PASQUIN.

Aïe ! aïe ! vous m'ôtez ma couverture.

LISETTE.

Sachons de quoi il s'agit.

PASQUIN, à part.

Préparons un peu cette affaire-là. (Haut.) Madame votre amour est-il d'une constitution bien robuste ? soutiendra-t-il bien la fatigue que je vais lui donner ? un mauvais gîte lui fait-il peur ? Je vais le loger petitement.

LISETTE.

Ah ! tirez-moi d'inquiétude : en un mot, qui êtes-vous ?

PASQUIN.

Je suis... N'avez-vous jamais vu de fausse monnaie? savez-vous ce que c'est qu'un louis d'or faux? Eh bien, je ressemble assez à cela.

LISETTE.

Achevez donc ; quel est votre nom ?

PASQUIN.

Mon nom ? (A part.) Lui dirai-je que je m'appelle Pasquin ? Non ; cela rime trop avec coquin.

LISETTE.

Eh bien?

PASQUIN.

Ah! dame, il y a un peu à tirer ici. Haïssez-vous la qualité de soldat ?

LISETTE.

Qu'appelez-vous un soldat ?

PASQUIN.

Oui ; par exemple, un soldat d'antichambre.

LISETTE.

Un soldat d'antichambre! Ce n'est donc point Dorante à qui je parle enfin ?

PASQUIN.

C'est lui qui est mon capitaine.

LISETTE.

Faquin !

PASQUIN, à part.

Je n'ai pu éviter la rime.

LISETTE.

Mais voyez ce magot ! tenez !

PASQUIN, à part.

La jolie culbute que je fais là !

LISETTE.

Il y a une heure que je lui demande grâce, et que je m'épuise en humilités pour cet animal-là !

PASQUIN.

Hélas ! madame, si vous préfériez l'amour à la gloire, je vous ferais bien autant de profit qu'un monsieur.

LISETTE, riant.

Ah! ah! ah! Je ne saurais pourtant m'empêcher d'en rire, avec sa gloire ; et il n'y a plus que ce parti-là à prendre. Va, va, ma gloire te pardonne, elle est de bonne composition.

PASQUIN.

Tout de bon, charitable dame? Ah! que mon amour vous promet de reconnaissance!

LISETTE.

Touche là, Pasquin; je suis prise pour dupe : le soldat d'antichambre de monsieur vaut bien la coiffeuse de madame.

PASQUIN.

La coiffeuse de madame?

LISETTE.

C'est mon capitaine, ou l'équivalent.

PASQUIN.

Masque *!

LISETTE.

Prends ta revanche.

PASQUIN.

Mais voyez cette magotte, avec qui, depuis une heure, j'entre en confusion de ma misère!

LISETTE.

Venons au fait ; m'aimes-tu ?

PASQUIN.

Pardi! oui. En changeant de nom, tu n'as pas changé de visage, et tu sais bien que nous nous sommes promis fidélité en dépit de toutes les fautes d'orthographe.

LISETTE.

Va, le mal n'est pas grand ; consolons-nous, ne faisons semblant de rien, et n'apprêtons point à rire. Il y a apparence que ton maître est encore dans l'erreur à l'égard de ma maîtresse : ne l'avertis de rien, laissons les choses comme elles sont. Je crois que le voici qui entre. Monsieur, je suis votre servante.

PASQUIN.

Et moi votre valet, madame. (Riant.) Ah! ah! ah!

SCÈNE VII
DORANTE, PASQUIN.

DORANTE.

Eh bien, tu quittes la fille d'Orgon; lui as-tu dit qui tu étais ?

---

* Au théâtre, l'acteur ajoute ordinairement ces mots : *Je ne m'étonne pas si ces mains sentaient la pommade!* Bouffonnerie plaisante, mais qui n'est pas de l'auteur.

PASQUIN.

Pardi! oui. La pauvre enfant! j'ai trouvé son cœur plus doux qu'un agneau; il n'a pas soufflé. Quand je lui ai dit que je m'appelais Pasquin, que j'avais un habit d'ordonnance. « Eh bien, mon ami, m'a-t-elle dit, chacun a son habit; le vôtre ne vous coûte rien, cela ne laisse pas d'être gracieux. »

DORANTE.

Quelle sotte histoire me contes-tu là?

PASQUIN.

Tant y a que je vais la demander en mariage.

DORANTE.

Comment! elle consent à t'épouser?

PASQUIN.

La voilà bien malade!

DORANTE.

Tu m'en imposes; elle ne sait pas qui tu es.

PASQUIN.

Par la ventrebleu! voulez-vous gager que je l'épouse avec la casaque sur le corps, avec une souquenille, si vous me fâchez? Je veux bien que vous sachiez qu'un amoureux de ma façon n'est point sujet à la casse, que je n'ai pas besoin de votre friperie pour pousser ma pointe, et que vous n'avez qu'à me rendre la mienne.

DORANTE.

Tu es un fourbe; cela n'est pas convenable, et je vois bien qu'il faudra que j'avertisse M. Orgon.

PASQUIN.

Qui? notre père? Ah! le bonhomme, nous l'avons dans notre manche; c'est le meilleur humain, la meilleure pâte d'homme... Vous m'en direz des nouvelles.

DORANTE.

Quel extravagant! As-tu vu Lisette?

PASQUIN.

Lisette? Non. Peut-être a-t-elle passé devant mes yeux; mais un honnête homme ne prend pas garde à une chambrière: je vous cède ma part de cette attention-là.

DORANTE.

Va-t'en! la tête te tourne.

PASQUIN.

Vos petites manières sont un peu aisées; mais c'est la grande habitude qui fait cela. Adieu; quand j'aurai épousé, nous vivrons but à but. Votre soubrette arrive. Bonjour,

Lisette, je vous recommande Bourguignon ; c'est un garçon qui a quelque mérite *.

SCÈNE VIII

DORANTE, SILVIA.

DORANTE, à part.

Qu'elle est digne d'être aimée ! Pourquoi faut-il que Mario m'ait prévenu ?

SILVIA.

Où étiez-vous donc, monsieur ? Depuis que j'ai quitté Mario, je n'ai pu vous retrouver pour vous rendre compte de ce que j'ai dit à M. Orgon.

DORANTE.

Je ne me suis pourtant pas éloigné ; mais de quoi s'agit-il ?

SILVIA, à part.

Quelle froideur ! (Haut.) J'ai eu beau décrier votre valet, et prendre sa conscience à témoin de son peu de mérite ; j'ai eu beau lui représenter qu'on pouvait du moins reculer le mariage, il ne m'a pas seulement écoutée ; je vous avertis même qu'on parle d'envoyer chez le notaire, et qu'il est temps de vous déclarer.

DORANTE.

C'est mon intention ; je vais partir *incognito*, et je laisserai un billet qui instruira M. Orgon de tout.

SILVIA, à part.

Partir ! Ce n'est pas là mon compte.

DORANTE.

N'approuvez-vous pas mon idée ?

SILVIA.

Mais... pas trop.

DORANTE.

Je ne vois pourtant rien de mieux dans la situation où je suis, à moins que de parler moi-même, et je ne saurais m'y résoudre. J'ai, d'ailleurs, d'autres raisons qui veulent que je me retire ; je n'ai plus que faire ici.

SILVIA.

Comme je ne sais pas vos raisons, je ne puis ni les approuver ni les combattre ; et ce n'est pas à moi à vous les demander.

---

* Au théâtre, Pasquin, apercevant Silvia, s'écrie : « Bourguignon, voilà Lisette ; Lisette, voilà Bourguignon. » Cette saillie a fait fortune, et est presque passée en proverbe.

DORANTE.

Il vous est aisé de les soupçonner, Lisette.

SILVIA.

Mais je pense, par exemple, que vous avez du dégoût pour la fille de M. Orgon.

DORANTE.

Ne voyez-vous que cela ?

SILVIA.

Il y a bien encore certaines choses que je pourrais supposer ; mais je ne suis pas folle, et je n'ai pas la vanité de m'y arrêter.

DORANTE.

Ni le courage d'en parler ; car vous n'auriez rien d'obligeant à me dire. Adieu, Lisette.

SILVIA.

Prenez garde ! je crois que vous ne m'entendez pas, je suis obligée de vous le dire.

DORANTE.

A merveille ! et l'explication ne me serait pas favorable : gardez-moi le secret jusqu'à mon départ.

SILVIA.

Quoi ! sérieusement, vous partez ?

DORANTE.

Vous avez bien peur que je ne change d'avis.

SILVIA.

Que vous êtes aimable d'être si bien au fait !

DORANTE.

Cela est bien naïf. Adieu. (Il s'en va.)

SILVIA, à part.

S'il part, je ne l'aime plus, je ne l'épouserai jamais... (Elle le regarde aller.) Il s'arrête pourtant, il rêve, il regarde si je tourne la tête. Je ne saurais le rappeler, moi... Il serait pourtant singulier qu'il partît après tout ce que j'ai fait... Ah ! voilà qui est fini, il s'en va ; je n'ai pas tant de pouvoir sur lui que je le croyais. Mon frère est un maladroit ; il s'y est mal pris : les gens indifférents gâtent tout. Ne suis-je pas bien avancée ! quel dénoûment ! Dorante reparaît pourtant ; il me semble qu'il revient ; je me dédis donc, je l'aime encore... Feignons de sortir, afin qu'il m'arrête : il faut bien que notre réconciliation lui coûte quelque chose.

DORANTE, l'arrêtant.

Restez, je vous prie ; j'ai encore quelque chose à vous dire.

SILVIA.

A moi, monsieur?

DORANTE.

J'ai de la peine à partir sans vous avoir convaincue que je n'ai pas tort de le faire.

SILVIA.

Eh! monsieur, de quelle conséquence est-il de vous justifier auprès de moi? Ce n'est pas la peine; je ne suis qu'une suivante, et vous me le faites bien sentir.

DORANTE.

Moi, Lisette! Est-ce à vous à vous plaindre, vous qui me voyez prendre mon parti sans me rien dire?

SILVIA.

Hum! si je voulais, je vous répondrais bien là-dessus.

DORANTE.

Répondez donc; je ne demande pas mieux que de me tromper. Mais que dis-je? Mario vous aime.

SILVIA.

Cela est vrai.

DORANTE.

Vous êtes sensible à son amour; je l'ai vu par l'extrême envie que vous aviez tantôt que je m'en allasse : ainsi vous ne sauriez m'aimer.

SILVIA.

Je suis sensible à son amour, qui est-ce qui vous l'a dit? Je ne saurais vous aimer, qu'en savez-vous? Vous décidez bien vite.

DORANTE.

Eh bien, Lisette, par tout ce que vous avez de plus cher au monde, instruisez-moi de ce qui en est, je vous en conjure.

SILVIA.

Instruire un homme qui part!

DORANTE.

Je ne partirai point.

SILVIA.

Laissez-moi; tenez, si vous m'aimez, ne m'interrogez point; vous ne craignez que mon indifférence, et vous êtes trop heureux que je me taise. Que vous importent mes sentiments?

DORANTE.

Ce qu'ils m'importent, Lisette! Peux-tu douter encore que je t'adore?

SILVIA.

Non, et vous me le répétez si souvent, que je vous crois ; mais pourquoi m'en persuadez-vous ? que voulez-vous que je fasse de cette pensée-là, monsieur ? Je vais vous parler à cœur ouvert : vous m'aimez, mais votre amour n'est pas une chose bien sérieuse pour vous ; que de ressources n'avez vous pas pour vous en défaire ? La distance qu'il y a de vous à moi, mille objets que vous allez trouver sur votre chemin, l'envie qu'on aura de vous rendre sensible, les amusements d'un homme de condition, tout va vous ôter cet amour dont vous m'entretenez impitoyablement. Vous en rirez peut-être au sortir d'ici, et vous aurez raison ; mais, moi, monsieur, si je m'en ressouviens, comme j'en ai peur ; s'il m'a frappée, quel secours aurai-je contre l'impression qu'il m'aura faite ? qui est-ce qui me dédommagera de votre perte ? qui voulez-vous que mon cœur mette à votre place ? Savez-vous bien que, si je vous aimais, tout ce qu'il y a de plus grand dans le monde ne me toucherait plus ? Jugez donc de l'état où je resterais ; ayez la générosité de me cacher votre amour : moi qui vous parle, je me ferais un scrupule de vous dire que je vous aime dans les dispositions où vous êtes ; l'aveu de mes sentiments pourrait exposer votre raison ; et vous voyez bien aussi que je vous les cache.

DORANTE.

Ah ! ma chère Lisette, que viens-je d'entendre ? Tes paroles ont un feu qui me pénètre ; je t'adore, je te respecte. Il n'est ni rang, ni naissance, ni fortune, qui ne disparaisse devant une âme comme la tienne ; j'aurais honte que mon orgueil tînt encore contre toi, et mon cœur et ma main t'appartiennent.

SILVIA.

En vérité, ne mériteriez-vous pas que je les prisse ? Ne faut-il pas être bien généreuse pour vous dissimuler le plaisir qu'ils me font, et croyez-vous que cela puisse durer ?

DORANTE.

Vous m'aimez donc ?

SILVIA.

Non, non : mais, si vous me le demandez encore, tant pis pour vous !

DORANTE.

Vos menaces ne me font point de peur.

SILVIA.

Et Mario, vous n'y songez donc plus ?

DORANTE.

Non, Lisette ; Mario ne m'alarme plus, vous ne l'aimez point ; vous ne pouvez plus me tromper, vous avez le cœur vrai, vous êtes sensible à ma tendresse ; je ne saurais en douter au transport qui m'a pris, j'en suis sûr, et vous ne sauriez plus m'ôter cette certitude-là.

SILVIA.

Oh ! je n'y tâcherai point ; gardez-la, nous verrons ce que vous en ferez.

DORANTE.

Ne consentez-vous pas a être à moi ?

SILVIA.

Quoi ! vous m'épouserez malgré ce que vous êtes, malgré la colère d'un père, malgré votre fortune ?

DORANTE.

Mon père me pardonnera dès qu'il vous aura vue ; ma fortune nous suffit à tous deux, et le mérite vaut bien la naissance : ne disputons point, car je ne changerai jamais.

SILVIA.

Il ne changera jamais ! Savez-vous bien que vous me charmez, Dorante ?

DORANTE.

Ne gênez donc plus votre tendresse, et laissez-la répondre...

SILVIA.

Enfin j'en suis venue à bout ; vous... vous ne changerez jamais *.

DORANTE.

Non, ma chère Lisette.

SILVIA.

Que d'amour !

SCÈNE IX

M. ORGON, SILVIA, DORANTE, LISETTE, PASQUIN, MARIO.

SILVIA.

Ah ! mon père, vous avez voulu que je fusse à Dorante, venez voir votre fille vous obéir avec plus de joie qu'on n'en eut jamais.

DORANTE.

Qu'entends-je ! vous, son père, monsieur ?

SILVIA.

Oui, Dorante, la même idée de nous connaître nous est venue à tous deux ; après cela, je n'ai plus rien à vous dire ; vous m'aimez, je n'en saurais douter : mais, à votre tour, jugez de mes sentiments pour vous, jugez du cas que j'ai fait de votre cœur par la délicatesse avec laquelle j'ai tâché de l'acquérir.

M. ORGON.

Connaissez-vous cette lettre-là? Voilà par où j'ai appris votre déguisement, qu'elle n'a pourtant su que par vous.

DORANTE.

Je ne saurais vous exprimer mon bonheur, madame; mais ce qui m'enchante le plus, ce sont les preuves que je vous ai données de ma tendresse.

MARIO.

Dorante me pardonne-t-il la colère où j'ai mis Bourguignon?

DORANTE.

Il ne vous la pardonne pas, il vous en remercie.

PASQUIN.

De la joie, madame! vous avez perdu votre rang; mais vous n'êtes point à plaindre, puisque Pasquin vous reste.

LISETTE.

Belle consolation! il n'y a que toi qui gagnes à cela.

PASQUIN.

Je n'y perds pas : avant notre reconnaissance, votre dot valait mieux que vous; à présent, vous valez mieux que votre dot. Allons, saute, marquis!

FIN DU JEU DE L'AMOUR ET DU HASARD.

LE LEGS

COMÉDIE

EN UN ACTE

Représentée pour la première fois, à Paris, en 1736

PERSONNAGES

LA COMTESSE.
LE MARQUIS.
HORTENSE.
LE CHEVALIER.
LISETTE, suivante de la comtesse.
LÉPINE, valet de chambre du marquis.

LE LEGS

SCÈNE PREMIÈRE

LE CHEVALIER, HORTENSE.

LE CHEVALIER.

La démarche que vous allez faire auprès du marquis m'alarme.

HORTENSE.

Je ne risque rien, vous dis-je. Raisonnons. Défunt son parent et le mien lui laisse six cent mille francs, à charge, il est vrai, de m'épouser, ou de m'en donner deux cent mille; cela est à son choix; mais le marquis ne sent rien pour moi. Je suis sûre qu'il a de l'inclination pour la comtesse. D'ailleurs, il est déjà assez riche par lui-même. Voilà encore une succession de six cent mille francs qui lui vient, à laquelle il ne s'attendait pas. Et vous croyez que, plutôt que d'en distraire deux cent mille, il aimera mieux m'épouser, moi qui lui suis indifférente, pendant qu'il a de l'amour pour la comtesse, qui peut-être ne le hait pas, et qui a plus de bien que moi? Il n'y a pas d'apparence.

LE CHEVALIER.

Mais à quoi jugez-vous que la comtesse ne le hait pas ?

HORTENSE.

A mille petites remarques que je fais tous les jours; et je n'en suis pas surprise. Du caractère dont elle est, celui du marquis doit être de son goût. La comtesse est une femme brusque, qui aime à primer, à gouverner, à être la maîtresse. Le marquis est un homme doux, paisible, aisé à conduire; et voilà ce qu'il faut à la comtesse. Aussi ne parle-t-elle de lui qu'avec éloge. Son air de naïveté lui plaît : c'est, dit-elle, le meilleur homme, le plus complaisant, le plus sociable. D'ailleurs, le marquis est d'un âge qui lui convient : elle n'est plus de cette grande jeunesse; il a trente-cinq ou quarante ans; et je vois bien qu'elle serait charmée de vivre avec lui.

LE CHEVALIER.

J'ai peur que l'événement ne vous trompe : ce n'est pas un

petit objet que deux cent mille francs, qu'il faudra qu'on vous donne, si l'on ne vous épouse pas ; et puis, quand le marquis et la comtesse s'aimeraient, de l'humeur dont ils sont tous deux, il auront bien de la peine à se le dire.

HORTENSE.

Oh ! moyennant l'embarras où je vais jeter le marquis, il faudra bien qu'il parle ; et je veux savoir à quoi m'en tenir. Depuis le temps que nous sommes à cette campagne chez la comtesse, il ne me dit rien. Il y a six semaines qu'il se tait ; je veux qu'il s'explique. Je ne perdrai pas le legs qui me revient, si je n'épouse point le marquis.

LE CHEVALIER.

Mais s'il accepte votre main ?

HORTENSE.

Eh ! non, vous dis-je. Laissez-moi faire. Je crois qu'il espère que ce sera moi qui le refuserai. Peut-être même feindra-t-il de consentir à notre union ; mais que cela ne vous épouvante pas. Vous n'êtes point assez riche pour m'épouser avec deux cent mille francs de moins, je suis bien aise de vous les apporter en mariage. Je suis persuadée que la comtesse et le marquis ne se haïssent pas. Voyons ce que me diront là-dessus Lépine et Lisette, qui vont venir me parler. L'un est un Gascon froid, mais adroit ; Lisette a de l'esprit. Je sais qu'ils ont tous deux la confiance de leurs maîtres ; je les intéresserai à m'instruire, et tout ira bien. Les voilà qui viennent. Retirez-vous.

SCÈNE II

LISETTE, LÉPINE, HORTENSE.

HORTENSE.

Venez, Lisette, approchez.

LISETTE.

Que souhaitez-vous de nous madame ?

HORTENSE.

Rien que vous ne puissiez me dire sans blesser la fidélité que vous devez, vous au marquis, et vous à la comtesse.

LISETTE.

Tant mieux, madame !

LÉPINE.

Ce début encourage. Nos services vous sont acquis.

HORTENSE, tirant quelque argent de sa poche.

Tenez, Lisette, tout service mérite récompense.

LE LEGS.

LISETTE, refusant d'abord.

Au moins, madame, faudrait-il savoir auparavant de quoi il s'agit.

HORTENSE.

Prenez, je vous le donne, quoi qu'il arrive. Voilà pour vous, monsieur Lépine.

LÉPINE.

Madame, je serais volontiers de l'avis de mademoiselle; mais je prends. Le respect défend que je raisonne.

HORTENSE.

Je ne prétends vous engager en rien, et voici de quoi il est question. Le marquis, votre maître, vous estime, Lépine?

LÉPINE, froidement.

Extrêmement, madame : il me connaît.

HORTENSE.

Je remarque qu'il vous confie aisément ce qu'il pense.

LÉPINE.

Oui, madame ; de toutes ses pensées, incontinent j'en ai copie : il n'en sait pas le compte mieux que moi.

HORTENSE.

Vous, Lisette, vous êtes sur le même ton avec la comtesse?

LISETTE.

J'ai cet honneur-là, madame.

HORTENSE.

Dites-moi, Lépine, je me figure que le marquis aime la comtesse : me trompé-je? Il n'y a point d'inconvénient à me dire ce qui en est.

LÉPINE.

Je n'affirme rien; mais patience : nous devons, ce soir, nous entretenir là-dessus.

HORTENSE.

Et soupçonnez-vous qu'il l'aime?

LÉPINE.

Des soupçons, j'en ai de violents. Je m'en éclaircirai bientôt.

HORTENSE.

Et vous, Lisette, quel est votre sentiment sur la comtesse?

LISETTE.

Qu'elle ne songe point du tout au marquis, madame.

LÉPINE.

Je diffère avec vous de pensée.

HORTENSE.

Je crois aussi qu'ils s'aiment. Et supposons que je ne me trompe pas, du caractère dont ils sont, ils auront de la peine à s'en parler. Vous, Lépine, voudriez-vous exciter le marquis à le déclarer à la comtesse? et vous, Lisette, disposer la comtesse à se l'entendre dire? Ce sera une industrie fort innocente.

LÉPINE.

Et même louable.

LISETTE, rendant l'argent.

Madame, permettez que je vous rende votre argent.

HORTENSE.

Gardez. D'où vient?

LISETTE.

C'est qu'il me semble que voilà précisément le service que vous exigez de moi, et c'est précisément celui que je ne puis vous rendre. Ma maîtresse est veuve, elle est tranquille, son état est heureux; ce serait dommage de l'en tirer : je prie le ciel qu'elle y reste.

LÉPINE, froidement.

Quant à moi, je garde mon lot ; rien ne m'oblige à restitution. J'ai la volonté de vous être utile... M. le marquis vit dans le célibat ; mais le mariage, il est bon, très-bon; il a ses peines, chaque état a les siennes; quelquefois le mien me pèse : le tout est égal. Oui, je vous servirai, madame, je vous servirai ; je n'y vois point de mal. On s'est marié de tout temps, on se mariera toujours : on n'a que cette honnête ressource quand on aime.

HORTENSE.

Vous me surprenez, Lisette, d'autant plus que je m'imaginais que vous pouviez vous aimer tous deux.

LISETTE.

C'est de quoi il n'est pas question de ma part.

LÉPINE.

De la mienne, j'en suis demeuré à l'estime. Néanmoins mademoiselle est aimable ; mais j'ai passé mon chemin sans y prendre garde.

LISETTE.

J'espère que vous passerez toujours de même.

HORTENSE.

Voilà ce que j'avais à vous dire. Adieu, Lisette : vous ferez ce qu'il vous plaira; je ne vous demande que le secret. J'accepte vos services, Lépine.

SCÈNE III

LÉPINE, LISETTE.

LISETTE.

Nous n'avons rien à nous dire, mons de Lépine. J'ai affaire, et je vous laisse.

LÉPINE.

Doucement, mademoiselle, retardez d'un moment; je trouve à propos de vous informer d'un petit accident qui m'arrive.

LISETTE.

Voyons.

LÉPINE.

D'homme d'honneur, je n'avais pas envisagé vos grâces; je ne connaissais pas votre mine.

LISETTE.

Qu'importe? Je vous en offre autant: c'est tout au plus si je connais actuellement la vôtre.

LÉPINE.

Cette dame se figurait que nous nous aimions.

LISETTE.

Eh bien, elle se figurait mal.

LÉPINE.

Attendez; voici l'accident. Son discours a fait que mes yeux se sont arrêtés dessus vous plus attentivement que de coutume.

LISETTE.

Vos yeux ont pris bien de la peine.

LÉPINE.

Et vous êtes jolie, sandis! oh! très-jolie.

LISETTE.

Ma foi! monsieur de Lépine, vous êtes très-galant, oh! très-galant.

LÉPINE.

A mon exemple, envisagez-moi, je vous prie; faites-en l'épreuve.

LISETTE.

Oui-da. Tenez, je vous regarde.

LÉPINE.

Eh donc! Est-ce là ce Lépine que vous connaissiez? N'y voyez-vous rien de nouveau? Que vous dit le cœur?

LISETTE.

Pas le mot. Il n'y a rien là pour lui.

LÉPINE.

Quelquefois pourtant nombre de gens ont estimé que j'étais un garçon assez revenant; mais nous y retournerons, c'est partie à remettre. Écoutez le restant. Il est certain que mon maître distingue tendrement votre maîtresse. Aujourd'hui même, il m'a confié qu'il méditait de vous communiquer ses sentiments.

LISETTE.

Comme il lui plaira. La réponse que j'aurai l'honneur de lui communiquer sera courte.

LÉPINE.

Remarquons d'abondance que la comtesse se plaît avec mon maître, qu'elle a l'âme joyeuse en le voyant. Vous me direz que nos gens sont d'étranges personnes, et je vous l'accorde. Le marquis, homme tout simple, peu hasardeux dans le discours, n'osera jamais aventurer la déclaration; et des déclarations, la comtesse les épouvante. Dans cette conjoncture, j'opine que nous encouragions ces deux personnages. Qu'en sera-t-il ? Qu'ils s'aimeront bonnement, en toute simplesse, et qu'ils s'épouseront de même. Qu'en arrivera-t-il ? Qu'en me voyant votre camarade, vous me rendrez votre mari, par la douce habitude de me voir. Eh donc! Parlez, êtes-vous d'accord ?

LISETTE.

Non.

LÉPINE.

Mademoiselle, est-ce mon amour qui vous déplaît ?

LISETTE.

Oui.

LÉPINE.

En peu de mots, vous dites beaucoup; mais considérez l'occurence. Je vous prédis que nos maîtres se marieront : que la commodité vous tente.

LISETTE.

Je vous prédis qu'ils ne se marieront point. Je ne veux pas, moi. Ma maîtresse, comme vous dites fort habilement, tient l'amour au-dessous d'elle; et j'aurai soin de l'entretenir dans cette humeur, attendu qu'il n'est pas de mon petit intérêt qu'elle se marie. Ma condition n'en serait pas si bonne, entendez-vous ? Il n'y a pas d'apparence que la comtesse y gagne, et moi, j'y perdrais beaucoup. J'ai fait un petit calcul là-dessus, au moyen duquel je trouve que tous vos arrangements me dérangent, et ne me valent rien. Ainsi, croyez-moi quelque jolie que je sois, continuez de n'en rien voir ; laissez là la découverte que vous avez faite de mes grâces, et passez toujours sans y prendre garde.

LÉPINE, froidement.

Je les ai vues, mademoiselle ; j'en suis frappé, et n'ai de remède que votre cœur.

LISETTE.

Tenez-vous donc pour incurable.

LÉPINE.

Me donnez-vous votre dernier mot ?

LISETTE.

Je n'y changerai pas une syllabe. (Elle veut s'en aller.)

LÉPINE, l'arrêtant.

Permettez que je reparte. Vous calculez ; moi de même. Selon vous, il ne faut pas que nos gens se marient : il faut qu'ils s'épousent, selon moi ; je le prétends.

LISETTE.

Mauvaise gasconnade.

LÉPINE.

Patience. Je vous aime, et vous me refusez le réciproque. Je calcule qu'il me fait besoin, et je l'aurai, sandis !

LISETTE.

Vous ne l'aurez pas, sandis !

LÉPINE.

J'ai tout dit. Laissez parler mon maître, qui nous arrive.

SCÈNE IV

LE MARQUIS, LÉPINE, LISETTE.

LE MARQUIS.

Ah ! vous voici, Lisette ? Je suis bien aise de vous trouver.

LISETTE.

Je vous suis obligée, monsieur ; mais je m'en allais.

LE MARQUIS.

Vous vous en alliez ? J'avais pourtant quelque chose à vous dire. Êtes-vous un peu de nos amis ?

LÉPINE.

Petitement.

LISETTE.

J'ai beaucoup d'estime et de respect pour M. le marquis.

LE MARQUIS.

Tout de bon? Vous me faites plaisir, Lisette. Je fais beaucoup de cas de vous aussi. Vous me paraissez une très-bonne fille, et vous êtes à une maîtresse qui a bien du mérite.

LISETTE.

Il y longtemps que je le sais, monsieur.

LE MARQUIS.

Ne vous parle-t-elle jamais de moi? Que vous en dit-elle?

LISETTE.

Oh! rien.

LE MARQUIS.

C'est qu'entre nous il n'y a pas de femme que j'aime tant qu'elle.

LISETTE.

Qu'appelez-vous aimer, monsieur le marquis? Est-ce de l'amour que vous entendez?

LE MARQUIS.

Eh! mais oui... de l'amour... de l'inclination... comme tu voudras; le nom n'y fait rien : je l'aime mieux qu'une autre; voilà tout.

LISETTE.

Cela se peut.

LE MARQUIS.

Mais elle n'en sait rien ; je n'ai pas osé le lui apprendre. Je n'ai pas trop le talent de parler d'amour.

LISETTE.

C'est ce qu'il me semble.

LE MARQUIS.

Oui, cela m'embarrasse; et, comme ta maîtresse est une femme fort raisonnable, j'ai peur qu'elle ne se moque de moi, et je ne saurais que lui dire : de sorte que j'ai rêvé qu'il serait bon que tu la prévinsses en ma faveur.

LISETTE.

Je vous demande pardon, monsieur; mais il fallait rêver tout le contraire. Je ne puis rien pour vous, en vérité.

LE MARQUIS.

Et d'où vient?... Je t'aurai grande obligation. Je payerai bien tes peines (montrant Lépine); et, si ce garçon-là te convenait, je vous ferais un fort bon parti à tous les deux.

LÉPINE, froidement, et sans regarder Lisette.

Derechef recueillez-vous là-dessus, mademoiselle.

LISETTE.

Il n'y a pas moyen, monsieur le marquis. Si je parlais de

vos sentiments à ma maîtresse, vous avez beau dire que le nom n'y fait rien, je me brouillerais avec elle ; je vous y brouillerais vous-même. Ne la connaissez-vous pas ?

LE MARQUIS.

Tu crois donc qu'il n'y a rien à faire ?

LISETTE.

Absolument rien.

LE MARQUIS.

Tant pis ! cela me chagrine. Elle me fait tant d'amitié, cette femme ! Allons, il ne faut donc plus y penser.

LÉPINE, froidement.

Monsieur, ne vous déconfortez pas du récit de mademoiselle ; n'en tenez compte, elle vous triche. Retirons-nous. Venez me consulter à l'écart ; je serai plus consolant. Partons.

LE MARQUIS.

Viens. Voyons ce que tu as à me dire. Adieu, Lisette ; ne me nuis pas, voilà tout ce que j'exige.

SCÈNE V

LÉPINE, LISETTE.

LÉPINE.

N'exigez rien. Ne gênons point mademoiselle. Soyons galamment ennemis déclarés ; faisons-nous du mal en toute franchise. Adieu, gentille personne, je ne vous chéris ni plus ni moins : gardez-moi votre cœur ; c'est un dépôt que je vous laisse.

LISETTE.

Adieu, mon pauvre Lépine ; vous êtes peut-être de tous les fous de la Garonne le plus effronté, mais aussi le plus divertissant.

SCÈNE VI

LA COMTESSE, LISETTE.

LISETTE.

Voici ma maîtresse. De l'humeur dont elle est, je crois que cet amour-ci ne la divertira guère. Gare que le marquis ne soit bientôt congédié !

LA COMTESSE, tenant une lettre.

Tenez, Lisette ; dites qu'on porte cette lettre à la poste. En voilà dix que j'écris depuis trois semaines. La sotte chose qu'un procès ! que j'en suis lasse ! Je ne m'étonne pas s'il y a tant de femmes qui se remarient.

LISETTE, *riant.*

Bon, votre procès! une affaire de dix mille francs! Voilà quelque chose de bien considérable pour vous. Avez-vous envie de vous remarier? J'ai votre affaire.

LA COMTESSE.

Qu'est-ce que c'est qu'envie de me remarier? Pourquoi me dites-vous cela?

LISETTE.

Ne vous fâchez pas; je ne veux que vous divertir.

LA COMTESSE.

Ce pourrait être quelqu'un de Paris qui vous aurait fait une confidence. En tout cas, ne me le nommez pas.

LISETTE.

Oh! il faut pourtant que vous connaissiez celui dont je parle.

LA COMTESSE.

Brisons là-dessus. Je rêve à une autre chose: le marquis n'a ici qu'un valet de chambre, dont il a peut-être besoin; et je voulais lui demander s'il n'a pas quelque paquet à mettre la poste, on le porterait avec le mien. Où est-il, le marquis? l'as-tu vu ce matin?

LISETTE.

Oh! oui. Malepeste! il a ses raisons pour être éveillé de bonne heure. Revenons au mari que j'ai à vous donner, celui qui brûle pour vous, et que vous avez enflammé de passion.

LA COMTESSE.

Qui est ce benêt-là?

LISETTE.

Vous le devinez.

LA COMTESSE.

Celui qui brûle est un sot. Je ne veux rien savoir de Paris.

LISETTE.

Ce n'est point de Paris. Votre conquête est dans le château. Vous l'appelez benêt; moi, je vais le flatter: c'est un soupirant qui a l'air fort simple, un air bonhomme. Y êtes-vous?

LA COMTESSE.

Nullement. Qui est-ce qui ressemble à cela ici?

LISETTE.

Eh! le marquis.

LA COMTESSE.

Celui qui est avec nous?

LISETTE.

Lui-même.

LA COMTESSE.

Je n'avais garde d'y être. Où as-tu pris son air simple et de bonhomme? Dis donc un air franc et ouvert; à la bonne heure, il sera reconnaissable.

LISETTE.

Ma foi, madame, je vous le rends comme je le vois.

LA COMTESSE.

Tu le vois très-mal, on ne peut pas plus mal; en mille ans, on ne le devinerait pas à ce portrait-là. Mais de qui tiens-tu ce que tu me contes de son amour?

LISETTE.

De lui, qui me l'a dit; rien que cela. N'en riez-vous pas? Ne faites pas semblant de le savoir. Au reste, il n'y a qu'à vous en défaire tout doucement.

LA COMTESSE.

Hélas! je ne lui en veux point de mal : c'est un fort honnête homme, qui a d'excellentes qualités; et j'aime encore mieux que ce soit lui qu'un autre. Mais ne te trompes-tu pas aussi? Il ne t'aura peut-être parlé que d'estime; il en a beaucoup pour moi, beaucoup; il me l'a marqué en mille occasions d'une manière fort obligeante.

LISETTE.

Non, madame; c'est de l'amour qui regarde vos appas; il en a prononcé le mot sans bredouiller comme à l'ordinaire. C'est de la flamme. Il languit, il soupire.

LA COMTESSE.

Est-il possible? Sur ce pied-là, je le plains; car ce n'est pas un étourdi : il faut qu'il le sente, puisqu'il le dit; et ce n'est pas de ces gens-là que je me moque : jamais leur amour n'est ridicule. Mais il n'osera m'en parler, n'est-ce pas?

LISETTE.

Oh! ne craignez rien, j'y ai mis bon ordre : il ne s'y jouera pas. Je lui ai ôté toute espérance : n'ai-je pas bien fait?

LA COMTESSE.

Mais... oui, sans doute, oui; pourvu que vous ne l'ayez pas brusqué, pourtant : il fallait y prendre garde; c'est un ami que je veux conserver. Et vous avez quelquefois le ton dur et revêche, Lisette; il valait mieux le laisser dire.

LISETTE.

Point du tout : il voulait que je vous parlasse en sa faveur.

LA COMTESSE.

Ce pauvre homme!

LISETTE.

Et je lui ai répondu que je ne pouvais pas m'en mêler; que je me brouillerais avec vous si je vous en parlais; que vous me donneriez mon congé, que vous lui donneriez le sien.

LA COMTESSE.

Le sien? Quelle grossièreté! Ah! que c'est mal parler! Son congé! Et même est-ce que je vous aurais donné le vôtre? Vous savez bien que non. D'où vient mentir, Lisette? C'est un ennemi que vous m'allez faire d'un des hommes du monde que je considère le plus, et qui le méritent le mieux. Quel sot langage de domestique! Eh! il était si simple de vous en tenir à lui dire : « Monsieur, je ne saurais; ce ne sont pas là mes affaires; parlez-en vous-même. » Et je voudrais qu'il osât m'en parler, pour raccommoder un peu votre malhonnêteté. Son congé! Il va se croire insulté.

LISETTE.

Eh! non, madame : il était impossible de vous en débarrasser à moins de frais. Faut-il que vous l'aimiez, de peur de le fâcher? Voulez-vous être sa femme par politesse, lui qui doit épouser Hortense? Je ne lui ai rien dit de trop; et vous en voilà quitte. Mais je l'aperçois qui vient en rêvant. Évitez-le, vous avez le temps.

LA COMTESSE.

L'éviter! lui qui me voit?... Ah! je m'en garderai bien, Après les discours que vous lui avez tenus, il croirait que je les ai dictés. Non, non, je ne changerai rien à ma façon de vivre avec lui. Allez porter ma lettre.

LISETTE, à part.

Hum! il y a quelque chose. (Haut.) Madame, je suis d'avis de rester auprès de vous ; cela m'arrive souvent, et vous en serez plus à l'abri d'une déclaration.

LA COMTESSE.

Belle finesse! Quand je lui échapperais aujourd'hui, ne me trouvera-t-il pas demain? Il faudrait donc vous avoir toujours à mes côtés? Non, non; partez. S'il me parle, je sais répondre.

LISETTE, à part.

Ma foi! cette femme-là ne va pas droit avec moi.

SCÈNE VII

LA COMTESSE, seule.

Elle avait la fureur de rester. Les domestiques sont haïssables; il n'y a pas jusqu'à leur zèle qui ne vous désoblige. C'est toujours de travers qu'ils vous servent.

SCÈNE VIII

LA COMTESSE, LÉPINE.

LÉPINE.

Madame, M. le marquis vous a vue de loin avec Lisette. Il demande s'il n'y a point de mal qu'il approche : il a désir de vous consulter, mais il se fait le scrupule de vous être importun.

LA COMTESSE.

Lui importun ? Il ne saurait l'être. Dites-lui que je l'attends, Lépine ; qu'il vienne.

LÉPINE.

Je vais le réjouir de la nouvelle. Vous l'allez voir dans la minute. (Appelant le marquis.) Monsieur, venez prendre audience ; madame l'accorde.

SCÈNE IX

LA COMTESSE, LE MARQUIS.

LA COMTESSE.

Eh ! d'où vient donc la cérémonie que vous faites, marquis ? Vous n'y songez pas.

LE MARQUIS.

Madame, vous avez bien de la bonté : c'est que j'ai bien des choses à vous dire.

LA COMTESSE.

Effectivement, vous me paraissez rêveur, inquiet.

LE MARQUIS.

Oui, j'ai l'esprit en peine : j'ai besoin de conseils, j'ai besoin de grâces ; et le tout de votre part.

LA COMTESSE.

Tant mieux ! Vous avez encore moins besoin de tout cela, que je n'ai d'envie de vous être bonne à quelque chose.

LE MARQUIS.

Oh ! bonne ! Il ne tient qu'à vous de m'être excellente, si vous voulez.

LA COMTESSE.

Comment, si je le veux ? Manquez-vous de confiance ? Ah ! je vous prie, ne me ménagez point : vous pouvez tout sur moi, marquis, je suis bien aise de vous le dire.

LE MARQUIS.

Cette assurance m'est bien agréable, et je serais tenté d'en abuser.

LA COMTESSE.

J'ai grande peur que vous ne résistiez à la tentation. Vous ne comptez pas assez sur vos amis ; car vous êtes trop réservé avec eux.

LE MARQUIS.

Oui, j'ai beaucoup de timidité.

LA COMTESSE.

Beaucoup ; cela est vrai.

LE MARQUIS.

Vous savez dans quelle situation je suis avec Hortense : que je dois l'épouser, ou lui donner deux cent mille francs.

LA COMTESSE.

Oui ; et je me suis aperçue que vous n'aviez pas grand goût pour elle.

LE MARQUIS.

Oh ! on ne peut pas moins. Je ne l'aime point du tout.

LA COMTESSE.

Je n'en suis pas surprise. Son caractère est si différent du vôtre ! Elle a quelque chose de trop arrangé pour vous.

LE MARQUIS.

Vous y êtes. Elle songe trop à ses grâces. Il faudrait toujours l'entretenir de compliments ; et moi, ce n'est pas là mon fort. La coquetterie me gêne ; elle me rend muet.

LA COMTESSE.

Ah ! ah ! je conviens qu'elle en a un peu ; mais presque toutes les femmes sont de même. Vous ne trouverez que cela partout, marquis.

LE MARQUIS.

Hors chez vous... Quelle différence, par exemple ! Vous plaisez sans y songer ; ce n'est pas votre faute. Vous ne savez pas seulement que vous êtes aimable ; mais d'autres le savent pour vous.

LA COMTESSE.

Moi, marquis ! je pense qu'à cet égard-là les autres songent aussi peu à moi que j'y songe moi-même.

LE MARQUIS.

Oh ! j'en connais qui ne vous disent pas tout ce qu'ils songent.

LE LEGS.

LA COMTESSE.

Eh! qui sont-ils, marquis? Quelques amis comme vous, sans doute.

LE MARQUIS.

Bon! des amis! Voilà bien de quoi : vous n'en aurez encore de longtemps.

LA COMTESSE.

Je vous suis obligée du petit compliment que vous me faites en passant.

LE MARQUIS.

Point du tout. Je le dis exprès.

LA COMTESSE, riant.

Comment! vous qui ne voulez pas que j'aie encore des amis, est-ce que vous n'êtes pas le mien?

LE MARQUIS.

Vous m'excuserez, mais, quand je serais autre chose, il n'y aurait rien de surprenant.

LA COMTESSE.

Eh bien, je ne laisserais pas que d'en être surprise.

LE MARQUIS.

Et encore plus fâchée.

LA COMTESSE.

En vérité, surprise. Je veux pourtant croire que je suis aimable, puisque vous le dites.

LE MARQUIS.

Oh! charmante... Et je serais bien heureux si Hortense vous ressemblait; je l'épouserais d'un grand cœur, et j'ai bien de la peine à m'y résoudre.

LA COMTESSE.

Je le crois; et ce serait encore pis, si vous aviez de l'inclination pour une autre.

LE MARQUIS.

Eh bien, c'est que justement le pis s'y trouve.

LA COMTESSE, par exclamation.

Oui! vous aimez ailleurs?

LE MARQUIS.

De toute mon âme.

LA COMTESSE, en souriant.

Je m'en suis doutée, marquis.

LE MARQUIS.

Et vous êtes-vous doutée de la personne?

LA COMTESSE

Non ; mais vous me la direz.

LE MARQUIS.

Vous me feriez grand plaisir de la deviner.

LA COMTESSE.

Et pourquoi m'en donneriez-vous la peine, puisque vous voilà ?

LE MARQUIS.

C'est que vous ne connaissez qu'elle ; c'est la plus aimable femme, la plus franche. Vous parlez de gens sans façons ; il n'y a personne comme elle ; plus je la vois, plus je l'admire.

LA COMTESSE.

Épousez-la, marquis, épousez-la, et laissez là Hortense : il n'y a point à hésiter ; vous n'avez point d'autre parti à prendre.

LE MARQUIS.

Oui ; mais je songe à une chose : n'y aurait-il pas moyen de me sauver les deux cent mille francs ? Je vous parle à cœur ouvert.

LA COMTESSE.

Regardez-moi dans cette occasion-ci comme un autre vous-même.

LE MARQUIS.

Ah ! que c'est bien dit, un autre moi-même !

LA COMTESSE.

Ce qui me plaît en vous, c'est votre franchise, qui est une qualité admirable. Revenons. Comment vous sauver ces deux cent mille francs ?

LE MARQUIS.

C'est que Hortense aime le chevalier. Mais, à propos, c'est votre parent.

LA COMTESSE.

Oh ! parent de loin.

LE MARQUIS.

Or, de cet amour qu'elle a pour lui, je conclus qu'elle ne se soucie pas de moi. Je n'ai donc qu'à faire semblant de vouloir l'épouser : elle me refusera, et je ne lui devrai plus rien ; son refus me servira de quittance.

LA COMTESSE.

Oui-da, vous pouvez la tenter. Ce n'est pas qu'il n'y ait du risque ; elle a du discernement, marquis. Vous supposez qu'elle vous refusera ; je n'en sais rien : vous n'êtes pas un homme à dédaigner.

LE MARQUIS.

Est-il vrai?

LA COMTESSE.

C'est mon sentiment.

LE MARQUIS.

Vous me flattez, vous encouragez ma franchise.

LA COMTESSE.

Vous encouragez ma franchise! Eh! mais en êtes-vous encore là? Mettez-vous donc dans l'esprit que je ne demande qu'à vous obliger. Entendez-vous? Et que cela soit dit pour toujours.

LE MARQUIS.

Vous me ravissez d'espérance.

LA COMTESSE.

Allons par ordre. Si Hortense allait vous prendre au mot?

LE MARQUIS.

J'espère que non. En tout cas, je lui payerais la somme, pourvu qu'auparavant la personne qui a pris mon cœur ait la bonté de me dire qu'elle veut bien de moi.

LA COMTESSE.

Hélas! elle serait donc bien difficile? Mais, marquis, est-ce qu'elle ne sait pas que vous l'aimez?

LE MARQUIS.

Non, vraiment; je n'ai pas osé le lui dire.

LA COMTESSE.

Et le tout par timidité? Oh! en vérité, c'est la pousser trop loin; et, tout amie des bienséances que je suis, je ne vous approuve pas : ce n'est pas se rendre justice.

LE MARQUIS.

Elle est si sensée, que j'ai peur d'elle. Vous me conseillez donc de lui en parler?

LA COMTESSE.

Et cela devrait être fait. Peut-être vous attend-elle. Vous dites qu'elle est sensée : que craignez-vous? Il est louable de penser modestement sur soi; mais, avec de la modestie, on parle, on se propose. Parlez, marquis, parlez; tout ira bien.

LE MARQUIS.

Hélas! si vous saviez qui c'est, vous ne m'exhorteriez pas tant. Que vous êtes heureuse de n'aimer rien, et de mépriser l'amour!

LA COMTESSE.

Moi, mépriser ce qu'il y a au monde de plus naturel! cela ne serait pas raisonnable. Ce n'est pas l'amour, ce sont les amants, tels qu'ils sont la plupart, que je méprise, et non pas le sentiment qui fait qu'on aime, qui n'a rien en soi que de fort honnête et de fort involontaire : c'est le plus doux sentiment de la vie; comment le haïrais-je? Non, certes; et il y a tel homme à qui je pardonnerais de m'aimer, s'il me l'avouait avec cette simplicité de caractère, tenez, que je louais tout à l'heure en vous.

LE MARQUIS.

En effet, quand on le dit naïvement comme on le sent...

LA COMTESSE.

Il n'y a point de mal alors. On a toujours bonne grâce; voilà ce que je pense. Je ne suis pas une âme sauvage.

LE MARQUIS.

Ce serait bien dommage. Vous avez la plus belle santé.

LA COMTESSE, à part.

Il est bien question de ma santé! (Haut.) C'est l'air de la campagne.

LE MARQUIS.

L'air de la ville vous fait de même : l'œil le plus vif, le teint le plus frais...

LA COMTESSE.

Je me porte assez bien. Mais savez-vous bien que vous me dites des douceurs sans y penser?

LE MARQUIS.

Pourquoi, sans y penser? Moi, j'y pense.

LA COMTESSE.

Gardez-les pour la personne que vous aimez.

LE MARQUIS.

Eh! si c'était vous, il n'y aurait que faire de les garder.

LA COMTESSE.

Comment! si c'était moi? Est-ce de moi qu'il s'agit? Est-ce une déclaration d'amour que vous me faites?

LE MARQUIS.

Oh! point du tout. Quand ce serait vous, il n'est pas nécessaire de se fâcher. Ne dirait-on pas que tout est perdu? Calmez-vous. Prenez que je n'ai rien dit.

LA COMTESSE.

La belle chute! vous êtes bien singulier.

LE MARQUIS.

Et vous, de bien mauvaise humeur. Ah! tout à l'heure, à votre avis, on avait si bonne grâce à dire naïvement qu'on aime. Voyez comme cela réussit. Me voilà bien avancé!

LA COMTESSE.

Ne le voilà-t-il pas bien reculé? A qui en avez-vous? Je vous demande à qui vous parlez.

LE MARQUIS.

A personne, madame, à personne. Je ne dirai plus mot. Êtes-vous contente? Si vous vous mettez en colère contre tous ceux qui me ressemblent, vous en querellerez bien d'autres.

LA COMTESSE, à part.

Quel original! (Haut.) Eh! qui est-ce qui vous querelle?

LE MARQUIS.

Ah! la manière dont vous me refusez n'est pas douce.

LA COMTESSE.

Allez, vous rêvez.

LE MARQUIS.

Courage! Avec la qualité d'original, dont vous venez de m'honorer tout bas, il ne manquait plus que celle de rêveur. Au surplus, je ne m'en plains pas. Je ne vous conviens point, qu'y faire? Il n'y a plus qu'à me taire, et je me tairai. Adieu, comtesse; n'en soyons pas moins bons amis; et du moins ayez la bonté de m'aider à me tirer d'affaire avec Hortense. (Il s'en va.)

LA COMTESSE.

Quel homme! Celui-ci ne m'ennuiera pas du récit de mes rigueurs. J'aime les gens simples et unis; mais, en vérité, celui-là l'est trop.

SCÈNE X

HORTENSE, LA COMTESSE, LE MARQUIS.

HORTENSE, arrêtant le marquis, prêt à sortir.

Monsieur le marquis, je vous prie, ne vous en allez pas; nous avons à nous parler, et madame peut être présente.

LE MARQUIS.

Comme vous voudrez, madame.

HORTENSE.

Vous savez ce dont il s'agit?

LE MARQUIS.

Non, je ne sais pas ce que c'est; je ne m'en souviens plus.

HORTENSE.

Vous me surprenez. Je me flattais que vous seriez le premier à rompre le silence. Il est humiliant pour moi d'être obligée de vous prévenir. Avez-vous oublié qu'il y a un testament qui nous regarde?

LE MARQUIS.

Oh! oui, je me souviens du testament.

HORTENSE.

Et qui dispose de ma main en votre faveur?

LE MARQUIS.

Oui, madame, oui, il faut que je vous épouse; cela est vrai.

HORTENSE.

Eh bien, monsieur, à quoi vous déterminez-vous? Il est temps de fixer mon état. Je ne vous cache point que vous avez un rival; c'est le chevalier, qui est parent de madame; que je ne vous préfère pas, mais que je préfère à tout autre, et que j'estime assez pour en faire mon époux, si vous ne devenez pas le mien; c'est ce que je lui ai dit jusqu'ici. Et, comme il m'assure avoir des raisons pressantes de savoir aujourd'hui même à quoi s'en tenir, je n'ai pu lui refuser de vous parler. Monsieur, le congédierai-je, ou non? Que voulez-vous que je lui dise? Ma main est à vous, si vous la demandez.

LE MARQUIS.

Vous me faites bien de la grâce; je la prends, madame.

HORTENSE.

Voilà donc qui est arrêté. Nous ne sommes qu'à une lieue de Paris; il est de bonne heure; envoyons chercher un notaire. Voici Lisette; je vais lui dire de nous faire venir Lépine.

SCÈNE XI

LA COMTESSE, HORTENSE, LE MARQUIS, LE CHEVALIER, LISETTE.

HORTENSE, allant au devant du chevalier.

Il accepte ma main, mais de mauvaise grâce; ce n'est qu'une ruse, ne vous effrayez pas, et ne dites mot. (Haut.) Lisette, on doit passer ce soir un contrat de mariage entre M. le marquis et moi : il veut tout à l'heure faire partir

Lépine pour amener son notaire de Paris; ayez la bonté de lui dire qu'il vienne recevoir ses ordres.

LISETTE.

J'y cours, madame.

LA COMTESSE.

Où allez-vous? En fait de mariage, je ne veux ni m'en mêler, ni que mes gens s'en mêlent.

LISETTE.

Moi, ce n'est que pour rendre service. Tenez, je n'ai que faire de sortir, je le vois sur la terrasse. (Elle l'appelle.) Monsieur de Lépine!

LA COMTESSE, à part.

Cette sotte!

SCENE XII

LÉPINE, LISETTE, LE MARQUIS, LA COMTESSE, LE CHEVALIER, HORTENSE.

LÉPINE.

Qui est-ce qui m'appelle?

LISETTE.

Vite, vite, à cheval! Il s'agit d'un contrat de mariage entre madame et votre maître, et il faut aller à Paris chercher le notaire de M. le marquis.

LÉPINE, au marquis.

Nous avons une partie de chasse pour tantôt; je me suis arrangé pour courir le lièvre, et non pas le notaire.

LE MARQUIS.

C'est pourtant le dernier qu'on veut.

LÉPINE.

Ce n'est pas la peine que je voyage pour avoir le vôtre; je le compte pour mort. Ne savez-vous pas? La fièvre le travaillait quand nous partîmes, avec le médecin par-dessus.

LISETTE, d'un air indifférent.

Il n'y a qu'à prendre celui de madame.

LA COMTESSE.

Il n'y a qu'à vous taire; car, si celui de monsieur est mort, le mien l'est aussi. Il y a quelque temps qu'il me dit qu'il était le sien.

HORTENSE.

Dites-lui qu'il parte, marquis.

LE MARQUIS, à Hortense.

Comment voulez-vous que je m'y prenne avec cette opiniâtre? Quand je me fâcherais, il n'en serait ni plus ni moins. Il faut donc le chasser. (A Lépine.) Retire-toi.

HORTENSE.

On se passera de lui. Allez toujours écrire. (Elle feint de se retirer avec le chevalier.)

SCÈNE XIII

HORTENSE, LE MARQUIS, LE CHEVALIER, LA COMTESSE.

LE MARQUIS.

Si je lui offrais cent mille francs? Mais ils ne sont pas prêts; je ne les ai point.

LA COMTESSE.

Je vous les prêterai, moi; je les ai à Paris. Rappelez-les; votre situation me fait de la peine.

LE MARQUIS.

Madame, voulez-vous bien revenir? C'est que j'ai une proposition à vous faire, et qui est tout à fait raisonnable.

HORTENSE.

Une proposition, monsieur le marquis! Vous m'avez donc trompée? Votre amour n'est pas aussi vrai que vous me l'avez dit?

LE MARQUIS.

Que diantre voulez-vous? On prétend aussi que vous ne m'aimez point; cela me chicane. Ainsi, tenez, accommodons-nous plutôt; partageons le différend en deux : il y a deux cent mille francs sur le testament; prenez-en la moitié, quoique vous ne m'aimiez pas.

LE CHEVALIER, à Hortense, à part.

Je ne crains plus rien.

HORTENSE.

Vous n'y pensez pas, monsieur! Cent mille francs ne peuvent entrer en comparaison avec l'avantage de vous épouser; et vous ne vous évaluez pas ce que vous valez.

LE MARQUIS.

Ma foi, je ne les vaux pas quand je suis de mauvaise humeur; et je vous annonce que j'y serai toujours.

HORTENSE.

Ma douceur naturelle me rassure.

LE LEGS.

LE MARQUIS.

Vous ne voulez donc pas? Allons notre chemin, vous serez mariée.

HORTENSE.

Oui, finissons, monsieur; je vous épouserai : il n'y a que cela à dire. (Elle sort.)

SCÈNE XIV

LE MARQUIS, LE CHEVALIER, LA COMTESSE.

LA COMTESSE, arrêtant le chevalier.

Restez, chevalier; parlons un peu de ceci. Y eut-il jamais rien de pareil? Qu'en pensez-vous, vous qui aimez Hortense, vous qu'elle aime? ce mariage ne vous fait-il pas trembler? Moi qui ne suis pas son amant, il m'effraye.

LE CHEVALIER, avec un effroi hypocrite.

C'est une chose affreuse : il n'y a point d'exemple de cela.

LE MARQUIS.

Je ne m'en soucie guère : elle sera ma femme; mais, en revanche, je serai son mari; c'est ce qui me console, et ce sont plus ses affaires que les miennes. Aujourd'hui le contrat, demain la noce, et ce soir confinée dans son appartement; pas plus de façon. Je suis piqué, je ne donnerais pas cela de plus.

LA COMTESSE.

Pour moi, je serais d'avis qu'on les empêchât absolument de s'engager. Hortense peut-elle se sacrifier à un aussi vil intérêt? Vous qui êtes né généreux, chevalier, et qui avez du pouvoir sur elle, retenez-la; faites-lui, par pitié, entendre raison, si ce n'est par amour. Je suis sûre qu'elle ne marchande si vilainement qu'à cause de vous.

LE CHEVALIER, à part.

Il n'y a plus de risque à tenir bon. (Haut.) Que voulez-vous que j'y fasse, comtesse? Je n'y vois point de remède.

LA COMTESSE.

Comment! que dites-vous? Il faut que j'aie mal entendu, car je vous estime.

LE CHEVALIER.

Je dis que je ne puis rien là dedans, et que c'est précisément ma tendresse qui me défend de la résoudre à ce que vous souhaitez.

LA COMTESSE.

Et par quel trait d'esprit me prouverez-vous la justesse de ce petit raisonnement-là ?

LE CHEVALIER.

Je veux qu'elle soit heureuse. Si je l'épouse, elle ne le serait pas assez avec la fortune que j'ai ; la douceur de notre union s'altérerait ; je la verrais se repentir de m'avoir épousé, de n'avoir pas épousé monsieur ; et c'est à quoi je ne m'exposerai point.

LA COMTESSE.

On ne peut vous répondre qu'en haussant les épaules. Est-ce vous qui me parlez, chevalier ?

LE CHEVALIER.

Oui, madame.

LA COMTESSE.

Vous avez donc l'âme mercenaire aussi, mon petit cousin? Je ne m'étonne plus de l'inclination que vous avez l'un pour l'autre. Oui, vous êtes digne d'elle ; vos cœurs sont parfaitement bien assortis. Ah ! l'horrible façon d'aimer !

LE CHEVALIER.

Madame, la vraie tendresse ne raisonne pas autrement que la mienne.

LA COMTESSE.

Ah ! monsieur, ne prononcez pas seulement le mot de tendresse ; vous le profanez.

LE CHEVALIER.

Mais...

LA COMTESSE.

Vous me scandalisez, vous dis-je. Vous êtes mon parent malheureusement, mais je ne m'en vanterai point. Ah ! ciel ! moi qui vous estimais ! Quelle avarice sordide ! quel cœur sans sentiment ! Et de pareilles gens disent qu'ils aiment! Ah ! le vilain amour ! Vous pouvez vous retirer, je n'ai plus rien à vous dire.

LE MARQUIS, brusquement.

Ni moi plus rien à entendre. Monsieur, vous avez encore trois heures à entretenir Hortense ; après quoi, j'espère qu'on ne vous verra plus.

LE CHEVALIER.

Monsieur, le contrat signé, je pars. Pour vous, comtesse, quand vous y penserez bien sérieusement, vous excuserez votre parent, et vous lui rendrez plus de justice.

LA COMTESSE.

Ah! non : voilà qui est fini ; je ne saurais le mépriser davantage.

SCÈNE XV

LE MARQUIS, LA COMTESSE.

LE MARQUIS.

Eh bien, suis-je assez à plaindre ?

LA COMTESSE.

Ah! monsieur, délivrez-vous d'elle, et donnez-lui les deux cent mille francs.

LE MARQUIS.

Deux cent mille francs plutôt que de l'épouser ? Non, parbleu ! je n'irai pas m'incommoder jusque-là : je ne pourrais pas les trouver sans me déranger.

LA COMTESSE.

Ne vous ai-je pas dit que j'ai justement la moitié de cette somme-là toute prête ? A l'égard du reste, on tâchera de vous le faire.

LE MARQUIS.

Eh! quand on emprunte, ne faut-il pas rendre ? Si vous aviez voulu de moi, à la bonne heure ; mais, dès qu'il n'y a rien à faire, je retiens la demoiselle ; elle serait trop chère à renvoyer.

LA COMTESSE.

Trop chère ! Prenez donc garde, vous parlez comme eux. Seriez-vous capable de sentiments si mesquins ? Il vaudrait mieux qu'il vous en coûtât tout votre bien, que de la retenir, puisque vous ne l'aimez pas.

LE MARQUIS.

Eh! en aimerai-je une autre davantage ? A l'exception de vous, toute femme m'est égale ; brune, blonde, petite ou grande, tout cela revient au même, puisque je ne vous ai pas, que je ne puis vous avoir, et qu'il n'y a que vous que j'aimais.

LA COMTESSE.

Voyez donc comment vous ferez : car enfin est-ce une nécessité que je vous épouse, à cause de la situation désagréable où vous êtes ? En vérité, cela me paraît bien fort, marquis.

9.

LE MARQUIS.

Oh ! je ne dis pas que ce soit nécessité ; vous me faites plus ridicule que je ne le suis. Je sais bien que vous n'êtes obligée à rien. Ce n'est pas votre faute si je vous aime, et je ne prétends pas que vous m'aimiez ; je ne vous en parle point non plus.

LA COMTESSE, impatiente, et d'un ton sérieux.

Vous faites fort bien, monsieur ; votre discrétion est tout à fait raisonnable.

LE MARQUIS.

Tout le mal qu'il y a, c'est que j'épouserai cette fille-ci avec un peu plus de peine que je n'en aurais eu sans vous. Voilà toute l'obligation que je vous ai. Adieu, comtesse.

LA COMTESSE.

Adieu, marquis. Eh bien, vous vous en allez donc gaillardement comme cela, sans imaginer d'autre expédient que ce contrat extravagant ?

LE MARQUIS.

Eh ! quel expédient ? Je n'en sais qu'un, qui n'a pas réussi, et je n'en sais plus. Je suis votre très-humble serviteur.

LA COMTESSE.

Bonsoir, monsieur. Ne perdez point de temps en révérences, la chose presse.

SCÈNE XVI

LA COMTESSE, seule.

Qu'on me dise en vertu de quoi cet homme-là s'est mis dans la tête que je ne l'aime point ? Je suis quelquefois, par impatience, tentée de lui dire que je l'aime, pour lui montrer qu'il n'est qu'un idiot. Il faut que je me satisfasse.

SCÈNE XVII

LÉPINE, LA COMTESSE.

LÉPINE.

Puis-je prendre la licence de m'approcher de madame la comtesse ?

LA COMTESSE.

Qu'as-tu à me dire ?

LÉPINE.
De nous rendre réconciliés, monsieur le marquis et moi.

LA COMTESSE.
Il est vrai qu'avec l'esprit tourné comme il l'a, il est-homme à te punir de l'avoir bien servi.

LÉPINE.
J'ai le contentement que vous avez approuvé mon refus de partir. Il vous a semblé que j'étais un serviteur excellent.

LA COMTESSE.
Oui, excellent.

LÉPINE.
C'est cependant mon excellence qui fait aujourd'hui que je chancelle dans mon poste.

LA COMTESSE, brusquement.
Cela se peut bien.

LÉPINE.
Madame, enseignez à M. le marquis le mérite de mon procédé. Ce notaire me consternait. Dans l'excès de mon zèle, je l'ai fait malade, je l'ai fait mort; je l'aurais enterré, sandis! le tout par affection; et néanmoins on me gronde. (S'approchant de la comtesse d'un air mystérieux.) Je sais au demeurant que M. le marquis vous aime.

LA COMTESSE, brusquement.
Cela se peut bien.

LÉPINE.
Eh! oui, madame! vous êtes le tourment de son cœur. Lisette le sait : nous l'avions même priée de vous en toucher deux mots pour exciter votre compassion ; mais elle a craint la diminution de ses petits profits.

LA COMTESSE.
Je n'entends pas ce que cela veut dire.

LÉPINE.
Le voici au net. Elle prétend que votre état de veuve lui rapporte davantage que ne ferait votre état de femme en puissance d'époux; que vous lui êtes plus profitable, autrement dit, plus lucrative.

LA COMTESSE.
Plus lucrative! C'était donc là le motif de ses refus? Lisette est une jolie petite personne. L'impertinente! La voici. Va, laisse-nous : je te raccommoderai avec ton maître; dis-lui que je le prie de me venir parler.

SCÈNE XVIII

LISETTE, LA COMTESSE, LÉPINE.

LÉPINE, à Lisette.

Mademoiselle, vous allez trouver le temps orageux; mais ce n'est qu'une gentillesse de ma façon pour obtenir votre cœur. (Il s'en va.)

SCÈNE XIX

LISETTE, LA COMTESSE.

LA COMTESSE.

Ah! c'est donc vous?

LISETTE.

Oui, madame. La poste n'était point partie. Eh bien, que vous a dit le marquis?

LA COMTESSE.

Vous méritez bien que je l'épouse.

LISETTE.

Je ne sais pas en quoi je le mérite; mais ce qui est certain, c'est que, toute réflexion faite, je venais pour vous le conseiller. (A part.) Il faut céder au torrent.

LA COMTESSE.

Vous me surprenez. Et vos profits, que deviendront-ils?

LISETTE.

Qu'est-ce que c'est que mes profits?

LA COMTESSE.

Oui : vous ne gagneriez plus tant avec moi si j'avais un mari, avez-vous dit à Lépine. Penserait-on que je serai peut-être obligée de me remarier, pour échapper à la fourberie et aux services intéressés de mes domestiques?

LISETTE.

Ah! le coquin! il m'a donc tenu parole. Vous ne savez pas qu'il m'aime, madame; que, par là, il a intérêt que vous épousiez son maître; et, comme j'ai refusé de vous parler en faveur du marquis, Lépine a cru que je le desservais auprès de vous; il m'a dit que je m'en repentirais : et voilà comme il s'y prend. Mais, en bonne foi, me reconnaissez-vous au discours qu'il me fait tenir? Y a-t-il même du bon sens? M'en aimeriez-vous moins quand vous seriez mariée? En seriez-vous moins bonne, moins généreuse?

LE LEGS.

LA COMTESSE.

Je ne pense pas.

LISETTE.

Surtout avec le marquis, qui, de son côté, est le meilleur homme du monde. Ainsi, qu'est-ce que j'y perdrais? Au contraire, si j'aime tant mes profits, avec vos bienfaits je pourrai encore espérer les siens.

LA COMTESSE.

Sans difficulté.

LISETTE.

Et enfin, je pense si différemment, que je venais actuellement, comme je vous l'ai dit, tâcher de vous porter au mariage en question, parce que je le juge nécessaire.

LA COMTESSE.

Voilà qui est bien, je vous crois. Je ne savais pas que Lépine vous aimait; et cela change tout, c'est un article qui te justifie. N'en parlons plus. Qu'est-ce que tu voulais me dire?

LISETTE.

Que je songeais que le marquis est un homme estimable.

LA COMTESSE.

Sans contredit; je n'ai jamais pensé autrement.

LISETTE.

Un homme en qui vous aurez l'agrément d'avoir un ami sûr, sans avoir un maître.

LA COMTESSE.

Cela est encore vrai; ce n'est pas là ce que je dispute.

LISETTE.

Vos affaires vous fatiguent.

LA COMTESSE.

Plus que je ne puis dire : je les entends mal, et je suis une paresseuse.

LISETTE.

Vous en avez des instants de mauvaise humeur qui nuisent à votre santé.

LA COMTESSE.

Je n'ai connu mes migraines que depuis mon veuvage.

LISETTE.

Procureurs, avocats, fermiers, le marquis vous délivrerait de tous ces gens-là. Savez-vous bien que c'est peut-être le seul homme qui vous convienne?

LA COMTESSE.

Il faut donc que j'y rêve.

LISETTE.

Vous ne vous sentez pas de l'éloignement pour lui?

LA COMTESSE.

Non, aucun. Je ne dis pas que je l'aime de ce qu'on appelle passion; mais je n'ai rien dans le cœur qui lui soit contraire.

LISETTE.

Eh! n'est-ce pas assez, vraiment? De la passion! Si, pour vous marier, vous attendez qu'il vous en vienne, vous resterez toujours veuve; et, à proprement parler, ce n'est pas lui que je vous propose d'épouser, c'est son caractère.

LA COMTESSE.

Qui est admirable, j'en conviens. On peut dire assurément que tu parles bien pour lui. Tu me disposes on ne peut pas mieux; mais il n'aura pas l'esprit d'en profiter, mon enfant.

LISETTE.

D'où vient donc? Ne vous a-t-il pas parlé de son amour?

LA COMTESSE.

Oui, il m'a dit qu'il m'aimait, et mon premier mouvement a été d'en paraître étonnée : c'était bien le moins. Sais-tu ce qui est arrivé? Qu'il a pris mon étonnement pour de la colère. Il a commencé par établir que je ne pouvais pas le souffrir : en un mot, je le déteste, je suis furieuse contre son amour : voilà d'où il part; moyennant quoi, je ne saurais le désabuser sans lui dire : « Monsieur, vous ne savez ce que vous dites; » et ce serait me jeter à sa tête : aussi n'en ferai-je rien.

LISETTE.

Oh! c'est une autre affaire; vous avez raison : ce n'est pas ce que je vous conseille non plus, et il n'y a qu'à le laisser là.

LA COMTESSE.

Bon! tu veux que je l'épouse, tu veux que je le laisse là; tu te promènes d'une extrémité à l'autre. Eh! peut-être n'a-t-il pas tant de torts, et que c'est ma faute. Je lui réponds quelquefois avec aigreur.

LISETTE.

J'y pensais; c'est ce que j'allais vous dire. Voulez-vous que j'en parle à Lépine, et que je lui insinue de l'encourager?

LA COMTESSE.

Non : je te le défends, Lisette, à moins que je n'y sois pour rien.

LISETTE.

Apparemment : ce n'est pas vous qui vous en avisez, c'est moi.

LA COMTESSE.

En ce cas, je n'y prends point de part. Si je l'épouse, c'est à toi à qui il en aura l'obligation ; et je prétends qu'il le sache, afin qu'il t'en récompense.

LISETTE.

Voyez comme votre mariage diminuera mes profits. Je vous quitte pour chercher Lépine : mais ce n'est pas la peine ; voilà le marquis, et je vous laisse.

SCÈNE XX

LE MARQUIS, LA COMTESSE.

LE MARQUIS.

Voici cette lettre que je viens de faire pour le notaire ; mais je ne sais pas si elle partira : je ne suis pas d'accord avec moi-même. On dit que vous souhaitez me parler, comtesse.

LA COMTESSE.

Oui ; c'est en faveur de Lépine. Il n'a voulu que vous rendre service : il craint que vous ne le congédiiez, et vous m'obligerez de le garder ; c'est une grâce que vous ne me refuserez pas, puisque vous dites que vous m'aimez.

LE MARQUIS.

Vraiment oui, je vous aime, et ne vous aimerai encore que trop longtemps.

LA COMTESSE.

Je ne vous en empêche pas.

LE MARQUIS.

Parbleu ! je vous en défierais, puisque je ne saurais m'en empêcher moi-même.

LA COMTESSE, riant.

Ah ! ah ! ah ! Ce ton brusque me fait rire.

LE MARQUIS.

Oh ! oui, la chose est fort plaisante !

LA COMTESSE.

Plus que vous ne pensez.

LE MARQUIS.

Ma foi, je pense que je voudrais ne vous avoir jamais vue.

LA COMTESSE.

Votre inclination s'explique avec des grâce infinies.

LE MARQUIS.

Bon ! des grâces ! A quoi me serviraient-elles ? N'a-t-il pas plu à votre cœur de me trouver haïssable ?

LA COMTESSE.

Que vous êtes impatientant avec votre haine! Eh! quelles preuves avez-vous de la mienne? Vous n'en avez que de ma patience à écouter la bizarrerie des discours que vous me tenez toujours. Vous ai-je jamais dit un mot de ce que vous m'avez fait dire, ni que vous me fâchiez, ni que je vous hais, ni que je vous raille? Toutes visions que vous prenez, je ne sais comment, dans votre tête, et que vous vous figurez venir de moi; visions que vous grossissez, que vous multipliez à chaque fois que vous me répondez, ou que vous croyez me répondre; car vous êtes d'une maladresse! Ce n'est non plus à moi que vous répondez, qu'à celui qui ne vous parla jamais; et cependant, monsieur se plaint.

LE MARQUIS.

C'est que monsieur est un extravagant.

LA COMTESSE.

C'est du moins le plus insupportable homme que je connaisse. Oui, vous pouvez être persuadé qu'il n'y a rien de si original que vos conversations avec moi, de si incroyable!

LE MARQUIS.

Comme votre aversion m'accommode!

LA COMTESSE.

Vous allez voir. Tenez, vous dites que vous m'aimez, n'est-ce pas? et je vous crois. Mais, voyons, que souhaiteriez-vous que je vous répondisse?

LE MARQUIS.

Ce que je souhaiterais? Voilà qui est bien difficile à deviner! Parbleu! vous le savez de reste.

LA COMTESSE.

Eh bien, ne l'ai-je pas dit? Est-ce là me répondre? Allez, monsieur, je ne vous aimerai jamais, non, jamais.

LE MARQUIS.

Tant pis, madame, tant pis! Je vous prie de trouver bon que j'en sois fâché.

LA COMTESSE.

Apprenez donc, lorsqu'on dit aux gens qu'on les aime, qu'il faut du moins leur demander ce qu'ils en pensent.

LE MARQUIS.

Quelle chicane vous me faites!

LA COMTESSE.

Je n'y saurais tenir. Adieu!

LE MARQUIS.

Eh bien, madame, je vous aime. Qu'en pensez-vous? et, encore une fois, qu'en pensez-vous?

LA COMTESSE.

Ah! ce que j'en pense? Que je le veux bien, monsieur; et, encore une fois, que je le veux bien; car, si je ne m'y prenais pas de cette façon, nous ne finirions jamais.

LE MARQUIS.

Ah! vous le voulez bien! Ah! je respire! Comtesse, donnez-moi votre main, que je la baise.

SCÈNE XXI

LA COMTESSE, LE MARQUIS, HORTENSE, LE CHEVALIER, LISETTE, LÉPINE.

HORTENSE.

Votre billet est-il prêt, marquis? Mais vous baisez la main de la comtesse, ce me semble?

LE MARQUIS.

Oui; c'est pour la remercier du peu de regret que j'ai aux deux cent mille francs que je vous donne.

HORTENSE.

Et moi, sans compliment, je vous remercie de vouloir bien les perdre.

LE CHEVALIER.

Nous voilà donc contents. Que je vous embrasse, marquis! (A la comtesse.) Comtesse, voilà le dénoûment que nous attendions.

LA COMTESSE, en s'en allant.

Eh bien, vous n'attendrez plus.

FIN DU LEGS.

LES
FAUSSES CONFIDENCES

COMÉDIE

EN TROIS ACTES

Représentée pour la première fois, à Paris, en 1737

PERSONNAGES

ARAMINTE, fille de madame Argante.
DORANTE, neveu de M. Remi.
M. REMI, procureur.
MADAME ARGANTE.
LUBIN, valet d'Araminte.
DUBOIS, ancien valet de Dorante.
MARTHON, suivante d'Araminte.
LE COMTE.
UN DOMESTIQUE, parlant.
UN GARÇON joaillier.

La scène est chez madame Argante.

LES FAUSSES CONFIDENCES

ACTE PREMIER

SCÈNE PREMIÈRE

DORANTE, LUBIN.

LUBIN, introduisant Dorante.

Ayez la bonté, monsieur, de vous asseoir un moment dans cette salle. Mademoiselle Marthon est chez madame, et ne tardera pas à descendre.

DORANTE.

Je vous suis obligé !

LUBIN.

Si vous voulez, je vous tiendrai compagnie, de peur que l'ennui ne vous prenne : nous discourrons en attendant.

DORANTE.

Je vous remercie, ce n'est pas la peine ; ne vous détournez point.

LUBIN.

Voyez, monsieur, n'en faites pas de façon : nous avons ordre de madame d'être honnête, et vous êtes témoin que je le suis.

DORANTE.

Non, vous dis-je ; je serai bien aise d'être un moment seul.

LUBIN.

Excusez, monsieur, et restez à votre fantaisie.

SCÈNE II

DORANTE, DUBOIS, entrant avec un air de mystère.

DORANTE.

Ah! te voilà?

DUBOIS.

Oui, je vous guettais.

DORANTE.

J'ai cru que je ne pourrais me débarrasser d'un domestique qui m'a introduit ici, et qui voulait absolument me désennuyer en restant. Dis-moi, M. Remi n'est donc pas encore venu?

DUBOIS.

Non; mais voici l'heure à peu près qu'il vous a dit qu'il arriverait. (Il recherche, et regarde.) N'y a-t-il là personne qui nous voie ensemble? Il est essentiel que les domestiques ici ne sachent pas que je vous connaisse.

DORANTE.

Je ne vois personne.

DUBOIS.

Vous n'avez rien dit de notre projet à M. Remi, votre parent?

DORANTE.

Pas le moindre mot. Il me présente de la meilleure foi du monde, en qualité d'intendant, à cette dame-ci, dont je lui ai parlé, et dont il se trouve le procureur; il ne sait point du tout que c'est toi qui m'as adressé à lui. Il la prévint hier; il m'a dit que je me rendisse ce matin ici; qu'il me présenterait à elle; qu'il y serait avant moi, ou que, s'il n'y était pas encore, je demandasse une mademoiselle Marthon. Voilà tout, et je n'aurais garde de lui confier notre projet, non plus qu'à personne : il me paraît extravagant, à moi qui m'y prête. Je n'en suis pourtant pas moins sensible à ta bonne volonté. Dubois, tu m'as servi, je n'ai pu te garder, je n'ai pu même te récompenser de ton zèle; malgré cela, il t'est venu dans l'esprit de faire ma fortune: en vérité, il n'est point de reconnaissance que je ne te doive.

DUBOIS.

Laissons cela, monsieur. Tenez, en un mot, je suis content de vous: vous m'avez toujours plu; vous êtes un excellent homme, un homme que j'aime; et, si j'avais bien de l'argent, il serait encore à votre service.

DORANTE.

Quand pourrai-je reconnaître tes sentiments pour moi? Ma fortune serait la tienne; mais je n'attends rien de notre entreprise, que la honte d'être renvoyé demain.

DUBOIS.

Eh bien, vous vous en retournerez.

DORANTE.

Cette femme-ci a un rang dans le monde; elle est liée avec tout ce qu'il y a de mieux; veuve d'un mari qui avait une grande charge dans les finances: et tu crois qu'elle fera quelque attention à moi, que je l'épouserai, moi qui ne suis rien, moi qui n'ai point de bien?

DUBOIS.

Point de bien! votre bonne mine est un Pérou. Tournez-vous un peu, que je vous considère encore. Allons, monsieur, vous vous moquez; il n'y a point de plus grand seigneur que vous à Paris. Voilà une taille qui vaut toutes les dignités possibles, et notre affaire est infaillible, absolument infaillible: il me semble que je vous vois déjà en déshabillé dans l'appartement de madame.

DORANTE.

Quelle chimère!

DUBOIS.

Oui, je le soutiens. Vous êtes actuellement dans votre salle, et vos équipages sont sous la remise.

DORANTE.

Elle a plus de cinquante mille livres de rente, Dubois.

DUBOIS.

Ah! vous en avez bien soixante pour le moins.

DORANTE.

Et tu me dis qu'elle est extrêmement raisonnable.

DUBOIS.

Tant mieux pour vous, et tant pis pour elle! Si vous lui plaisez, elle en sera si honteuse, elle se débattra tant, elle deviendra si faible, qu'elle ne pourra se soutenir qu'en vous épousant: vous m'en direz des nouvelles. Vous l'avez vue, et vous l'aimez?

DORANTE.

Je l'aime avec passion, et c'est ce qui fait que je tremble.

DUBOIS.

Oh! vous m'impatientez avec vos terreurs: eh! que diantre! un peu de confiance; vous réussirez, vous dis-je. Je m'en charge, je l'ai mis là. Nous sommes convenus de toutes nos actions, toutes nos mesures sont prises ; je connais l'humeur de ma maîtresse, je sais votre mérite, je sais mes talents, je vous conduis, et on vous aimera, toute raisonnable qu'on est ; on vous épousera, toute fière qu'on est, et on vous enrichira, tout ruiné que vous êtes ; entendez-vous? Fierté, raison et richesse, il faudra que tout se rende. Quand l'amour parle, il est le maître ; et il parlera. Adieu, je vous quitte ; j'entends quelqu'un, c'est peut-être M. Remi. Nous voilà embarqués, poursuivons. (Il fait quelques pas, et revient.) A propos, tâchez que Marthon prenne un peu de goût pour vous : l'amour et moi, nous ferons le reste.

SCÈNE III

M. REMI, DORANTE.

M. REMI.

Bonjour, mon neveu : je suis bien aise de vous voir exact. Mademoiselle Marthon va venir ; on est allé l'avertir. La connaissez-vous?

DORANTE.

Non, monsieur. Pourquoi me le demandez-vous?

M. REMI.

C'est qu'en venant ici j'ai rêvé à une chose... Elle est jolie au moins!

DORANTE.

Je le crois.

M. REMI.

Et de fort bonne famille : c'est moi qui ai succédé à son père ; il était fort ami du vôtre ; homme un peu dérangé, sa fille est restée sans bien. La dame d'ici a voulu l'avoir ; elle l'aime, la traite bien moins en suivante qu'en amie, lui fait beaucoup de bien, lui en fera encore, et a offert même de la marier. Marthon a d'ailleurs une vieille parente asthmatique dont elle hérite, et qui est à son aise. Vous allez être tous deux dans la même maison ; je suis d'avis que vous l'épousiez : qu'en dites-vous?

DORANTE, souriant, à part.

Eh!... mais je ne pensais pas à elle.

M. REMI.

Eh bien, je vous avertis d'y penser ; tâchez de lui plaire. Vous n'avez rien, mon neveu ; je dis rien qu'un peu d'espérance. Vous êtes mon héritier ; mais je me porte bien, et je ferai durer cela le plus longtemps que je pourrai, sans compter que je puis me marier. Je n'en ai point d'envie ;

mais cette envie-là vient tout d'un coup : il y a tant de minois qui vous la donnent! Avec une femme, on a des enfants, c'est la coutume; auquel cas, serviteur au collatéral. Ainsi, mon neveu, prenez toutes vos petites précautions, et vous mettez en état de vous passer de mon bien, que je vous destine aujourd'hui, et que je vous ôterai demain peut-être.

DORANTE.

Vous avez raison, monsieur; et c'est aussi à quoi je vais travailler.

M. REMI.

Je vous y exhorte. Voici mademoiselle Marthon : éloignez-vous de deux pas, pour me donner le temps de lui demander comment elle vous trouve. (Dorante s'écarte un peu.)

SCÈNE IV

M. REMI, MARTHON, DORANTE.

MARTHON.

Je suis fâchée, monsieur, de vous avoir fait attendre; mais j'avais affaire chez madame.

M. REMI.

Il n'y a pas grand mal, mademoiselle; j'arrive. Que pensez-vous de ce grand garçon-là ? (Montrant Dorante.)

MARTHON, riant.

Et par quelle raison, monsieur Remi, faut-il que je vous le dise ?

M. REMI.

C'est qu'il est mon neveu.

MARTHON.

Eh bien, ce neveu-là est bon à montrer; il ne dépare point la famille.

M. REMI.

Tout de bon? C'est lui dont j'ai parlé à madame pour intendant, et je suis charmé qu'il vous revienne : il vous a déjà vue plus d'une fois chez moi, quand vous y êtes venue; vous en souvenez-vous ?

MARTHON.

Non, je n'en ai point d'idée.

M. REMI.

On ne prend pas garde à tout. Savez-vous ce qu'il me dit la première fois qu'il vous vit ? « Quelle est cette jolie fille-là ? »

(Marthon sourit.) Approchez, mon neveu. Mademoiselle, votre père et le sien s'aimaient beaucoup : pourquoi les enfants ne s'aimeraient-ils pas? En voilà un qui ne demande pas mieux; c'est un cœur qui se présente bien.

DORANTE, embarrassé.

Il n'y a rien là de difficile à croire.

M. REMI.

Voyez comme il vous regarde! Vous ne feriez pas là une si mauvaise emplette.

MARTHON.

J'en suis persuadée : monsieur prévient en sa faveur, et il faudra voir.

M. REMI.

Bon! bon! il faudra voir. Je ne m'en irai point que cela ne soit vu.

MARTHON, riant.

Je craindrais d'aller trop vite.

DORANTE.

Vous importunez mademoiselle, monsieur.

MARTHON, riant.

Je n'ai pourtant pas l'air si indocile.

M. REMI, joyeux.

Ah! je suis content : vous voilà d'accord. Oh! çà, mes enfants (il leur prend la main à tous les deux,) je vous fiance, en attendant mieux. Je ne saurais rester; je reviendrai tantôt. Je vous laisse le soin de présenter votre futur à madame. Adieu, ma nièce. (Il sort.)

MARTHON, riant.

Adieu donc, mon oncle.

SCÈNE V

MARTHON, DORANTE.

MARTHON.

En vérité, tout ceci a l'air d'un songe. Comme M. Remi expédie! Votre amour me paraît bien prompt : sera-t-il aussi durable?

DORANTE.

Autant l'un que l'autre, mademoiselle.

MARTHON.

Il s'est trop hâté de partir. J'entends madame qui vient;

et, comme, grâce aux arrangements de M. Remi, vos intérêts sont presque les miens, ayez la bonté d'aller un moment sur la terrasse, afin que je la prévienne.

DORANTE.

Volontiers, mademoiselle.

MARTHON, en le voyant sortir.

J'admire ce penchant dont on se prend tout d'un coup l'un pour l'autre.

SCÈNE VI

ARAMINTE, MARTHON.

ARAMINTE.

Marthon, quel est donc cet homme qui vient de me saluer si gracieusement, et qui passe sur la terrasse? Est-ce vous à qui il en veut?

MARTHON.

Non, madame; c'est à vous-même.

ARAMINTE, d'un air assez vif.

Eh bien, qu'on le fasse venir : pourquoi s'en va-t-il?

MARTHON.

C'est qu'il a souhaité que je vous parlasse auparavant. C'est le neveu de M. Remi, celui qu'il vous a proposé pour homme d'affaires.

ARAMINTE.

Ah! c'est là lui? Il a vraiment très-bonne façon.

MARTHON.

Il est généralement estimé; je le sais.

ARAMINTE.

Je n'ai pas de peine à le croire : il a tout l'air de le mériter. Mais, Marthon, il a si bonne mine pour un intendant, que je me fais quelque scrupule de le prendre. N'en dira-t-on rien?

MARTHON.

Et que voulez-vous qu'on dise? Est-on obligé de n'avoir que des intendants mal faits?

ARAMINTE.

Tu as raison. Dis-lui qu'il revienne. Il n'était pas nécessaire de me préparer à le recevoir : dès que c'est M. Remi qui me le donne, c'en est assez; je le prends.

MARTHON, comme s'en allant.

Vous ne sauriez mieux choisir. (Et puis revenant.) Êtes-vous convenus du parti que vous lui faites? M. Remi m'a chargé de vous en parler.

ARAMINTE.

Cela est inutile. Il n'y aura point de dispute là-dessus. Dès que c'est un honnête homme, il aura lieu d'être content. Appelez-le.

MARTHON, hésitant de partir.

On lui laissera ce petit appartement qui donne sur le jardin, n'est-ce pas?

ARAMINTE.

Oui; comme il voudra : qu'il vienne. (Marthon va dans la coulisse.)

SCÈNE VII

DORANTE, ARAMINTE, MARTHON.

MARTHON.

Monsieur Dorante, madame vous attend.

ARAMINTE.

Venez, monsieur : je suis obligée à M. Remi d'avoir songé à moi. Puisqu'il me donne son neveu, je ne doute pas que ce ne soit un présent qu'il me fasse. Un de mes amis me parla avant-hier d'un intendant qu'il doit m'envoyer aujourd'hui; mais je m'en tiens à vous.

DORANTE.

J'espère, madame, que mon zèle justifiera la préférence dont vous m'honorez, et que je vous supplie de me conserver. Rien ne m'affligerait tant à présent que de la perdre.

MARTHON.

Madame n'a pas deux paroles.

ARAMINTE.

Non, monsieur; c'est une affaire terminée; je renverrai tout. Vous êtes au fait des affaires, apparemment; vous y avez travaillé?

DORANTE.

Oui, madame; mon père était avocat, et je pourrais l'être moi-même.

ARAMINTE.

C'est-à-dire que vous êtes un homme de très-bonne famille, et même au-dessus du parti que vous prenez?

DORANTE.

Je ne sens rien qui m'humilie dans le parti que je prends,

madame; l'honneur de servir une dame comme vous n'est au-dessous de qui que ce soit, et je n'envierai la condition de personne.

ARAMINTE.

Mes façons ne vous feront point changer de sentiment. Vous trouverez ici tous les égards que vous méritez ; et si, dans la suite, il y avait occasion de vous rendre service, je ne la manquerai point.

MARTHON.

Voilà madame; je la reconnais.

ARAMINTE.

Il est vrai, je suis toujours fâchée de voir d'honnêtes gens sans fortune, tandis qu'une infinité de gens de rien et sans mérite en ont une éclatante : c'est une chose qui me blesse, surtout dans les personnes de son âge; car vous n'avez que trente ans tout au plus?

DORANTE.

Pas tout à fait encore, madame.

ARAMINTE.

Ce qu'il y a de consolant pour vous, c'est que vous avez le temps de devenir heureux.

DORANTE.

Je commence à l'être aujourd'hui, madame.

ARAMINTE.

On vous montrera l'appartement que je vous destine; s'il ne vous convient pas, il y en a d'autres, et vous choisirez. Il faut aussi quelqu'un qui vous serve, et c'est à quoi je vais pourvoir. Qui lui donnerons-nous, Marthon ?

MARTHON.

Il n'y a qu'à prendre Lubin, madame. Je le vois à l'entrée de la salle, et je vais l'appeler. Lubin, parlez à madame.

SCÈNE VIII

ARAMINTE, DORANTE, MARTHON, LUBIN,
UN DOMESTIQUE.

LUBIN.

Me voilà, madame.

ARAMINTE.

Lubin, vous êtes à présent à monsieur; vous le servirez, je vous donne à lui.

LUBIN.

Comment! madame, vous me donnez à lui? Est-ce que je ne serai plus à moi? Ma personne ne m'appartiendra donc plus?

MARTHON.

Quel benêt!

ARAMINTE.

J'entends qu'au lieu de me servir, ce sera lui que tu serviras.

LUBIN, comme pleurant.

Je ne sais pas pourquoi madame me donne mon congé; je n'ai pas mérité ce traitement, je l'ai toujours servie à faire plaisir.

ARAMINTE.

Je ne te donne point ton congé; je te payerai pour être à monsieur.

LUBIN.

Je représente à madame que cela ne serait pas juste : je ne donnerai pas ma peine d'un côté, pendant que l'argent me viendra d'un autre. Il faut que vous ayez mon service, puisque j'aurai vos gages; autrement, je friponnerais madame.

ARAMINTE.

Je désespère de lui faire entendre raison.

MARTHON.

Tu es bien sot! Quand je t'envoie quelque part, ou que je te dis, fais telle ou telle chose, n'obéis-tu pas?

LUBIN.

Toujours.

MARTHON.

Eh bien, ce sera monsieur qui te le dira comme moi, et ce sera à la place de madame et par son ordre.

LUBIN.

Ah! c'est une autre affaire. C'est madame qui donnera ordre à monsieur de souffrir mon service, que je lui prêterai par le commandement de madame.

MARTHON.

Voilà ce que c'est.

LUBIN.

Vous voyez bien que cela méritait explication.

UN DOMESTIQUE.

Voici votre marchand qui vous apporte des étoffes, madame.

ARAMINTE.

Je vais les voir, et je reviendrai. Monsieur, j'ai à vous parler d'une affaire ; ne vous éloignez pas.

SCÈNE IX.

DORANTE, MARTHON, LUBIN.

LUBIN.

Oh! çà, monsieur, nous sommes donc l'un à l'autre, et vous avez le pas sur moi. Je serai le valet qui sert, et vous le valet qui serez servi par ordre.

MARTHON.

Ce faquin, avec ses comparaisons! Va-t'en.

LUBIN.

Un moment, avec votre permission. Monsieur, ne payerez-vous rien ? Vous a-t-on donné ordre d'être servi *gratis* ?

(Dorante rit.)

MARTHON.

Allons, laisse-nous : madame te payera ; n'est-ce pas assez ?

LUBIN.

Pardi! monsieur, je ne vous coûterai donc guère ? On ne saurait avoir un valet à meilleur marché.

DORANT

Lubin, tu as raison. Tiens, voilà d'avance ce que je te donne.

LUBIN.

Ah! voilà une action de maître. A votre aise pour le reste.

DORANTE.

Va boire à ma santé.

LUBIN, s'en allant.

Oh! s'il ne faut que boire afin qu'elle soit bonne, tant que je vivrai je vous la promets excellente. (A part.) Le gracieux camarade qui m'est venu là par hasard!

SCÈNE X.

DORANTE, MARTHON, MADAME ARGANTE, qui arrive un instant après.

MARTHON.

Vous avez lieu d'être satisfait de l'accueil de madame ;

elle paraît faire cas de vous, et tant mieux, nous n'y perdrons point. Mais voici madame Argante; je vous avertis que c'est sa mère, et je devine à peu près ce qui l'amène.

MADAME ARGANTE, femme brusque et vaine.

Eh bien, Marthon! ma fille a un nouvel intendant que son procureur lui a donné, m'a-t-elle dit. J'en suis fâchée; cela n'est point obligeant pour M. le comte, qui lui en avait retenu un. Du moins, devait-elle attendre, et les voir tous deux. D'où vient préférer celui-ci? Quelle espèce d'homme est-ce?

MARTHON.

C'est monsieur, madame.

MADAME ARGANTE.

Eh! c'est monsieur? Je ne m'en serais pas doutée; il est bien jeune.

MARTHON.

A trente ans, on est en âge d'être intendant de maison, madame.

MADAME ARGANTE.

C'est selon. Êtes-vous arrêté, monsieur?

DORANTE.

Oui, madame.

MADAME ARGANTE.

Et de chez qui sortez-vous?

DORANTE.

De chez moi, madame; je n'ai encore été chez personne.

MADAME ARGANTE.

De chez vous! Vous allez donc faire ici votre apprentissage?

MARTHON.

Point du tout. Monsieur entend les affaires: il est fils d'un père extrêmement habile.

MADAME ARGANTE, à Marthon, à part.

Je n'ai pas grande opinion de cet homme-là. Est-ce là la figure d'un intendant? Il n'en a non plus l'air...

MARTHON, à part aussi.

L'air n'y fait rien: je vous réponds de lui; c'est l'homme qu'il nous faut.

MADAME ARGANTE.

Pourvu que monsieur ne s'écarte pas des intentions que nous avons, il me sera indifférent que ce soit lui ou un autre.

DORANTE.
Peut-on savoir ces intentions, madame?

MADAME ARGANTE.
Connaissez-vous M. le comte Dorimont? C'est un homme d'un beau nom. Ma fille et lui allaient avoir un procès ensemble, au sujet d'une terre considérable ; il ne s'agissait pas moins que de savoir à qui elle resterait, et on a songé à les marier, pour empêcher qu'ils ne plaident. Ma fille est veuve d'un homme qui était fort considéré dans le monde, et qui l'a laissée fort riche : mais madame la comtesse Dorimont aurait un rang si élevé, irait de pair avec des personnes d'une si grande distinction, qu'il me tarde de voir ce mariage conclu ; et, je l'avoue, je serais charmée moi-même d'être la mère de madame la comtesse Dorimont, et plus que cela peut-être ; car M. le comte Dorimont est en passe d'aller à tout.

DORANTE.
Les paroles sont-elles données de part et d'autre?

MADAME ARGANTE.
Pas tout à fait encore, mais à peu près : ma fille n'en est pas éloignée. Elle souhaiterait seulement, dit-elle, d'être bien instruite de l'état de l'affaire, et savoir si elle n'a pas meilleur droit que M. le comte, afin que, si elle l'épouse, il lui en ait plus d'obligation ; mais j'ai quelquefois peur que ce ne soit une défaite. Ma fille n'a qu'un défaut : c'est que je ne lui trouve pas assez d'élévation ; le beau nom de Dorimont et le rang de comtesse ne la touchent pas assez ; elle ne sent pas le désagrément qu'y a de n'être qu'une bourgeoise. Elle s'endort dans cet état, malgré le bien qu'elle a.

DORANTE, doucement.
Peut-être n'en sera-t-elle pas plus heureuse, si elle en sort.

MADAME ARGANTE, vivement.
Il ne s'agit pas de ce que vous en pensez : gardez votre petite réflexion roturière, et servez-nous, si vous voulez être de nos amis.

MARTHON.
C'est un petit trait de morale qui ne gâte rien à notre affaire.

MADAME ARGANTE.
Morale subalterne, qui me déplaît.

DORANTE.
De quoi est-il question, madame?

MADAME ARGANTE.

De dire à ma fille, quand vous aurez vu ses papiers, que son droit est le moins bon; que, si elle plaidait, elle perdrait.

DORANTE.

Si effectivement son droit est le plus faible, je ne manquerai pas de l'en avertir, madame.

MADAME ARGANTE, à part, à Marthon.

Hum! quel esprit borné! (A Dorante.) Vous n'y êtes point! ce n'est pas là ce qu'on vous a dit: on vous charge de lui parler ainsi, indépendamment de son droit bien ou mal fondé.

DORANTE.

Mais, madame, il n'y aurait point de probité à la tromper.

MADAME ARGANTE.

De probité! J'en manque donc, moi? Quel raisonnement! C'est moi qui suis sa mère, et qui vous ordonne de la tromper à son avantage, entendez-vous? C'est moi, moi!

DORANTE.

Il y aura toujours de la mauvaise foi de ma part.

MADAME ARGANTE, à part, à Marthon.

C'est un ignorant que cela, qu'il faut renvoyer. Adieu, monsieur l'homme d'affaires, qui n'avez fait celles de personne. (Elle sort.)

SCÈNE XI

DORANTE, MARTHON.

DORANTE.

Cette mère-là ne ressemble guère à sa fille.

MARTHON.

Oui, il y a quelque différence, et je suis fâchée de n'avoir pas eu le temps de vous prévenir sur son humeur brusque. Elle est extrêmement entêtée de ce mariage, comme vous voyez. Au surplus, que vous importe ce que vous direz à la fille, dès que la mère sera votre garant? Vous n'aurez rien à vous reprocher, ce me semble; ce ne sera pas là une tromperie.

DORANTE.

Eh! vous m'excuserez: ce sera toujours l'engager à prendre un parti qu'elle ne prendrait peut-être pas sans cela. Puisque l'on veut que j'aide à l'y déterminer, elle y résiste donc?

MARTHON.

C'est par indolence.

DORANTE.

Croyez-moi, disons la vérité.

MARTHON.

Oh! çà, il y a une petite raison à laquelle vous devez vous rendre : c'est que M. le comte me fait présent de mille écus le jour de la signature du contrat ; et cet argent-là, suivant le projet de M. Remi, vous regarde aussi bien que moi, comme vous voyez.

DORANTE.

Tenez, mademoiselle Marthon, vous êtes la plus aimable fille du monde ; mais ce n'est que faute de réflexion que ces mille écus vous tentent.

MARTHON.

Au contraire, c'est par réflexion qu'ils me tentent : plus j'y rêve, plus je les trouve bons.

DORANTE.

Mais vous aimez votre maîtresse ; et, si elle n'était pas heureuse avec cet homme-là, ne vous reprocheriez-vous pas d'y avoir contribué pour une misérable somme ?

MARTHON.

Ma foi, vous avez beau dire : d'ailleurs, le comte est honnête homme, et je n'y entends point de finesse. Voilà madame qui revient ; elle a à vous parler, je me retire : méditez sur cette somme ; vous la goûterez aussi bien que moi.

DORANTE.

Je ne suis plus si fâché de la tromper.

SCENE XII

ARAMINTE, DORANTE.

ARAMINTE.

Vous avez donc vu ma mère ?

DORANTE.

Oui, madame, il n'y a qu'un moment.

ARAMINTE.

Elle me l'a dit, et voudrait bien que j'en eusse pris un autre que vous.

DORANTE.

Il me l'a paru.

ARAMINTE.

Oui ; mais ne vous embarrassez point, vous me convenez.

DORANTE.

Je n'ai point d'autre ambition.

ARAMINTE.

Parlons de ce que j'ai à vous dire; mais que ceci soit secret entre nous, je vous prie.

DORANTE.

Je me trahirais plutôt moi-même.

ARAMINTE.

Je n'hésite point non plus à vous donner ma confiance. Voici ce que c'est: on me veut marier avec M. le comte Dorimont, pour éviter un grand procès que nous aurions ensemble au sujet d'une terre que je possède.

DORANTE.

Je le sais, madame, et j'ai eu le malheur d'avoir déplu tout à l'heure là-dessus à madame Argante.

ARAMINTE.

Et d'où vient?

DORANTE.

C'est que, si dans votre procès vous avez le bon droit de votre côté, on souhaite que je vous dise le contraire, afin de vous engager plus vite à ce mariage; et j'ai prié qu'on m'en dispensât.

ARAMINTE.

Que ma mère est frivole! Votre fidélité ne me surprend point; j'y comptais. Faites toujours de même, et ne vous choquez point de ce que ma mère vous a dit; je la désapprouve. A-t-elle tenu quelque discours désagréable?

DORANTE.

Il n'importe, madame; mon zèle et mon attachement en augmentent, voilà tout.

ARAMINTE.

Et voilà aussi pourquoi je ne veux pas qu'on vous chagrine, et j'y mettrai bon ordre. Qu'est-ce que cela signifie? Je me fâcherai, si cela continue. Comment donc! vous ne seriez pas en repos, on aurait de mauvais procédés avec vous, parce que vous en avez d'estimables! Cela serait plaisant.

DORANTE.

Madame, par toute la reconnaissance que je vous dois, n'y prenez point garde: je suis confus de vos bontés, et je suis trop heureux d'avoir été querellé.

ARAMINTE.

Je loue vos sentiments. Revenons à ce procès dont il est question: si je n'épouse point M. le comte...

SCÈNE XIII

DORANTE, ARAMINTE, DUBOIS.

DUBOIS.

Madame la marquise se porte mieux, madame. (Il feint de voir Dorante avec surprise.) Et vous est fort obligée... fort obligée de votre attention.

(Dorante feint de détourner la tête, pour se cacher de Dubois.)

ARAMINTE.

Voilà qui est bien.

DUBOIS, regardant toujours Dorante.

Madame, on m'a chargé aussi de vous dire un mot qui presse.

ARAMINTE.

De quoi s'agit-il?

DUBOIS.

Il m'est recommandé de ne vous parler qu'en particulier.

ARAMINTE, à Dorante.

Je n'ai point achevé ce que je voulais vous dire; laissez-moi, je vous prie, un moment, et revenez.

SCÈNE XIV

ARAMINTE, DUBOIS.

ARAMINTE.

Qu'est-ce que c'est donc que cet air étonné que tu as marqué, ce me semble, en voyant Dorante? D'où vient cette attention à le regarder?

DUBOIS.

Ce n'est rien, sinon que je ne saurais plus avoir l'honneur de servir madame, et qu'il faut que je lui demande mon congé.

ARAMINTE, surprise.

Quoi! seulement pour avoir vu Dorante ici?

DUBOIS.

Savez-vous à qui vous avez affaire?

ARAMINTE.

Au neveu de M. Remi, mon procureur.

DUBOIS.

Eh! par quel tour d'adresse est-il connu de madame? Comment a-t-il fait pour arriver jusqu'ici?

ARAMINTE.

C'est M. Remi qui me l'a envoyé pour intendant.

DUBOIS.

Lui, votre intendant! et c'est M. Remi qui vous l'envoie! Hélas! le bon homme, il ne sait pas qui il vous donne; c'est un démon que ce garçon-là.

ARAMINTE.

Mais que signifient tes exclamations? Explique-toi; est-ce que tu le connais?

DUBOIS.

Si je le connais, madame! si je le connais! Ah! vraiment oui; et il me connaît bien aussi. N'avez-vous pas vu comme il se détournait, de peur que je ne le visse?

ARAMINTE.

Il est vrai, et tu me surprends à mon tour. Serait-il capable de quelque mauvaise action, que tu saches? Est-ce que ce n'est pas un honnête homme?

DUBOIS.

Lui! il n'y a pas de plus brave homme dans toute la terre; il a peut-être plus d'honneur à lui tout seul que cinquante honnêtes gens ensemble. Oh! c'est une probité merveilleuse; il n'a peut-être pas son pareil.

ARAMINTE.

Eh! de quoi peut-il donc être question? D'où vient que tu m'alarmes? En vérité, j'en suis tout émue.

DUBOIS.

Son défaut, c'est là. (Il se touche le front.) C'est à la tête que son mal le tient.

ARAMINTE.

A la tête?

DUBOIS.

Oui, il est timbré, mais timbré comme cent.

ARAMINTE.

Dorante! il m'a paru de très-bon sens. Quelle preuve as-tu de sa folie?

DUBOIS.

Quelle preuve! il y a six mois qu'il est tombé fou; il y a six mois qu'il extravague d'amour, qu'il en a la cervelle brûlée, qu'il en est comme un perdu: je dois bien le savoir, car j'étais à lui, je le servais, et c'est ce qui m'a obligé de le quitter, et c'est ce qui me force de m'en aller encore. Ôtez cela, c'est un homme incomparable.

ARAMINTE, un peu boudant.

Oh! bien, il sera ce qu'il voudra, mais je ne le garderai pas. On a bien affaire d'un esprit renversé, et peut-être encore, je gage, pour quelque objet qui n'en vaut pas la peine! car les hommes ont des fantaisies...

DUBOIS.

Ah! vous m'excuserez : pour ce qui est de l'objet, il n'y a rien à dire. Malepeste! sa folie est de bon goût.

ARAMINTE.

N'importe, je veux le congédier. Est-ce que tu la connais, cette personne?

DUBOIS.

J'ai l'honneur de la voir tous les jours : c'est vous, madame.

ARAMINTE.

Moi, dis-tu?

DUBOIS.

Il vous adore; il y a six mois qu'il n'en vit point, qu'il donnerait sa vie pour avoir le plaisir de vous contempler un instant. Vous avez dû voir qu'il a l'air enchanté quand il vous parle.

ARAMINTE.

Il y a bien, en effet, quelque petite chose qui m'a paru extraordinaire. Eh! juste ciel! le pauvre garçon! de quoi s'avise-t-il?

DUBOIS.

Vous ne croiriez pas jusqu'où va sa démence : elle le ruine, elle lui coupe la gorge. Il est bien fait, d'une figure passable, bien élevé et de bonne famille ; mais il n'est pas riche ; et vous saurez qu'il n'a tenu qu'à lui d'épouser des femmes qui l'étaient, et de fort aimables, ma foi! qui offraient de lui faire sa fortune, et qui auraient mérité qu'on la leur fît à elles-mêmes; il y en a une qui n'en saurait revenir, et qui le poursuit encore tous les jours. Je le sais, car je l'ai rencontrée.

ARAMINTE, avec négligence.

Actuellement?

DUBOIS.

Oui, madame, actuellement; une grande brune très-piquante, et qu'il fuit. Il n'y a pas moyen, monsieur refuse tout. « Je les tromperais, me disait-il ; je ne puis les aimer, mon cœur est parti! » ce qu'il disait quelquefois la larme à l'œil; car il sent bien son tort.

ARAMINTE.

Cela est fâcheux. Mais où m'a-t-il vue avant que de venir chez moi, Dubois ?

DUBOIS.

Hélas! madame, ce fut un jour que vous sortîtes de l'Opéra qu'il perdit la raison : c'était un vendredi, je m'en ressouviens; oui, un vendredi, il vous vit descendre l'escalier, à ce qu'il me raconta, et vous suivit jusqu'à votre carrosse ; il avait demandé votre nom, et je le trouvai qui était comme extasié; il ne remuait plus.

ARAMINTE.

Quelle aventure !

DUBOIS.

J'eus beau lui crier : « Monsieur! » point de nouvelles; il n'y avait plus personne au logis. A la fin, pourtant, il revint à lui avec un air égaré; je le jetai dans une voiture, et nous retournâmes à la maison. J'espérais que cela se passerait, car je l'aimais. C'est le meilleur maître! Point du tout, il n'y avait plus de ressource : ce bon sens, cet esprit jovial, cette humeur charmante, vous aviez tout expédié; et, dès le lendemain, nous ne fîmes plus tous deux, lui, que rêver à vous, que vous aimer; moi, qu'épier, depuis le matin jusqu'au soir, où vous alliez.

ARAMINTE.

Tu m'étonnes à un point...

DUBOIS.

Je me fis même ami d'un de vos gens qui n'y est plus ; un garçon fort exact, et qui m'introduisait, et à qui je payais bouteille. « C'est à la comédie qu'on va, » me disait-il; et je courais faire mon rapport, sur lequel, dès quatre heures, mon homme était à la porte. « C'est chez mademoiselle celle-ci, c'est chez madame celle-là; » et, sur cet avis, nous allions toute la soirée habiter la rue, ne vous déplaise, pour voir madame entrer et sortir, lui dans un fiacre, et moi derrière; tous deux morfondus et gelés, car c'était dans l'hiver ; lui, ne s'en souciant guère; moi, jurant par-ci par-là, pour me soulager.

ARAMINTE.

Est-il possible ?

DUBOIS.

Oui, madame. A la fin, ce train de vie m'ennuya; ma santé s'altérait, la sienne aussi. Je lui fis accroire que vous étiez à la campagne, il le crut, et j'eus quelque repos : mais n'alla-t-il pas, deux jours après, vous rencontrer aux Tuileries, où il avait été s'attrister de votre absence ! Au retour, il était furieux, il voulut me battre, tout bon qu'il est ; je ne le voulus point, et je le quittai. Mon bonheur ensuite m'a mis chez madame, où, à force de se démener, je le trouve parvenu à votre intendance ; ce qu'il ne troquerait pas contre la place d'un empereur.

ARAMINTE.

Y a-t-il rien de si particulier ? Je suis si lasse d'avoir des gens qui me trompent, que je me réjouissais de l'avoir, parce qu'il a de la probité : ce n'est pas que je sois fâchée, car je suis bien au-dessus de cela.

DUBOIS.

Il y aura de la bonté à le renvoyer. Plus il voit madame, plus il s'achève.

ARAMINTE.

Vraiment, je le renverrais bien ; mais ce n'est pas là ce qui le guérira. D'ailleurs, je ne sais que dire à M. Remi, qui me l'a recommandé, et ceci m'embarrasse. Je ne vois pas trop comment m'en défaire honnêtement.

DUBOIS.

Oui ; mais vous en ferez un incurable, madame.

ARAMINTE, vivement.

Oh ! tant pis pour lui. Je suis dans des circonstances où je ne saurais me passer d'un intendant ; et puis il n'y a pas tant de risque que tu le crois ; au contraire, s'il y avait quelque chose qui pût ramener cet homme, c'est l'habitude de me voir plus qu'il n'a fait : ce serait même un service à lui rendre.

DUBOIS.

Oui, c'est un remède bien innocent. Premièrement, il ne vous dira mot ; jamais vous n'entendrez parler de son amour.

ARAMINTE.

En es-tu bien sûr ?

DUBOIS.

Oh ! il ne faut pas en avoir peur ; il mourrait plutôt... Il a un respect, une adoration, une humilité pour vous, qui n'est pas concevable. Est-ce que vous croyez qu'il songe à être aimé ? Nullement. Il dit que dans l'univers il n'y a personne qui le mérite ; il ne veut que vous voir, vous considérer, regarder vos yeux, vos grâces, votre belle taille ; et puis c'est tout : il me l'a dit mille fois.

ARAMINTE, haussant les épaules.

Voilà qui est bien digne de compassion! Allons, je patienterai quelques jours en attendant que j'en aie un autre. Au surplus, ne crains rien, je suis contente de toi, je récompenserai ton zèle, et je ne veux pas que tu me quittes; entends-tu, Dubois?

DUBOIS.

Madame, je vous suis dévoué pour la vie.

ARAMINTE.

J'aurai soin de toi. Surtout qu'il ne sache pas que je suis instruite; garde un profond secret, et que tout le monde, jusqu'à Marthon, ignore ce que tu m'as dit: ce sont de ces choses qui ne doivent jamais percer.

DUBOIS.

Je n'en ai jamais parlé qu'à madame.

ARAMINTE.

Le voici qui revient; va-t'en.

SCÈNE XV

DORANTE, ARAMINTE.

ARAMINTE, un moment seule.

La vérité est que voici une confidence dont je me serais bien passée moi-même.

DORANTE.

Madame, je me rends à vos ordres.

ARAMINTE.

Oui, monsieur; de quoi vous parlais-je? Je l'ai oublié.

DORANTE.

D'un procès avec M. le comte Dorimont.

ARAMINTE.

Je me remets. Je vous disais qu'on veut nous marier.

DORANTE.

Oui, madame. Vous alliez, je crois, ajouter que vous n'étiez pas portée à ce mariage.

ARAMINTE.

Il est vrai. J'avais envie de vous charger d'examiner l'affaire, afin de savoir si je ne risquerais rien à plaider; mais je crois devoir vous dispenser de ce travail: je ne suis pas sûre de pouvoir vous garder.

DORANTE.

Ah! madame, vous avez eu la bonté de me rassurer là-dessus.

ARAMINTE.

Oui; mais je ne faisais pas réflexion que j'ai promis à M. le comte de prendre un intendant de sa main. Vous voyez bien qu'il ne serait pas honnête de lui manquer de parole; et du moins faut-il que je parle à celui qu'il m'amènera.

DORANTE.

Je ne suis pas heureux; rien ne me réussit, et j'aurai la douleur d'être renvoyé.

ARAMINTE, par faiblesse.

Je ne dis pas cela; il n'y a rien de résolu là-dessus.

DORANTE.

Ne me laissez point dans l'incertitude où je suis, madame.

ARAMINTE.

Eh! mais oui; je tâcherai que vous restiez; je tâcherai.

DORANTE.

Vous m'ordonnez donc de vous rendre compte de l'affaire en question?

ARAMINTE.

Attendons: si j'allais épouser le comte, vous auriez pris une peine inutile.

DORANTE.

Je croyais avoir entendu dire à madame qu'elle n'avait point de penchant pour lui.

ARAMINTE.

Pas encore.

DORANTE.

Et, d'ailleurs, votre situation est si tranquille et si douce!

ARAMINTE, à part.

Je n'ai pas le courage de l'affliger... Eh bien, oui-da; examinez toujours, examinez. J'ai des papiers dans mon cabinet, je vais les chercher. Vous viendrez les prendre, et je vous les donnerai. (En s'en allant.) Je n'oserais presque le regarder.

SCÈNE XVI

DORANTE, DUBOIS, venant d'un air mystérieux, et comme passant.

DUBOIS.

Marthon vous cherche pour vous montrer l'appartement qu'on vous destine. Lubin est allé boire; j'ai dit que j'allais vous avertir. Comment vous traite-t-on ?

DORANTE.

Qu'elle est aimable ! Je suis enchanté. De quelle façon a-t-elle reçu ce que tu lui as dit?

DUBOIS, comme en fuyant.

Elle opine tout doucement à vous garder par compassion; elle espère vous guérir par l'habitude de la voir.

DORANTE, charmé.

Sincèrement?

DUBOIS.

Elle n'en réchappera point; c'est autant de pris. Je m'en retourne.

DORANTE.

Reste, au contraire; je crois que voici Marthon. Dis-lui que madame m'attend pour me remettre des papiers, et que j'irai la trouver dès que je les aurai.

DUBOIS.

Partez; aussi bien ai-je un petit avis à donner à Marthon. Il est bon de jeter dans tous les esprits les soupçons dont nous avons besoin.

SCÈNE XVII

MARTHON, DUBOIS.

MARTHON.

Où donc est Dorante? Il me semble l'avoir vu avec toi.

DUBOIS, brusquement.

Il dit que madame l'attend pour des papiers; il reviendra ensuite. Au reste, qu'est-il nécessaire qu'il voie cet appartement? S'il n'en voulait pas, il serait bien délicat: pardi ! je lui conseillerais...

MARTHON.

Ce ne sont pas là tes affaires; je suis les ordres de madame.

DUBOIS.

Madame est bonne et sage; mais prenez garde : ne trouvez-vous pas que ce petit galant-là fait les yeux doux?

MARTHON.

Il les fait comme il les a.

DUBOIS.

Je me trompe fort, si je n'ai pas vu la mine de ce freluquet considérer, je ne sais où, celle de madame.

MARTHON.

Eh bien, est-ce qu'on te fâche quand on la trouve belle?

DUBOIS.

Non; mais je me figure quelquefois qu'il n'est venu ici que pour la voir de plus près.

MARTHON, riant.

Ah! ah! quelle idée! Va, tu n'y entends rien, tu t'y connais mal.

DUBOIS, riant.

Ah! ah! je suis donc bien sot?

MARTHON, riant en s'en allant.

Ah! ah! l'original, avec ses observations!

DUBOIS, seul.

Allez, allez, prenez toujours. J'aurai soin de vous les faire trouver meilleures. Allons faire jouer toutes nos batteries.

ACTE DEUXIÈME

SCÈNE PREMIÈRE

ARAMINTE, DORANTE.

DORANTE.

Non, madame, vous ne risquez rien; vous pouvez plaider en toute sûreté. J'ai même consulté plusieurs personnes, l'affaire est excellente; et, si vous n'avez que le motif dont vous parlez pour épouser M. le comte, rien ne vous oblige à ce mariage.

ARAMINTE.

Je l'affligerai beaucoup, et j'ai de la peine à m'y résoudre.

DORANTE.

Il ne serait pas juste de vous sacrifier à la crainte de l'affliger.

ARAMINTE.

Mais avez-vous bien examiné? Vous me disiez tantôt que mon état était doux et tranquille : n'aimeriez-vous pas mieux que j'y restasse? N'êtes-vous pas un peu trop prévenu contre le mariage, et, par conséquent, contre M. le comte?

DORANTE.

Madame, j'aime mieux vos intérêts que les siens, et que ceux de qui que ce soit au monde.

ARAMINTE.

Je ne saurais y trouver à redire. En tout cas, si je l'épouse et qu'il veuille en mettre un autre ici à votre place, vous n'y perdrez point; je vous promets de vous en trouver une meilleure.

DORANTE, tristement.

Non, madame; si j'ai le malheur de perdre celle-ci, je ne serai plus à personne : et apparemment que je la perdrai; je m'y attends.

ARAMINTE.

Je crois pourtant que je plaiderai : nous verrons.

DORANTE.

J'avais encore une petite chose à vous dire, madame. Je viens d'apprendre que le concierge d'une de vos terres est mort : on pourrait y mettre un de vos gens; et j'ai songé à Dubois, que je remplacerai ici par un domestique dont je réponds.

ARAMINTE.

Non; envoyez plutôt votre homme au château, et laissez-moi Dubois : c'est un garçon de confiance qui me sert bien, et que je veux garder. A propos, il m'a dit, ce me semble, qu'il avait été à vous quelque temps.

DORANTE, feignant un peu d'embarras.

Il est vrai, madame, il est fidèle, mais peu exact. Rarement, au reste, ces gens-là parlent-ils bien de ceux qu'ils ont servis. Ne me nuirait-il point dans votre esprit?

ARAMINTE, négligemment.

Celui-ci dit beaucoup de bien de vous, et voilà tout. Que me veut M. Remi?

SCÈNE II

ARAMINTE, DORANTE, M. REMI.

M. REMI.

Madame, je suis votre très-humble serviteur. Je viens vous remercier de la bonté que vous avez eue de prendre mon neveu à ma recommandation.

ARAMINTE.

Je n'ai pas hésité, comme vous l'avez vu.

M. REMI.

Je vous rends mille grâces. Ne m'aviez-vous pas dit qu'on vous en offrait un autre ?

ARAMINTE.

Oui, monsieur.

M. REMI.

Tant mieux ; car je viens vous demander celui-ci pour une affaire d'importance.

DORANTE, d'un air de refus.

Et d'où vient monsieur ?

M. REMI.

Patience.

ARAMINTE.

Mais, monsieur Remi, ceci est un peu vif ; vous prenez assez mal votre temps ; et j'ai refusé l'autre personne.

DORANTE.

Pour moi, je ne sortirai jamais de chez madame qu'elle ne me congédie.

M. REMI, brusquement.

Vous ne savez ce que vous dites. Il faut pourtant sortir ; vous allez voir. Tenez, madame, jugez-en vous-même ; voici de quoi il est question. C'est une dame de trente-cinq ans, qu'on dit jolie femme, estimable, et de quelque distinction ; qui ne déclare pas son nom ; qui dit que j'ai été son procureur ; qui a quinze mille livres de rente pour le moins, ce qu'elle prouvera ; qui a vu monsieur chez moi, qui lui a parlé, qui sait qu'il n'a pas de bien, et qui offre de l'épouser sans délai : et la personne qui est venue chez moi de sa part doit revenir tantôt pour savoir la réponse, et vous mener tout de suite chez elle. Cela est-il net ? Y a-t-il à se consulter là-dessus ? Dans deux heures, il faut être au logis. Ai-je tort, madame ?

ARAMINTE, froidement.

C'est à lui de répondre.

M. REMI.

Eh bien, à quoi pense-t-il donc? Viendrez-vous?

DORANTE.

Non, monsieur; je ne suis pas dans cette disposition-là.

M. REMI.

Hum!... Quoi! entendez-vous ce que je vous dis, qu'elle a quinze mille livres de rente? entendez-vous?

DORANTE.

Oui, monsieur; mais, en eût-elle vingt fois davantage, je ne l'épouserais pas; nous ne serions heureux ni l'un ni l'autre : j'ai le cœur pris; j'aime ailleurs.

M. REMI, d'un ton railleur, et traînant ses mots.

« J'ai le cœur pris! » Voilà qui est fâcheux. Ah! ah! le cœur est admirable! Je n'aurais jamais deviné la beauté des scrupules de ce cœur-là, qui veut qu'on reste intendant de la maison d'autrui, pendant qu'on peut l'être de la sienne. Est-ce là votre dernier mot, berger fidèle?

DORANTE.

Je ne saurais changer de sentiment, monsieur.

M. REMI.

Oh! le sot cœur! Mon neveu, vous êtes un imbécile, un insensé; et je tiens celle que vous aimez pour une guenon, si elle n'est pas de mon sentiment. N'est-il pas vrai, madame, et ne le trouvez-vous pas extravagant?

ARAMINTE, doucement.

Ne le querellez point. Il paraît avoir tort, j'en conviens.

M. REMI, vivement.

Comment! madame, il pourrait...

ARAMINTE.

Dans sa façon de penser, je l'excuse. Voyez pourtant, Dorante; tâchez de vaincre votre penchant, si vous pouvez : je sais bien que cela est difficile.

DORANTE.

Il n'y a pas de moyen, madame; mon amour m'est plus cher que ma vie.

M. REMI, d'un air étonné.

Ceux qui aiment les beaux sentiments doivent être contents; en voilà un des plus curieux qui se fassent. Vous trouvez donc cela raisonnable, madame?

ARAMINTE.

Je vous laisse, parlez-lui vous-même. (A part.) Il me touche tant, qu'il faut que je m'en aille. (Elle sort.)

DORANTE, à part.

Il ne croit pas si bien me servir.

SCÈNE III

DORANTE, M. REMI, MARTHON.

M. REMI, regardant son neveu.

Dorante, sais-tu bien qu'il n'y a point de fou aux Petites-Maisons de ta force? (Marthon arrive.) Venez, mademoiselle Marthon.

MARTHON.

Je viens d'apprendre que vous étiez ici.

M. REMI.

Dites-nous un peu votre sentiment : que pensez-vous de quelqu'un qui n'a point de bien, et qui refuse d'épouser une honnête et fort jolie femme, avec quinze mille livres de rente bien venant?

MARTHON.

Votre question est bien aisée à décider : ce quelqu'un rêve.

M. REMI, montrant Dorante.

Voilà le rêveur; et, pour excuse, il allègue son cœur, que vous avez pris; mais, comme apparemment il n'a pas encore emporté le vôtre, et que je vous crois encore à peu près dans tout votre bon sens, vu le peu de temps qu'il y a que vous le connaissez, je vous prie de m'aider à le rendre plus sage. Assurément, vous êtes fort jolie, mais vous ne le disputerez point à un pareil établissement : il n'y a point de beaux yeux qui vaillent ce prix-là.

MARTHON.

Quoi, monsieur Remi! c'est de Dorante que vous parlez? c'est pour se garder à moi qu'il refuse d'être riche?

M. REMI.

Tout juste; et vous êtes trop généreuse pour le souffrir.

MARTHON, avec un air de passion.

Vous vous trompez, monsieur; je l'aime trop moi-même pour l'en empêcher, et je suis enchantée. Ah! Dorante, que je vous estime! Je n'aurais pas cru que vous m'aimassiez tant.

M. REMI.

Courage ! je ne fais que vous le montrer, et vous en êtes déjà coiffée ! Pardi ! le cœur d'une femme est bien étonnant ; le feu y prend bien vite.

MARTHON, comme chagrine.

Eh ! monsieur, faut-il tant de bien pour être heureux ? Madame, qui a tant de bonté pour moi, suppléera en partie, par sa générosité, à ce qu'il me sacrifie. Que je vous ai d'obligation, Dorante !

DORANTE.

Oh ! non, mademoiselle, aucune : vous n'avez point de gré à me savoir de ce que je fais ; je me livre à mes sentiments, et ne regarde que moi là dedans ; vous ne me devez rien, je ne pense pas à votre reconnaissance.

MARTHON.

Vous me charmez : que de délicatesse ! Il n'y a encore rien de si tendre que ce que vous me dites.

M. REMI.

Par ma foi, je ne m'y connais donc guère, car je le trouve bien plat. (A Marthon.) Adieu, la belle enfant : je ne vous aurais, ma foi, pas évaluée ce qu'il vous achète. Serviteur, idiot ! garde ta tendresse, et moi ma succession. (Il sort.)

MARTHON.

Il est en colère ; mais nous l'apaiserons.

DORANTE.

Je l'espère. Quelqu'un vient.

MARTHON.

C'est le comte, celui dont je vous ai parlé, et qui doit épouser madame.

DORANTE.

Je vous laisse donc ; il pourrait me parler de son procès ; vous savez ce que je vous ai dit là-dessus, et il est inutile que je le voie.

SCÈNE IV

LE COMTE, MARTHON.

LE COMTE.

Bonjour, Marthon.

MARTHON.

Vous voilà donc revenu, monsieur ?

LE COMTE.

Oui : on m'a dit qu'Araminte se promenait dans le jardin, et je viens d'apprendre de sa mère une chose qui me chagrine. Je lui avais retenu un intendant qui devait aujourd'hui entrer chez elle, et cependant elle en a pris un autre qui ne plaît point à la mère, et dont nous n'avons rien à espérer.

MARTHON.

Nous n'en devons rien craindre non plus, monsieur. Allez, ne vous inquiétez point, c'est un galant homme ; et si la mère n'en est pas contente, c'est un peu de sa faute ; elle a débuté tantôt par le brusquer d'une manière si outrée, l'a traité si mal, qu'il n'est pas étonnant qu'elle ne l'ait pas gagné. Imaginez-vous qu'elle l'a querellé de ce qu'il était bien fait.

LE COMTE.

Ne serait-ce point lui que je viens de voir sortir d'avec vous ?

MARTHON.

Lui-même.

LE COMTE.

Il a bonne mine, en effet, et n'a pas trop l'air de ce qu'il est.

MARTHON.

Pardonnez-moi, monsieur ; car il est honnête homme.

LE COMTE.

N'y aurait-il pas moyen de raccommoder cela ? Araminte ne me hait pas, je pense ; mais elle est lente à se déterminer ; et, pour achever de la résoudre, il ne s'agirait plus que de lui dire que le sujet de notre discussion est douteux pour elle ; elle ne voudra pas soutenir l'embarras d'un procès. Parlons à cet intendant : s'il ne faut que de l'argent pour le mettre dans nos intérêts, je ne l'épargnerai pas.

MARTHON.

Oh ! non, ce n'est point un homme à mener par là ; c'est le garçon de France le plus désintéressé.

LE COMTE.

Tant pis ! ces gens-là ne sont bons à rien.

MARTHON.

Laissez-moi faire.

SCÈNE V

LE COMTE, LUBIN, MARTHON.

LUBIN.

Mademoiselle, voilà un homme qui en demande un autre : savez-vous qui c'est?

MARTHON, brusquement.

Et qui est cet autre? A quel homme en veut-il?

LUBIN.

Ma foi, je n'en sais rien ; c'est de quoi je m'informe à vous.

MARTHON.

Fais-le entrer.

LUBIN, le faisant sortir des coulisses.

Hé! le garçon! venez ici dire votre affaire.

SCÈNE VI

LE COMTE, LE GARÇON, MARTHON, LUBIN.

MARTHON.

Qui cherchez-vous?

LE GARÇON.

Mademoiselle, je cherche un certain monsieur à qui j'ai à rendre un portrait avec une boîte qu'il nous a fait faire. Il nous a dit qu'on ne la remît qu'à lui-même, et qu'il viendrait la prendre ; mais, comme mon père est obligé de partir demain pour un petit voyage, il m'a envoyé pour la lui rendre, et on m'a dit que je saurais de ses nouvelles ici. Je le connais de vue, mais je ne sais pas son nom.

MARTHON.

N'est-ce pas vous, monsieur le comte?

LE COMTE.

Non, sûrement.

LE GARÇON.

Je n'ai point affaire à monsieur, mademoiselle ; c'est une autre personne.

MARTHON.

Et chez qui vous a-t-on dit que vous le trouveriez?

LE GARÇON.

Chez un procureur qui s'appelle M. Remi.

LE COMTE.

Ah! n'est-ce pas le procureur de madame? Montrez-nous la boîte.

LE GARÇON.

Monsieur, cela m'est défendu ; je n'ai ordre de la donner qu'à celui à qui elle est ; le portrait de la dame est dedans.

LE COMTE.

Le portrait d'une dame! Qu'est-ce que cela signifie? Serait-ce celui d'Araminte? Je vais tout à l'heure savoir ce qu'il en est.

SCÈNE VII

MARTHON, LE GARÇON.

MARTHON.

Vous avez mal fait de parler de ce portrait devant lui. Je sais qui vous cherchez ; c'est le neveu de M. Remi, de chez qui vous venez.

LE GARÇON.

Je le crois aussi, mademoiselle.

MARTHON.

Un grand homme, qui s'appelle M. Dorante.

LE GARÇON.

Il me semble que c'est son nom.

MARTHON.

Il me l'a dit ; je suis dans sa confidence. Avez-vous remarqué le portrait ?

LE GARÇON.

Non ; je n'ai pas pris garde à qui il ressemble.

MARTHON.

Eh bien, c'est de moi qu'il s'agit. M. Dorante n'est pas ici et ne reviendra pas sitôt. Vous n'avez qu'à me remettre la boîte ; vous le pouvez en toute sûreté ; vous lui ferez même plaisir. Vous voyez que je suis au fait.

LE GARÇON.

C'est ce qui me paraît. La voilà, mademoiselle. Ayez donc, je vous prie, le soin de la lui rendre quand il sera venu.

MARTHON.

Oh! je n'y manquerai pas.

LE GARÇON.

Il y a encore une bagatelle qu'il doit dessus ; mais je tâcherai de repasser tantôt, et, s'il n'y était pas, vous auriez la bonté d'achever de payer.

MARTHON.

Sans difficulté. Allez. (A part.) Voici Dorante. (Au garçon.) Retirez-vous vite.

SCÈNE VIII

MARTHON, DORANTE.

MARTHON, un moment seule et joyeuse.

Ce ne peut être que mon portrait. Le charmant homme ! M. Remi a raison de dire qu'il y avait quelque temps qu'il me connaissait.

DORANTE.

Mademoiselle, n'avez-vous pas vu ici quelqu'un qui vient d'arriver ? Lubin croit que c'est moi qu'il demande.

MARTHON, le regardant avec tendresse.

Que vous êtes aimable, Dorante ! Je serais bien injuste de ne vous pas aimer. Allez, soyez en repos ; l'ouvrier est venu, je lui ai parlé, j'ai la boîte, je la tiens.

DORANTE.

J'ignore...

MARTHON.

Point de mystère ; je la tiens, vous dis-je, et je ne m'en fâche pas. Je vous la rendrai quand je l'aurai vue. Retirez-vous : voici madame, avec sa mère et le comte ; c'est peut-être de cela qu'ils s'entretiennent. Laissez-moi les calmer là-dessus, et ne les attendez pas.

DORANTE, en s'en allant, et riant,

Tout a réussi ; elle prend le change à merveille.

SCÈNE IX

ARAMINTE, LE COMTE, MADAME ARGANTE, MARTHON.

ARAMINTE.

Marthon, qu'est-ce que c'est qu'un portrait dont monsieur le comte me parle, qu'on vient d'apporter ici à quelqu'un qu'on ne nomme pas, et qu'on soupçonne être le mien ? Instruisez-moi de cette histoire-là.

MARTHON, d'un air rêveur.

Ce n'est rien, madame ; je vous dirai ce que c'est : je l'ai démêlé après que M. le comte a été parti. Il n'a que faire de s'alarmer : il n'y a rien là qui vous intéresse.

LE COMTE.
Comment le savez-vous, mademoiselle? Vous n'avez point vu le portrait.

MARTHON.
N'importe; c'est tout comme si je l'avais vu. Je sais qui il regarde; n'en soyez point en peine.

LE COMTE.
Ce qu'il y a de certain, c'est un portrait de femme, et c'est ici qu'on vient chercher la personne qui l'a fait faire, à qui on doit le rendre; et ce n'est pas moi.

MARTHON.
D'accord. Mais quand je vous dis que madame n'y est pour rien, ni vous non plus...

ARAMINTE.
Eh bien, si vous êtes instruite, dites-nous donc de quoi il est question; car je veux le savoir. On a des idées qui ne me plaisent point, parlez.

MADAME ARGANTE.
Oui, ceci a un air de mystère qui est désagréable. Il ne faut pourtant pas vous fâcher, ma fille : M. le comte vous aime, et un peu de jalousie, même injuste, ne messied pas à un amant.

LE COMTE.
Je ne suis jaloux que de l'inconnu qui ose se donner le plaisir d'avoir le portrait de madame.

ARAMINTE, vivement.
Comme il vous plaira, monsieur; mais j'ai entendu ce que vous vouliez dire, et je crains un peu ce caractère d'esprit-là. Eh bien, Marthon?

MARTHON.
Eh bien, madame, voilà bien du bruit! C'est mon portrait.

LE COMTE.
Votre portrait?

MARTHON.
Oui, le mien. Et pourquoi non, s'il vous plaît? Il ne faut pas tant se récrier.

MADAME ARGANTE.
Je suis assez comme M. le comte; la chose me paraît singulière.

MARTHON.
Ma foi, madame, sans vanité, on en peint tous les jours, et des plus huppées, qui ne me valent pas.

ARAMINTE.

Et qui est-ce qui a fait cette dépense-là pour vous?

MARTHON.

Un très-aimable homme, qui m'aime, qui a de la délicatesse et des sentiments, et qui me recherche; et, puisqu'il faut vous le nommer, c'est Dorante.

ARAMINTE.

Mon intendant?

MARTHON.

Lui-même.

MADAME ARGANTE.

Le fat! avec ses sentiments.

ARAMINTE, brusquement.

Eh! vous nous trompez : depuis qu'il est ici, a-t-il eu le temps de vous faire peindre?

MARTHON.

Mais ce n'est pas d'aujourd'hui qu'il me connaît.

ARAMINTE, vivement.

Donnez donc.

MARTHON.

Je n'ai pas encore ouvert la boîte, mais c'est moi que vous allez voir.

(Araminte l'ouvre; tous regardent.)

LE COMTE.

Eh! je m'en doutais bien : c'est madame.

MARTHON.

Madame? Il est vrai, et me voilà bien loin de mon compte (A part.) Dubois avait raison tantôt.

ARAMINTE, à part.

Et moi, je vois clair. (A Marthon.) Par quel hasard avez-vous cru que c'était vous?

MARTHON.

Ma foi, madame, toute autre que moi s'y serait trompée. M. Remi me dit que son neveu m'aime, qu'il veut nous marier ensemble; Dorante est présent, et ne dit point non; il refuse devant moi un très-riche parti; l'oncle s'en prend à moi, me dit que j'en suis cause. Ensuite vient un homme qui apporte ce portrait, qui vient chercher celui à qui il appartient; je l'interroge : à tout ce qu'il répond, je reconnais Dorante. C'est un petit portrait de femme; Dorante m'aime jusqu'à refuser sa fortune pour moi : je conclus donc que c'est moi qu'il a fait peindre. Ai-je eu tort? J'ai pourtant mal conclu. J'y renonce; tant d'honneur ne m'appartient point. Je crois voir toute l'étendue de ma méprise, et je me tais.

ARAMINTE.

Ah! ce n'est pas là une chose bien difficile à deviner. Vous faites le fâché, l'étonné, monsieur le comte ; il y a eu quelque malentendu dans les mesures que vous avez prises : mais vous ne m'abusez point, c'est à vous qu'on apportait le portrait. Un homme dont on ne sait pas le nom, qu'on vient chercher ici, c'est vous, monsieur, c'est vous.

MARTHON, d'un air sérieux.

Je ne crois pas.

MADAME ARGANTE.

Oui, oui, c'est monsieur. A quoi bon vous en défendre? Dans les termes où vous en êtes avec ma fille, ce n'est pas là un si grand crime : allons, convenez-en.

LE COMTE, froidement.

Non, madame, ce n'est point moi, sur mon honneur : je ne connais pas ce M. Remi ; comment aurait-on dit chez lui qu'on aurait de mes nouvelles ici ? Cela ne se peut pas.

MADAME ARGANTE, d'un air pensif.

Je ne faisais pas attention à cette circonstance.

ARAMINTE.

Bon! qu'est-ce que c'est qu'une circonstance de plus ou de moins? Je n'en rabats rien. Quoi qu'il en soit, je le garde ; personne ne l'aura. Mais quel bruit entendons-nous ? Voyez ce que c'est, Marthon.

SCÈNE X

ARAMINTE, LE COMTE, MADAME ARGANTE, MARTHON, DUBOIS, LUBIN.

LUBIN, en entrant, à Dubois.

Tu es un plaisant magot!

MARTHON.

A qui en avez-vous donc, vous autres?

DUBOIS.

Si je disais un mot, ton maître sortirait bien vite.

LUBIN.

Toi? Nous nous soucions de toi et de toute ta race de canailles comme de cela.

DUBOIS.
Comme je te bâtonnerais, sans le respect de madame!
LUBIN.
Arrive, arrive! la voilà madame.
ARAMINTE.
Quel sujet avez-vous donc de quereller? de quoi s'agit-il?
MADAME ARGANTE.
Approchez, Dubois. Apprenez-nous ce que c'est que ce mot que vous diriez contre Dorante; il serait bon de savoir ce que c'est.
LUBIN.
Prononce donc ce mot.
ARAMINTE.
Tais-toi, laisse-le parler.
DUBOIS.
Il y a une heure qu'il me dit mille invectives, madame.
LUBIN.
Je soutiens les intérêts de mon maître, je tire des gages pour cela, et je ne souffrirai pas qu'un ostrogoth menace mon maître d'un mot : j'en demande justice à madame.
MADAME ARGANTE.
Mais, encore une fois, sachons ce que veut dire Dubois par ce mot : c'est le plus pressé.
LUBIN.
Je lui défie d'en dire seulement une lettre.
DUBOIS.
C'est par pure colère que j'ai fait cette menace, madame, et voici la cause de la dispute. En arrangeant l'appartement de M. Dorante, j'y ai vu par hasard un tableau où madame est peinte, et j'ai cru qu'il fallait l'ôter, qu'il n'avait que faire là, qu'il n'était point décent qu'il y restât; de sorte que j'ai été pour le détacher : ce butor est venu pour m'en empêcher, et peu s'en est fallu que nous ne nous soyons battus.
LUBIN.
Sans doute : de quoi t'avises-tu d'ôter ce tableau, qui est tout à fait gracieux, que mon maître considérait, il n'y avait qu'un moment, avec toute la satisfaction possible; car je l'avais vu qui l'avait contemplé de tout son cœur. Et il prend fantaisie à ce brutal de le priver d'une peinture qui réjouit cet honnête homme. Voyez la malice! Ote-lui quelque autre meuble, s'il en a trop; mais laisse-lui cette pièce, animal.

DUBOIS.

Et moi, je te dis qu'on ne la laissera point, que je la détacherai moi-même, que tu en auras le démenti, et que madame le voudra ainsi.

ARAMINTE.

Eh! que m'importe! Il était bien nécessaire de faire ce bruit-là pour un vieux tableau qu'on a mis là par hasard, et qui y est resté! Laissez-nous. Cela vaut-il la peine qu'on en parle?

MADAME ARGANTE, d'un ton aigre.

Vous m'excuserez, ma fille; ce n'est point là sa place, et il n'y a qu'à l'ôter : votre intendant se passera bien de ses contemplations.

ARAMINTE, souriant d'un air railleur.

Oh! vous avez raison; je ne pense pas qu'il les regrette. (A Lubin et à Dubois.) Retirez-vous tous deux.

SCÈNE XI

ARAMINTE, LE COMTE, MADAME ARGANTE, MARTHON.

LE COMTE, d'un ton railleur.

Ce qui est sûr, c'est que cet homme d'affaires-là est de bon goût.

ARAMINTE, ironiquement.

Oui, la réflexion est juste. Effectivement, il est fort extraordinaire qu'il ait jeté les yeux sur ce tableau.

MADAME ARGANTE.

Cet homme-là ne m'a jamais plu un instant, ma fille! vous le savez, j'ai le coup d'œil assez bon, et je ne l'aime pas. Croyez-moi, vous avez entendu la menace que Dubois a faite en parlant de lui : j'y reviens encore; il faut qu'il ait quelque chose à en dire. Interrogez-le; sachons ce que c'est : je suis persuadée que ce petit monsieur-là ne vous convient point; nous le voyons tous, il n'y a que vous qui n'y prenez pas garde.

MARTHON, négligemment.

Pour moi, je n'en suis pas contente.

ARAMINTE, riant ironiquement.

Qu'est-ce donc que vous voyez et que je ne vois point? Je manque de pénétration : j'avoue que je m'y perds. Je ne vois pas le sujet de me défaire d'un homme qui m'est donné de bonne main, qui est un homme de quelque chose, qui me sert bien, et que trop bien peut-être : voilà ce qui n'échappe pas à ma pénétration, par exemple.

MADAME ARGANTE.

Que vous êtes aveugle!

ARAMINTE, d'un air souriant.

Pas tant; chacun a ses lumières. Je consens, au reste, d'écouter Dubois; le conseil est bon, et je l'approuve. Allez, Marthon, allez lui dire que je veux lui parler. S'il me donne des motifs raisonnables de renvoyer cet intendant assez hardi pour regarder un tableau, il ne restera pas longtemps chez moi; sans quoi, on aura la bonté de trouver bon que je le garde, en attendant qu'il me déplaise à moi.

MADAME ARGANTE, vivement.

Eh bien, il vous déplaira; je ne vous en dis pas davantage, en attendant de plus fortes preuves.

LE COMTE.

Quant à moi, madame, j'avoue que j'ai craint qu'il ne me servît mal auprès de vous, qu'il ne vous inspirât l'envie de plaider; et j'ai souhaité par pure tendresse qu'il vous en détournât. Il aura pourtant beau faire, je déclare que je renonce à tout procès avec vous, que je ne veux pour arbitre de notre succession que vous et vos gens d'affaires, et que j'aime mieux perdre tout que de rien disputer.

MADAME ARGANTE, d'un ton décisif.

Mais où serait la dispute? Le mariage terminerait tout, et le vôtre est comme arrêté.

LE COMTE.

Je garde le silence sur Dorante; je reviendrai simplement voir ce que vous pensez de lui, et, si vous le congédiez, comme je le présume, il ne tiendra qu'à vous de prendre celui que je vous offrais, et que je retiendrai encore quelque temps.

MADAME ARGANTE.

Je ferai comme monsieur, je ne vous parlerai plus de rien non plus; vous m'accuseriez de vision, et votre entêtement finira sans notre secours. Je compte beaucoup sur Dubois que voici, et avec lequel nous vous laissons.

SCÈNE XII

DUBOIS, ARAMINTE.

DUBOIS.

On m'a dit que vous vouliez me parler, madame.

ARAMINTE.

Viens ici. Tu es bien imprudent, Dubois, bien indiscret;

moi qui ai si bonne opinion de toi, tu n'as guère d'attention pour ce que je te dis. Je t'avais recommandé de te taire sur le chapitre de Dorante; tu en sais les conséquences ridicules, et tu me l'avais promis : pourquoi donc avoir prise, sur ce misérable tableau, avec un sot qui fait un vacarme épouvantable, et qui vient ici tenir des discours tout propres à donner des idées que je serais au désespoir qu'on eût?

DUBOIS.

Ma foi, madame, j'ai cru la chose sans conséquence, et je n'ai agi, d'ailleurs, que par un mouvement de respect et de zèle.

ARAMINTE, d'un air vif.

Eh! laisse là ton zèle : ce n'est pas là celui que je veux, ni celui qu'il me faut; c'est ton silence dont j'ai besoin pour me tirer de l'embarras où je suis, et où tu m'as jetée toi-même; car, sans toi, je ne saurais pas que cet homme-là m'aime, et je n'aurais que faire d'y regarder de si près.

DUBOIS.

J'ai bien senti que j'avais tort.

ARAMINTE.

Passe encore pour la dispute; mais pourquoi s'écrier : « Si je disais un mot? » Y a-t-il rien de plus mal à toi?

DUBOIS.

C'est encore une suite de ce zèle mal entendu.

ARAMINTE.

Eh bien, tais-toi donc, tais-toi; je voudrais pouvoir te faire oublier ce que tu m'as dit.

DUBOIS.

Oh! je suis bien corrigé.

ARAMINTE.

C'est ton étourderie qui me force actuellement de te parler, sous prétexte de t'interroger sur ce que tu sais de lui. Ma mère et M. le comte s'attendent que tu vas m'en apprendre des choses étonnantes : quel rapport leur ferai-je à présent?

DUBOIS.

Ah! il n'y a rien de plus facile à raccommoder. Ce rapport sera que des gens qui le connaissent m'ont dit que c'était un homme incapable de l'emploi qu'il a chez vous, quoiqu'il soit fort habile au moins; ce n'est pas cela qui lui manque.

ARAMINTE.

A la bonne heure; mais il y aura un inconvénient. S'il en est incapable, on me dira de le renvoyer, et il n'est pas encore temps. J'y ai pensé depuis ; la prudence ne le veut pas, et je suis obligée de prendre des biais, et d'aller tout doucement avec cette passion si excessive que tu dis qu'il a, et qui éclaterait peut-être dans sa douleur. Me fierais-je à un désespéré ? Ce n'est plus le besoin que j'ai de lui qui me retient, c'est moi que je ménage (elle radoucit le ton), à moins que ce qu'a dit Marthon ne soit vrai, auquel cas je n'aurais plus rien à craindre. Elle prétend qu'il l'avait déjà vue chez M. Remi, et que le procureur a dit même devant lui qu'il l'aimait depuis longtemps, et qu'il fallait qu'ils se mariassent : je le voudrais.

DUBOIS.

Bagatelle ! Dorante n'a vu Marthon ni de près ni de loin ; c'est le procureur qui a débité cette fable-là à Marthon, dans le dessein de les marier ensemble. « Et moi, je n'ai pas osé l'en dédire, m'a dit Dorante, parce que j'aurais indisposé contre moi cette fille, qui a du crédit auprès de sa maîtresse, et qui a cru ensuite que c'était pour elle que je refusais les quinze mille livres de rente qu'on m'offrait. »

ARAMINTE, négligemment.

Il t'a donc tout conté ?

DUBOIS.

Oui, il n'y a qu'un moment dans le jardin, où il a voulu presque se jeter à mes genoux pour me conjurer de lui garder le secret sur sa passion, et d'oublier l'emportement qu'il eut avec moi quand je le quittai. Je lui ai dit que je me tairais, mais que je ne prétendais pas rester dans la maison avec lui, et qu'il fallait qu'il sortît ; ce qui l'a jeté dans des gémissements, dans des pleurs, dans le plus triste état du monde.

AMARINTE.

Eh ! tant pis : ne le tourmente point. Tu vois bien que j'ai raison de dire qu'il faut aller doucement avec cet esprit-là ; tu le vois bien. J'augurais beaucoup de ce mariage avec Marthon ; je croyais qu'il m'oublierait, et point du tout, il n'est question de rien.

DUBOIS, comme s'en allant.

Pure fable !... Madame a-t-elle encore quelque chose à me dire ?

ARAMINTE.

Attends : comment faire ? Si, lorsqu'il me parle, il me mettait en droit de me plaindre de lui ! mais il ne lui échappe rien ; je ne sais rien de son amour que ce que tu m'en dis, et je ne suis pas assez fondée pour le renvoyer. Il est vrai qu'il me fâcherait, s'il parlait ; mais il serait à propos qu'il me fâchât.

DUBOIS.

Vraiment, oui ; M. Dorante n'est point digne de madame. S'il était dans une plus grande fortune, comme il n'y a rien à dire à ce qu'il est né, ce serait une autre affaire ; mais il n'est riche qu'en mérite, et ce n'est pas assez.

ARAMINTE, d'un ton comme triste.

Vraiment, non ; voilà les usages : je ne sais pas comment je le traiterai ; je n'en sais rien, je verrai.

DUBOIS.

Eh bien, madame a un si beau prétexte... Et ce portrait que Marthon a cru être le sien, à ce qu'elle m'a dit.

ARAMINTE.

Eh ! non, je ne saurais l'en accuser ; c'est le comte qui l'a fait faire.

DUBOIS.

Point du tout : c'est de Dorante, je le sais de lui-même ; et il y travaillait encore il n'y a que deux mois, lorsque je le quittai.

ARAMINTE.

V'a-t'en ; il y a longtemps que je te parle. Si on me demande ce que tu m'as appris de lui, je dirai ce dont nous sommes convenus. Le voici ; j'ai envie de lui tendre un piége.

DUBOIS.

Oui, madame ; il se déclarera peut-être, et tout de suite je lui dirai : « Sortez. »

ARAMINTE.

Laisse-nous.

SCÈNE XIII

DORANTE, ARAMINTE, DUBOIS.

DUBOIS, sortant, et en passant auprès de Dorante, et rapidement.

Il m'est impossible de l'instruire ; mais, qu'il se découvre ou non, les choses ne peuvent aller que bien.

DORANTE.

Je viens, madame, vous demander votre protection ; je suis dans le chagrin et dans l'inquiétude : j'ai tout quitté pour avoir l'honneur d'être à vous ; je vous suis plus attaché que je ne puis le dire ; on ne saurait vous servir avec plus de fidélité ni de désintéressement ; et cependant je ne suis pas sûr de rester ! Tout le monde ici m'en veut, me persécute, et conspire pour me faire sortir. J'en suis consterné; je tremble que vous ne cédiez à leur inimitié pour moi, et j'en serais dans la dernière affliction.

ARAMINTE, d'un ton doux.

Tranquillisez-vous; vous ne dépendez point de tous ceux qui vous en veulent : ils ne vous ont encore fait aucun tort dans mon esprit, et tous leurs petits complots n'aboutiront à rien ; je suis la maîtresse.

DORANTE, d'un air inquiet.

Je n'ai que votre appui, madame.

ARAMINTE.

Il ne vous manquera pas; mais je vous conseille une chose : ne leur paraissez pas si alarmé, vous leur feriez douter de votre capacité, et il leur semblerait que vous m'auriez beaucoup d'obligation de ce que je vous garde.

DORANTE.

Ils ne se tromperaient pas, madame; c'est une bonté qui me pénètre de reconnaissance.

ARAMINTE.

A la bonne heure; mais il n'est pas nécessaire qu'ils le croient. Je vous sais bon gré de votre attachement et de votre fidélité, mais dissimulez-en une partie; c'est peut-être ce qui les indispose contre vous. Vous leur avez refusé de m'en faire accroire sur le chapitre du procès; conformez-vous à ce qu'ils exigent; regagnez-les par là, je vous le permets : l'événement leur persuadera que vous les avez bien servis ; car, toute réflexion faite, je suis déterminée à épouser le comte.

DORANTE, d'un ton ému.

Déterminée, madame?

ARAMINTE.

Oui, tout à fait résolue : le comte croira que vous y avez contribué; je lui dirai même et je vous garantis que vous resterez ici ; je vous le promets. (A part.) Il change de couleur.

DORANTE.

Quelle différence pour moi, madame !

ARAMINTE, d'un air délibéré.

Il n'y en aura aucune : ne vous embarrassez pas, et écrivez le billet que je vais vous dicter ; il y a tout ce qu'il faut sur cette table.

DORANTE.

Et pour qui, madame?

ARAMINTE.

Pour le comte, qui est sorti d'ici extrêmement inquiet, et que je vais surprendre bien agréablement par le petit mot que vous allez lui écrire en mon nom. (Dorante reste rêveur, et, par distraction, ne va point à la table.)

DORANTE, toujours distrait.

Oui, madame.

ARAMINTE, à part, pendant qu'il se place.

Il ne sait ce qu'il fait. Voyons si cela continuera.

DORANTE, cherchant du papier.

Ah! Dubois m'a trompé!

ARAMINTE.

Êtes-vous prêt à écrire?

DORANTE.

Madame, je ne trouve point de papier.

ARAMINTE, allant elle-même.

Vous n'en trouvez point? En voilà devant vous.

DORANTE.

Il est vrai.

ARAMINTE.

Écrivez. « Hâtez-vous de venir, monsieur; votre mariage est sûr. » Avez-vous écrit?

DORANTE.

Comment, madame?

ARAMINTE.

Vous ne m'écoutez donc pas? « Votre mariage est sûr; madame veut que je vous l'écrive, et vous attend pour vous le dire. » (A part.) Il souffre, mais il ne dit mot. Est-ce qu'il ne parlera pas? « N'attribuez point cette résolution à la crainte que madame pourrait avoir des suites d'un procès douteux. »

DORANTE.

Je vous ai assuré que vous le gagneriez, madame. Douteux! il ne l'est point.

ARAMINTE.

N'importe, achevez. « Non, monsieur; je suis chargé de sa part de vous assurer que la seule justice qu'elle rend à votre mérite la détermine. »

DORANTE.

Ciel! je suis perdu. Mais, madame, vous n'aviez aucune inclination pour lui!

ARAMINTE.

Achevez, vous dis-je. « Qu'elle rend à votre mérite la détermine. » Je crois que la main vous tremble! Vous paraissez changé! Qu'est-ce que cela signifie? Vous trouvez-vous mal?

DORANTE.

Je ne me trouve pas bien, madame.

ARAMINTE.

Quoi! si subitement? Cela est singulier. Pliez la lettre, et mettez : « A monsieur le comte Dorimont » Vous direz à Dubois qu'il la lui porte. (A part.) Le cœur me bat! (A Dorante.) Voilà qui est écrit tout de travers : cette adresse-là n'est presque pas lisible. (A part.) Il n'y a pas encore là de quoi le convaincre.

DORANTE, à part.

Ne serait-ce point aussi pour m'éprouver? Dubois ne m'a averti de rien.

SCÈNE XIV

ARAMINTE, DORANTE, MARTHON.

MARTHON.

Je suis bien aise, madame, de trouver monsieur ici; il vous confirmera tout de suite ce que j'ai à vous dire. Vous avez offert, en différentes occasions, de me marier, madame; et, jusqu'ici, je ne me suis point trouvée disposée à profiter de vos bontés; aujourd'hui, monsieur me recherche; il vient même de refuser un parti infiniment plus riche, et le tout pour moi; du moins me l'a-t-il laissé croire, et il est à propos qu'il s'explique; mais, comme je ne veux dépendre que de vous, c'est de vous aussi, madame, qu'il faut qu'il m'obtienne. Ainsi, monsieur, vous n'avez qu'à parler à madame : si elle m'accorde à vous, vous n'aurez point de peine à m'obtenir de moi-même.

SCÈNE XV

DORANTE, ARAMINTE.

ARAMINTE, à part, émue.

Cette folle! (Haut.) Je suis charmée de ce qu'elle vient de m'apprendre. Vous avez fait là un très-bon choix : c'est une fille aimable et d'un excellent caractère.

DORANTE, d'un air abattu.

Hélas! madame, je ne songe point à elle.

ARAMINTE.

Vous ne songez point à elle? Elle dit que vous l'aimez, que vous l'aviez vue avant que de venir ici.

DORANTE, tristement.

C'est une erreur où M. Remi l'a jetée sans me consulter; et je n'ai point osé dire le contraire, dans la crainte de m'en faire une ennemie auprès de vous. Il en est de même de ce riche parti qu'elle croit que je refuse à cause d'elle; et j'ai nulle part à tout cela. Je suis hors d'état de donner mon cœur à personne : je l'ai perdu pour jamais, et la plus brillante de toutes les fortunes ne me tenterait pas.

ARAMINTE.

Vous avez tort. Il fallait désabuser Marthon.

DORANTE.

Elle vous aurait peut-être empêchée de me recevoir, et mon indifférence lui en dit assez.

ARAMINTE.

Mais, dans la situation où vous êtes, quel intérêt aviez-vous d'entrer dans ma maison et de la préférer à une autre?

DORANTE.

Je trouve plus de douceur à être chez vous, madame.

ARAMINTE.

Il y a quelque chose d'incompréhensible dans tout ceci. Voyez-vous souvent la personne que vous aimez?

DORANTE, toujours abattu.

Pas souvent à mon gré, madame; et je la verrais à tout instant, que je ne croirais pas la voir assez.

ARAMINTE, à part.

Il a des expressions d'une tendresse! (Haut.) Est-elle fille? a-t-elle été mariée?

DORANTE.

Madame, elle est veuve.

ARAMINTE.

Et ne devez vous pas l'épouser? Elle vous aime, sans doute?

DORANTE.

Hélas! madame, elle ne sait pas seulement que je l'adore. Excusez l'emportement du terme dont je me sers. Je ne saurais presque parler d'elle qu'avec transport.

ARAMINTE.

Je ne vous interroge que par étonnement. Elle ignore que vous l'aimez, dites-vous? Et vous lui sacrifiez votre fortune? Voilà de l'incroyable. Comment, avec tant d'amour, avez-vous pu vous taire? On essaye de se faire aimer, ce me semble : cela est naturel et pardonnable.

DORANTE.

Me préserve le ciel d'oser concevoir la plus légère espérance! Être aimé, moi? Non, madame. Son état est bien au-dessus du mien. Mon respect me condamne au silence ; et je mourrai du moins sans avoir eu le malheur de lui déplaire.

ARAMINTE.

Je n'imagine point de femme qui mérite d'inspirer une passion si étonnante : je n'en imagine point. Elle est donc au-dessus de toute comparaison?

DORANTE.

Dispensez-moi de la louer, madame: je m'égarerais en la peignant. On ne connaît rien de si beau ni de si aimable qu'elle, et jamais elle ne me parle, ou ne me regarde que mon amour n'en augmente.

ARAMINTE. Elle baisse les yeux, et continue.

Mais votre conduite blesse la raison. Que prétendez-vous avec cet amour pour une personne qui ne saura jamais que vous l'aimez? Cela est bien bizarre. Que prétendez-vous?

DORANTE.

Le plaisir de la voir quelquefois, et d'être avec elle est tout ce que je propose.

ARAMINTE.

Avec elle? Oubliez-vous que vous êtes ici ?

DORANTE.

Je veux dire, avec son portrait, quand je ne la vois point.

ARAMINTE.

Son portrait! Est-ce que vous l'avez fait faire?

DORANTE.

Non, madame; mais j'ai, par amusement, appris à peindre, et je l'ai peinte moi-même. Je me serais privé de son portrait, si je n'avais pu l'avoir que par le secours d'un autre.

ARAMINTE, à part.

Il faut le pousser à bout. (Haut.) Montrez-moi ce portrait.

DORANTE.

Daignez m'en dispenser, madame: quoique mon amour soit sans espérance, je n'en dois pas moins un secret inviolable à l'objet aimé.

ARAMINTE.

Il m'en est tombé un par hasard entre les mains : on l'a trouvé ici. (Montrant la boîte.) Voyez si ce ne serait point celui dont il s'agit?

DORANTE.

Cela ne se peut pas.

ARAMINTE, ouvrant la boîte.

Il est vrai que la chose serait assez extraordinaire : examinez.

DORANTE.

Ah! madame, songez que j'aurais perdu mille fois la vie, avant que d'avouer ce que le hasard vous découvre. Comment pourrais-je expier…? (Il se jette à genoux.)

ARAMINTE.

Dorante, je ne me fâcherai point. Votre égarement me fait pitié. Revenez-en, je vous le pardonne.

MARTHON paraît, et s'enfuit.

Ah! (Dorante se lève vite.)

ARAMINTE.

Ah ciel! c'est Marthon! Elle vous a vu.

DORANTE, feignant d'être déconcerté.

Non, madame, non : je ne crois pas. Elle n'est point entrée.

ARAMINTE.

Elle vous a vu, vous dis-je! laissez-moi, allez-vous-en; vous m'êtes insupportable. Rendez-moi ma lettre. (Quand il est parti.) Voilà pourtant ce que c'est que de l'avoir gardé!

SCÈNE XVI

ARAMINTE, DUBOIS.

DUBOIS.

Dorante s'est-il déclaré, madame, et est-il nécessaire que je lui parle?

ARAMINTE.

Non, il ne m'a rien dit. Je n'ai rien vu d'approchant à ce que tu m'as conté; et qu'il n'en soit plus question, ne t'en mêle plus. (Elle sort.)

DUBOIS.

Voici l'affaire dans sa crise.

SCÈNE XVII

DUBOIS, DORANTE.

DORANTE.

Ah! Dubois.

DUBOIS.

Retirez-vous.

DORANTE.

Je ne sais qu'augurer de la conversation que je viens d'avoir avec elle.

DUBOIS.

A quoi songez-vous? Elle n'est qu'à deux pas : voulez-vous tout perdre?

DORANTE.

Il faut que tu m'éclaircisses...

DUBOIS.

Allez dans le jardin.

DORANTE.

D'un doute...

DUBOIS.

Dans le jardin, vous dis-je : je vais m'y rendre.

DORANTE.

Mais...

DUBOIS.

Je ne vous écoute plus.

DORANTE.

Je crains plus que jamais.

ACTE TROISIÈME

SCÈNE PREMIÈRE

DORANTE, DUBOIS.

DUBOIS.

Non, vous dis-je; ne perdons point de temps. La lettre est-elle prête?

DORANTE, la lui montrant.

Oui, la voilà, et j'ai mis dessus : « Rue du Figuier. »

DUBOIS.

Vous êtes bien assuré que Lubin ne sait pas ce quartier-là?

DORANTE.

Il m'a dit que non.

DUBOIS.

Lui avez-vous bien recommandé de s'adresser à Marthon ou à moi pour savoir ce que c'est?

DORANTE.

Sans doute, et je le lui recommanderai encore.

DUBOIS.

Allez donc la lui donner : je me charge du reste auprès de Marthon, que je vais trouver.

DORANTE.

Je t'avoue que j'hésite un peu. N'allons-nous pas trop vite avec Araminte? Dans l'agitation des mouvements où elle est, veux-tu encore lui donner l'embarras de voir subitement éclater l'aventure?

DUBOIS.

Oh! oui : point de quartier. Il faut l'achever pendant qu'elle est étourdie. Elle ne sait plus ce qu'elle fait. Ne voyez-vous pas bien qu'elle triche avec moi, qu'elle me fait accroire que vous ne lui avez rien dit? Ah! je lui apprendrai à vouloir me souffler mon emploi de confident pour vous aimer en fraude.

DORANTE.

Que j'ai souffert dans ce dernier entretien! Puisque tu savais qu'elle voulait me faire déclarer, que ne m'en avertissais-tu par quelque signe?

DUBOIS.

Cela aurait été joli, ma foi! elle ne s'en serait point aperçue, n'est-ce pas? Et, d'ailleurs, votre douleur n'en a paru que plus vraie. Vous repentez-vous de l'effet qu'elle a produit? Monsieur a souffert! Parbleu! il me semble que cette aventure-ci mérite un peu d'inquiétude.

DORANTE.

Sais-tu bien ce qui arrivera? Qu'elle prendra son parti, et qu'elle me renverra tout d'un coup.

DUBOIS.

Je l'en défie : il est trop tard. L'heure du courage est passée; il faut qu'elle nous épouse.

DORANTE.

Prends-y garde : tu vois que sa mère la fatigue.

DUBOIS.

Je serais bien fâché qu'elle la laissât en repos.

DORANTE.

Elle est confuse de ce que Marthon m'a surpris à ses genoux.

DUBOIS.

Ah! vraiment, des confusions! Elle n'y est pas; elle va en essuyer bien d'autres! C'est moi qui, voyant le train que prenait la conversation, ai fait venir Marthon une seconde fois.

DORANTE.

Araminte pourtant m'a dit que je lui étais insupportable.

DUBOIS.

Elle a raison. Voulez-vous qu'elle soit de bonne humeur avec un homme qu'il faut qu'elle aime en dépit d'elle? Cela est-il agréable? Vous vous emparez de son bien, de son cœur; et cette femme ne criera pas! Allez vite; plus de raisonnement : laissez-vous conduire.

DORANTE.

Songe que je l'aime, et que, si notre précipitation réussit mal, tu me désespères.

DUBOIS.

Ah! je sais bien que vous l'aimez : c'est à cause de cela que je ne vous écoute pas. Êtes-vous en état de juger de rien? Allons, allons, vous vous moquez. Laissez faire un homme de sang-froid. Partez ; d'autant plus que voilà Marthon qui vient à propos, et que je vais tâcher d'amuser, en attendant que vous envoyiez Lubin.

SCÈNE II

DUBOIS, MARTHON.

MARTHON, d'un air triste.

Je te cherchais.

DUBOIS.

Qu'y a-t-il pour votre service, mademoiselle ?

MARTHON.

Tu me l'avais bien dit, Dubois.

DUBOIS.

Quoi donc ? Je ne me souviens plus de ce que c'est.

MARTHON.

Que cet intendant osait lever les yeux sur madame.

DUBOIS.

Ah ! oui ; vous parlez de ce regard que je lui vis jeter sur elle ? Oh ! jamais je ne l'ai oublié. Cette œillade-là ne valait rien. Il y avait quelque chose dedans qui n'était pas dans l'ordre.

MARTHON.

Ah çà, Dubois, il s'agit de faire sortir cet homme-ci.

DUBOIS.

Pardi ! tant qu'on voudra : je ne m'y épargne pas. J'ai déjà dit à madame qu'on m'avait assuré qu'il n'entendait pas les affaires.

MARTHON.

Mais est-ce là tout ce que tu sais de lui ? C'est de la part de madame Argante et de M. le comte que je te parle, et nous avons peur que tu n'aies pas tout dit à madame, ou qu'elle ne cache ce que c'est. Ne nous déguise rien, tu n'en seras pas fâché.

DUBOIS.

Ma foi, je ne sais que son insuffisance, dont j'ai instruit madame.

MARTHON.

Ne dissimule point.

DUBOIS.

Moi, un dissimulé ? moi ? garder un secret ! Vous avez bien trouvé votre homme. En fait de discrétion, je mériterais d'être femme. Je vous demande pardon de la comparaison ; mais c'est pour vous mettre l'esprit en repos.

MARTHON.

Il est certain qu'il aime madame.

DUBOIS.

Il n'en faut point douter : je lui en ai même dit ma pensée, à elle.

MARTHON.

Et qu'a-t-elle répondu ?

DUBOIS.

Que j'étais un sot. Elle est si prévenue...

MARTHON.

Prévenue à un point que je n'oserais le dire, Dubois.

DUBOIS.

Oh ! le diable n'y perd rien, ni moi non plus ; car je vous entends.

MARTHON.

Tu as la mine d'en savoir plus que moi là-dessus.

DUBOIS.

Oh ! point du tout, je vous jure. Mais, à propos, il vient tout à l'heure d'appeler Lubin pour lui donner une lettre : si nous pouvions la saisir, peut-être en saurions-nous davantage.

MARTHON.

Une lettre ! oui-da ! ne négligeons rien. Je vais, de ce pas, parler à Lubin, s'il n'est pas encore parti.

DUBOIS.

Vous n'irez pas loin, je crois qu'il vient.

SCÈNE III

DUBOIS, MARTHON, LUBIN.

LUBIN, voyant Dubois.

Ah ! te voilà donc, mal bâti ?

DUBOIS.

Tenez : n'est-ce pas là une belle figure, pour se moquer de la mienne ?

MARTHON.

Que veux-tu, Lubin ?

LUBIN.

Ne sauriez-vous pas où demeure la rue du Figuier, mademoiselle?

MARTHON.

Oui.

LUBIN.

C'est que mon camarade, que je sers, m'a dit de porter cette lettre à quelqu'un qui est dans cette rue; et, comme je ne la sais pas, il m'a dit que je m'en informasse à vous ou cet animal-là; mais cet animal-là ne mérite pas que je lui parle, sinon pour l'injurier. J'aimerais mieux que le diable eût emporté toutes les rues, que d'en savoir une par le moyen d'un malotru comme lui.

DUBOIS, à Marthon, à part.

Prenez la lettre. (Haut.) Non, non, mademoiselle, ne lui enseignez rien : qu'il galope.

LUBIN.

Veux-tu te taire!

MARTHON.

Ne l'interrompez donc point, Dubois. Eh bien, veux-tu me donner ta lettre? Je vais envoyer dans ce quartier-là, et on la rendra à son adresse.

LUBIN.

Ah! voilà qui est bien agréable! Vous êtes une fille de bonne amitié, mademoiselle.

DUBOIS, s'en allant.

Vous êtes bien bonne d'épargner de la peine à ce fainéant-là.

LUBIN.

Ce malhonnête! Va, va trouver le tableau, pour voir comme il se moque de toi.

MARTHON, seul, avec Lubin.

Ne lui réponds rien : donne ta lettre.

LUBIN.

Tenez, mademoiselle; vous me rendrez un service qui me fera grand bien. Quand il y aura à trotter pour votre serviable personne, n'ayez point d'autre postillon que moi.

MARTHON.

Elle sera rendue exactement.

LUBIN.

Oui, je vous recommande l'exactitude à cause de M. Dorante, qui mérite toute sorte de fidélités.

MARTHON, à part.

L'indigne !

LUBIN, s'en allant.

Je suis votre serviteur éternel.

MARTHON.

Adieu.

LUBIN, revenant.

Si vous le rencontrez, ne lui dites point qu'un autre galope à ma place.

SCÈNE IV

MADAME ARGANTE, LE COMTE, MARTHON.

MARTHON, un moment seule.

Ne disons mot, que je n'aie vu ce que ceci contient.

MADAME ARGANTE.

Eh bien, Marthon, qu'avez-vous appris de Dubois ?

MARTHON.

Rien que ce que vous saviez déjà, madame, et ce n'est pas assez.

MADAME ARGANTE.

Dubois est un coquin qui nous trompe.

LE COMTE.

Il est vrai que sa menace paraissait signifier quelque chose.

MADAME ARGANTE.

Quoi qu'il en soit, j'attends M. Remi, que j'ai envoyé chercher ; et, s'il ne nous défait pas de cet homme-là, ma fille saura qu'il ose l'aimer ; je l'ai résolu. Nous en avons les présomptions les plus fortes ; et, ne fût-ce que par bienséance, il faudra bien qu'elle le chasse. D'un autre côté, j'ai fait venir l'intendant que M. le comte lui proposait. Il est ici, et je le lui présenterai sur-le-champ.

MARTHON.

Je doute que vous réussissiez, si nous n'apprenons rien de nouveau ; mais je tiens peut-être son congé, moi qui vous parle. Voici M. Remi : je n'ai pas le temps de vous en dire davantage, et je vais m'éclaircir.

(Elle veut sortir.)

SCÈNE V

M. REMI, MADAME ARGANTE, LE COMTE, MARTHON.

M. REMI, à Marthon, qui se retire.

Bonjour, ma nièce, puisque enfin il faut que vous la soyez. Savez-vous ce qu'on me veut ici?

MARTHON, brusquement.

Passez, monsieur, et cherchez votre nièce ailleurs : je n'aime point les mauvais plaisants. (Elle sort.)

M. REMI.

Voilà une petite fille bien incivile. (A madame Argante.) On m'a dit de votre part de venir ici, madame : de quoi est-il donc question?

MADAME ARGANTE, d'un ton revêche.

Ah! c'est donc vous, monsieur le procureur?

M. REMI.

Oui, madame; je vous garantis que c'est moi-même.

MADAME ARGANTE.

Et de quoi vous êtes-vous avisé, je vous prie, de nous embarrasser d'un intendant de votre façon?

M. REMI.

Et par quel hasard madame y trouve-t-elle à redire?

MADAME ARGANTE.

C'est que nous nous serions bien passés du présent que vous nous avez fait.

M. REMI.

Ma foi! madame, s'il n'est pas de votre goût, vous êtes bien difficile.

MADAME ARGANTE.

C'est votre neveu, dit-on?

M. REMI.

Oui, madame.

MADAME ARGANTE.

Eh bien, tout votre neveu qu'il est, vous nous ferez un grand plaisir de le retirer.

M. REMI.

Ce n'est pas à vous que je l'ai donné.

MADAME ARGANTE.

Non; mais c'est à nous qu'il déplaît, à moi et à M. le comte que voilà, et qui doit épouser ma fille.

M. REMI, élevant la voix.

Celui-ci est nouveau! Mais, madame, dès qu'il n'est pas à vous, il me semble qu'il n'est pas essentiel qu'il vous plaise. On n'a pas mis dans le marché qu'il vous plairait : personne n'a songé à cela ; et, pourvu qu'il convienne à madame Araminte, tout doit être content. Tant pis pour qui ne l'est pas. Qu'est-ce que cela signifie ?

MADAME ARGANTE.

Mais vous avez le ton bien rauque, monsieur Remi.

M. REMI.

Ma foi ! vos compliments ne sont point propres à l'adoucir, madame Argante.

LE COMTE.

Doucement, monsieur le procureur, doucement; il me paraît que vous avez tort.

M. REMI.

Comme vous voudrez, monsieur le comte, comme vous voudrez ; cela ne vous regarde pas. Vous savez bien que je n'ai pas l'honneur de vous connaître, et nous n'avons que faire ensemble, pas la moindre chose.

LE COMTE.

Que vous me connaissiez ou non, il n'est pas si peu essentiel que vous le dites que votre neveu plaise à madame. Elle n'est pas une étrangère dans la maison.

M. REMI.

Parfaitement étrangère pour cette affaire-ci, monsieur; on ne peut pas plus étrangère. Au surplus, Dorante est un homme d'honneur, connu pour tel, dont j'ai répondu, dont je répondrai toujours, et dont madame parle ici d'une manière choquante.

MADAME ARGANTE.

Votre Dorante est un impertinent.

M. REMI.

Bagatelle ! ce mot-là ne signifie rien dans votre bouche.

MADAME ARGANTE.

Dans ma bouche ! A qui parle donc ce petit praticien, monsieur le comte ? Est-ce que vous ne lui imposerez pas silence ?

M. REMI.

Comment donc ! m'imposer silence, à moi procureur !

Savez-vous bien qu'il y a cinquante ans que je parle, madame Argante?

MADAME ARGANTE.

Il y a donc cinquante ans que vous ne savez ce que vous dites.

SCÈNE VI

ARAMINTE, MADAME ARGANTE, M. REMI, LE COMTE.

ARAMINTE.

Qu'y a-t-il donc? On dirait que vous vous querellez?

M. REMI.

Nous ne sommes pas fort en paix, et vous venez très à propos, madame : il s'agit de Dorante; avez-vous sujet de vous plaindre de lui?

ARAMINTE.

Non, que je sache.

M. REMI.

Vous êtes-vous aperçue qu'il ait manqué de probité?

ARAMINTE.

Lui? Non, vraiment. Je ne le connais que pour un homme très-estimable.

M. REMI.

Aux discours que madame en tient, ce doit pourtant être un fripon, dont il faut que je vous délivre; et on se passerait bien du présent que je vous en ai fait, et c'est un impertinent qui déplaît à madame, qui déplaît à monsieur, qui parle en qualité d'époux futur; et, à cause que je le défends, on veut me persuader que je radote.

ARAMINTE, froidement.

On se jette là dans de grands excès. Je n'y ai point de part, monsieur. Je suis bien éloignée de vous traiter si mal. A l'égard de Dorante, la meilleure justification qu'il y ait pour lui, c'est que je le garde. Mais je venais pour savoir une chose, monsieur le comte. Il y a là-bas, m'a-t-on dit, un homme d'affaires que vous avez amené pour moi. On se trompe apparemment?

LE COMTE.

Madame, il est vrai qu'il est venu avec moi; mais c'est madame Argante...

MADAME ARGANTE.

Attendez, je vais répondre. Oui, ma fille, c'est moi qui ai prié monsieur de le faire venir pour remplacer celui que vous avez, et que vous allez mettre dehors : je suis sûre de mon fait. J'ai laissé dire votre procureur, au reste; mais il amplifie.

M. REMI.

Courage!

MADAME ARGANTE, vivement.

Paix! vous avez assez parlé. (A Araminte.) Je n'ai point dit que son neveu fût un fripon. Il ne serait pas impossible qu'il le fût, je n'en serais pas étonnée.

M. REMI.

Mauvaise parenthèse, avec votre permission; supposition injurieuse, et tout à fait hors d'œuvre.

MADAME ARGANTE.

Honnête homme, soit : du moins n'a-t-on pas encore de preuve du contraire, et je veux croire qu'il l'est. Pour un impertinent et très-impertinent, j'ai dit qu'il en était un, et j'ai raison. Vous dites que vous le garderez : vous n'en ferez rien.

ARAMINTE, froidement.

Il restera, je vous assure.

MADAME ARGANTE.

Point du tout; vous ne sauriez. Seriez-vous d'humeur à garder un intendant qui vous aime?

M. REMI.

Eh! à qui voulez-vous donc qu'il s'attache? A vous, à qui il n'a pas affaire?

ARAMINTE.

Mais, en effet, pourquoi faut-il que mon intendant me haïsse?

MADAME ARGANTE.

Eh! non, point d'équivoque. Quand je vous dis qu'il vous aime, j'entends qu'il est amoureux de vous, en bon français; qu'il est ce qu'on appelle amoureux; qu'il soupire pour vous; que vous êtes l'objet secret de sa tendresse.

M. REMI.

Dorante!

ARAMINTE, riant.

L'objet secret de sa tendresse? Oh! oui, très-secret, je pense. Ah! ah! je ne me croyais pas si dangereuse à voir. Mais, dès que vous devinez de pareils secrets, que ne devinez-vous que tous mes gens sont comme lui? Peut-être qu'ils m'aiment aussi : que sait-on? Monsieur Remi, vous qui me voyez assez souvent, j'ai envie de deviner que vous m'aimez aussi.

M. REMI.

Ma foi, madame, à l'âge de mon neveu, je ne m'en tirerais pas mieux qu'on dit qu'il s'en tire.

MADAME ARGANTE.

Ceci n'est pas matière à plaisanterie, ma fille. Il n'est pas question de votre M. Remi; laissons là ce bonhomme, et traitons la chose un peu plus sérieusement. Vos gens ne vous font pas peindre, vos gens ne se mettent point à contempler vos portraits, vos gens n'ont point l'air galant, la mine doucereuse.

M. REMI.

J'ai laissé passer le bonhomme à cause de vous, au moins; mais le bonhomme est quelquefois brutal.

ARAMINTE.

En vérité, ma mère, vous seriez la première à vous moquer de moi, si ce que vous me dites me faisait la moindre impression; ce serait une enfance à moi que de le renvoyer sur un pareil soupçon. Est-ce qu'on ne peut me voir sans m'aimer? Je n'y saurais que faire : il faut bien m'y accoutumer et prendre mon parti là-dessus. Vous lui trouvez l'air galant, dites-vous? Je n'y avais pas pris garde, et je ne lui en ferai point un reproche. Il y aurait de la bizarrerie à se fâcher de ce qu'il est bien fait. Je suis d'ailleurs comme tout le monde : j'aime assez les gens de bonne mine.

SCÈNE VII

ARAMINTE, MADAME ARGANTE, M. REMI, LE COMTE, DORANTE.

DORANTE.

Je vous demande pardon, madame, si je vous interromps. J'ai lieu de présumer que mes services ne vous sont plus agréables, et, dans la conjecture présente, il est naturel que je sache mon sort.

MADAME ARGANTE, ironiquement.

Son sort! le sort d'un intendant! Que cela est beau!

M. REMI.

Et pourquoi n'aurait-il pas un sort?

ARAMINTE, d'un air vif, à sa mère.

Voilà des emportements qui m'appartiennent. (A Dorante.) Quelle est cette conjecture, monsieur, et le motif de votre inquiétude?

DORANTE.

Vous le savez, madame. Il y a quelqu'un ici que vous avez envoyé chercher pour occuper ma place.

ARAMINTE.

Ce quelqu'un-là est fort mal conseillé. Désabusez-vous, ce n'est point moi qui l'ai fait venir.

DORANTE.

Tout a contribué à me tromper, d'autant plus que mademoiselle Marthon vient de m'assurer que dans une heure je ne serais plus ici.

ARAMINTE.

Marthon vous a tenu un fort sot discours.

MADAME ARGANTE.

Le terme est encore trop long: il devrait en sortir tout à l'heure.

M. REMI, comme à part.

Voyons par où cela finira.

ARAMINTE.

Allez, Dorante; tenez-vous en repos: fussiez-vous l'homme du monde qui me convînt le moins, vous resteriez. Dans cette occasion-ci, c'est à moi-même que je dois cela: je me sens offensée du procédé qu'on a avec moi, et je vais faire dire à cet homme d'affaires qu'il se retire. Que ceux qui l'ont amené sans me consulter le remmènent, et qu'il n'en soit plus parlé.

SCÈNE VIII

ARAMINTE, MADAME ARGANTE, M. REMI, LE COMTE, DORANTE, MARTHON.

MARTHON, froidement.

Ne vous pressez pas de le renvoyer, madame; voilà une lettre de recommandation pour lui, et c'est M. Dorante qui l'a écrite.

ARAMINTE.

Comment?

MARTHON, donnant la lettre au comte.

Un instant, madame, cela mérite d'être écouté; la lettre est de monsieur, vous dis-je.

LE COMTE. Il lit haut.

« Je vous conjure, mon cher ami, d'être demain sur les neuf heures du matin chez vous; j'ai bien des choses à vous dire. Je crois que je vais sortir de chez la dame que vous savez; elle ne peut plus ignorer la malheureuse passion que j'ai prise pour elle, et dont je ne guérirai jamais. »

MADAME ARGANTE.

De la passion, entendez-vous, ma fille?

LE COMTE, lisant.

« Un misérable ouvrier que je n'attendais pas est venu ici pour m'apporter la boîte de ce portrait que j'ai fait d'elle. »

MADAME ARGANTE.

C'est-à-dire que le personnage sait peindre.

LE COMTE, lisant.

« J'étais absent, il l'a laissée à une fille de la maison. »

MADAME ARGANTE, à Marthon.

Fille de la maison: cela vous regarde.

LE COMTE, lisant.

« On a soupçonné que ce portrait m'appartenait. Ainsi je pense qu'on va tout découvrir, et qu'avec le chagrin d'être renvoyé, et de perdre le plaisir de voir tous les jours celle » que j'adore... »

MADAME ARGANTE.

Que j'adore! Ah! que j'adore!

LE COMTE, lisant.

« J'aurai encore celui d'être méprisé d'elle. »

MADAME ARGANTE.

Je crois qu'il n'a pas mal deviné, celui-là, ma fille.

LE COMTE, lisant.

« Non pas à cause de la médiocrité de ma fortune, sorte de mépris dont je n'oserais la croire capable... »

MADAME ARGANTE.

Et pourquoi non?

LE COMTE, lisant.

« Mais seulement à cause du peu que je vaux auprès d'elle, tout honoré que je suis de l'estime de tant d'honnêtes gens. »

MADAME ARGANTE.

En vertu de quoi l'estiment-ils tant?

LE COMTE, lisant.

« Auquel cas je n'ai plus que faire à Paris. Vous êtes à la

veille de vous embarquer, et je suis déterminé à vous suivre. »

MADAME ARGANTE.

Bon voyage au galant!

M. REMI.

Le beau motif d'embarquement!

MADAME ARGANTE.

Eh bien, en avez-vous le cœur net, ma fille?

LE COMTE.

L'éclaircissement m'en paraît complet.

ARAMINTE, à Dorante.

Quoi! cette lettre n'est pas d'une écriture contrefaite? Vous ne la niez point?

DORANTE.

Madame...

ARAMINTE.

Retirez-vous.

M. REMI.

Eh bien, quoi? C'est de l'amour qu'il a; ce n'est pas d'aujourd'hui que les belles personnes en donnent; et, tel que vous le voyez, il n'en a pas pris pour toutes celles qui auraient bien voulu lui en donner. Cet amour-là lui coûte quinze mille livres de rente, sans compter les mers qu'il veut courir : voilà le mal; car, au reste, s'il était riche, le personnage en vaudrait bien un autre; il pourrait bien dire qu'il adore. (Contrefaisant madame Argante.) Et cela ne serait point si ridicule. Accommodez-vous; au reste, je suis votre serviteur, madame. (Il sort.)

MARTHON.

Fera-t-on monter l'intendant que M. le comte a amené, madame?

ARAMINTE.

N'entendrai-je parler que d'intendants? Allez-vous-en! vous prenez mal votre temps pour me faire des questions. (Marthon sort.)

MADAME ARGANTE.

Mais, ma fille, elle a raison : c'est M. le comte qui vous en répond, il n'y a qu'à le prendre.

ARAMINTE.

Et moi, je n'en veux point.

LE COMTE.

Est-ce à cause qu'il vient de ma part, madame ?

ARAMINTE.

Vous êtes le maître d'interpréter, monsieur ; mais je n'en veux point.

LE COMTE.

Vous vous expliquez là-dessus d'un air de vivacité qui m'étonne.

MADAME ARGANTE.

Mais, en effet, je ne vous reconnais pas. Qu'est-ce qui vous fâche ?

ARAMINTE.

Tout : on s'y est mal pris ; il y a dans tout ceci des façons si désagréables, des moyens si offensants, que tout m'en choque.

MADAME ARGANTE, étonnée.

On ne vous entend point.

LE COMTE.

Quoique je n'aie aucune part à ce qui vient de se passer, je ne m'aperçois que trop, madame, que je ne suis pas exempt de votre mauvaise humeur, et je serais fâché d'y contribuer davantage par ma présence.

MADAME ARGANTE.

Non, monsieur je vous suis. Ma fille, je retiens M. le comte ; vous allez venir nous trouver apparemment. Vous n'y songez pas, Araminte ; on ne sait que penser.

SCÈNE IX

ARAMINTE, DUBOIS.

DUBOIS.

Enfin, madame, à ce que je vois, vous en voilà délivrée : qu'il devienne tout ce qu'il voudra à présent ; tout le monde a été témoin de sa folie, et vous n'avez plus rien à craindre de sa douleur ; il ne dit mot. Au reste, je viens seulement de le rencontrer plus mort que vif, qui traversait la galerie pour aller chez lui. Vous auriez trop ri de le voir soupirer ; il m'a pourtant fait pitié ; je l'ai vu si défait, si pâle et si triste, que j'ai eu peur qu'il ne se trouvât mal.

ARAMINTE, qui ne l'a pas regardé jusque-là, et qui a toujours rêvé, dit d'un ton haut :

Mais qu'on aille donc voir ; quelqu'un l'a-t-il suivi ? Que ne le secouriez-vous ? Faut-il tuer cet homme ?

DUBOIS.

J'y ai pourvu, madame; j'ai appelé Lubin, qui ne le quittera pas, et je crois d'ailleurs qu'il n'arrivera rien; voilà qui est fini : je ne suis venu que pour vous dire une chose; c'est que je pense qu'il demandera à vous parler, et je ne conseille pas à madame de le voir davantage; ce n'est pas la peine.

ARAMINTE, sèchement.

Ne vous embarrassez pas ; ce sont mes affaires.

DUBOIS.

En un mot, vous en êtes quitte; et cela par le moyen de cette lettre qu'on vous a lue, et que mademoiselle Marthon a tirée de Lubin par mon avis : je me suis douté qu'elle pourrait vous être utile; et c'est une excellente idée que j'ai eue là, n'est-ce pas, madame?

ARAMINTE, froidement.

Quoi ! c'est à vous que j'ai l'obligation de la scène qui vient de se passer?

DUBOIS, librement.

Oui, madame.

ARAMINTE.

Méchant valet, ne vous présentez plus devant moi.

DUBOIS, comme étonné.

Hélas ! madame, j'ai cru bien faire.

ARAMINTE.

Allez, malheureux, il fallait m'obéir; je vous avais dit de ne plus vous en mêler. Vous m'avez jetée dans tous les désagréments que je voulais éviter. C'est vous qui avez répandu tous les soupçons qu'on a eus sur son compte, et ce n'est pas par attachement pour moi que vous m'avez appris qu'il m'aimait; ce n'est que par le plaisir de faire du mal. Il m'importait peu d'en être instruite; c'est un amour que je n'aurais jamais su, et je le trouve bien malheureux d'avoir eu affaire à vous, lui qui a été votre maître, qui vous affectionnait, qui vous a bien traité, qui vient tout récemment encore de vous prier à genoux de lui garder le secret. Vous l'assassinez, vous me trahissez moi-même ; il faut que vous soyez capable de tout. Que je ne vous voie jamais, et point de réplique.

DUBOIS s'en va en riant.

Allons, voilà qui est parfait.

SCÈNE X

ARAMINTE, MARTHON.

MARTHON, triste.

La manière dont vous m'avez renvoyée, il n'y a qu'un moment, me montre que je vous suis désagréable, madame, et je crois vous faire plaisir en vous demandant mon congé.

ARAMINTE, froidement.

Je vous le donne.

MARTHON.

Votre intention est-elle que je sorte dès aujourd'hui, madame?

ARAMINTE.

Comme vous voudrez.

MARTHON.

Cette aventure-ci est bien triste pour moi!

ARAMINTE.

Oh! point d'explication, s'il vous plaît.

MARTHON.

Je suis au désespoir.

ARAMINTE, avec impatience.

Est-ce que vous êtes fâchée de vous en aller? Eh bien, restez, mademoiselle, restez, j'y consens; mais finissons.

MARTHON.

Après les bienfaits dont vous m'avez comblée, que ferais-je auprès de vous à présent que je vous suis suspecte, et que j'ai perdu toute votre confiance?

ARAMINTE.

Mais que voulez-vous que je vous confie? Inventerai-je des secrets pour vous les dire?

MARTHON.

Il est pourtant vrai que vous me renvoyez, madame : d'où vient ma disgrâce?

ARAMINTE.

Elle est dans votre imagination. Vous me demandez votre congé, je vous le donne.

MARTHON.

Ah! madame, pourquoi m'avez-vous exposée au malheur

de vous déplaire? J'ai persécuté par ignorance l'homme du monde le plus aimable, qui vous aime plus qu'on n'a jamais aimé.

ARAMINTE, à part.

Hélas!

MARTHON.

Et à qui je n'ai rien à reprocher; car il vient de me parler. J'étais son ennemie, et je ne le suis plus. Il m'a tout dit. Il ne m'avait jamais vue, c'est M. Remi qui m'a trompée, et j'excuse Dorante.

ARRAMINTE.

A la bonne heure.

MARTHON.

Pourquoi avez-vous eu la cruauté de m'abandonner au hasard d'aimer un homme qui n'est pas fait pour moi, qui est digne de vous, et que j'ai jeté dans une douleur dont je suis pénétrée?

ARAMINTE, d'un ton doux.

Tu l'aimais donc, Marthon?

MARTHON.

Laissons là mes sentiments. Rendez-moi votre amitié comme je l'avais, et je serai contente.

ARAMINTE.

Ah! je te la rends tout entière.

MARTHON, lui baisant la main.

Me voilà consolée.

ARAMINTE.

Non, Marthon, tu ne l'es pas encore. Tu pleures, et tu m'attendris.

MARTHON.

N'y prenez point garde. Rien ne m'est si cher que vous.

ARAMINTE.

Va, je prétends bien te faire oublier tous tes chagrins. Je pense que voici Lubin.

SCÈNE XI

ARAMINTE, MARTHON, LUBIN.

ARAMINTE.

Que veux-tu?

LUBIN, pleurant et sanglotant.

J'aurais bien de la peine à vous le dire, car je suis dans une détresse qui me coupe entièrement la parole, à cause de la trahison que mademoiselle Marthon m'a faite. Ah! quelle ingrate perfidie!

MARTHON.

Laisse là ta perfidie, et nous dis ce que tu veux.

LUBIN.

Ah! cette pauvre lettre! quelle escroquerie!

ARAMINTE.

Dis donc.

LUBIN.

M. Dorante vous demande à genoux qu'il vienne ici vous rendre compte des paperasses qu'il a eues dans les mains depuis qu'il est ici. Il m'attend à la porte, où il pleure.

MARTHON.

Dis-lui qu'il vienne.

LUBIN.

Le voulez-vous, madame? car je ne me fie pas à elle. Quand on m'a affronté une fois, je n'en reviens point.

MARTHON, d'un air triste et attendri.

Parlez-lui, madame, je vous laisse.

LUBIN, quand Marthon est partie.

Vous ne me répondez point, madame?

ARAMINTE.

Il peut venir.

SCÈNE XII

DORANTE, ARAMINTE.

ARAMINTE.

Approchez, Dorante.

DORANTE.

Je n'ose presque paraître devant vous.

ARAMINTE, à part.

Ah! je n'ai guère plus d'assurance que lui. (Haut.) Pourquoi vouloir me rendre compte de mes papiers? Je m'en fie bien à vous. Ce n'est pas là-dessus que j'aurai à me plaindre.

DORANTE.

Madame..., j'ai autre chose à dire... Je suis si interdit, si tremblant, que je ne saurais parler.

ARAMINTE, à part, avec émotion.

Ah! que je crains la fin de tout ceci!

DORANTE, ému.

Un de vos fermiers est venu tantôt, madame.

ARAMINTE, émue.

Un de mes fermiers?... Cela se peut.

DORANTE.

Oui, madame... il est venu.

ARAMINTE, toujours émue.

Je n'en doute pas.

DORANTE, ému.

Et j'ai de l'argent à vous remettre...

ARAMINTE.

Ah! de l'argent?... Nous verrons.

DORANTE.

Quand il vous plaira, madame, de le recevoir.

ARAMINTE.

Oui... je le recevrai... vous me le donnerez. (A part.) Je ne sais ce que je lui réponds.

DORANTE.

Ne serait-il pas temps de vous l'apporter ce soir ou demain, madame?

ARAMINTE.

Demain, dites-vous? Comment vous garder jusque-là, après ce qui est arrivé?

DORANTE, plaintivement.

De tout le temps de ma vie que je vais passer loin de vous, je n'aurais plus que ce seul jour qui m'en serait précieux.

ARAMINTE.

Il n'y a pas moyen, Dorante : il faut se quitter. On sait que vous m'aimez, et on croirait que je n'en suis pas fâchée.

DORANTE.

Hélas! madame, que je vais être à plaindre!

ARAMINTE.

Ah! allez, Dorante; chacun a ses chagrins.

DORANTE.

J'ai tout perdu : j'avais un portrait, et je ne l'ai plus.

ARAMINTE.

A quoi vous sert de l'avoir? Vous savez peindre.

DORANTE.

Je ne pourrai de longtemps m'en dédommager. D'ailleurs, celui-ci m'aurait été bien cher. Il a été entre vos mains, madame.

ARAMINTE.

Mais vous n'êtes pas raisonnable.

DORANTE.

Ah! madame, je vais être éloigné de vous. Vous vous serez assez vengée. N'ajoutez rien à ma douleur.

ARAMINTE.

Vous donner mon portrait? Songez-vous que ce serait avouer que je vous aime!

DORANTE.

Que vous m'aimez, madame! Quelle idée! qui pourrait se l'imaginer?

ARAMINTE, d'un ton vif et naïf.

Et voilà pourtant ce qui m'arrive.

DORANTE, se jetant à ses genoux.

Je me meurs!

ARAMINTE.

Je ne sais plus où je suis. Modérez votre joie; levez-vous, Dorante.

DORANTE, se levant, et tendrement.

Je ne la mérite pas. Cette joie me transporte. Je ne la mérite pas, madame : vous allez me l'ôter; mais, n'importe, il faut que vous soyez instruite.

ARAMINTE, étonnée.

Comment! que voulez-vous dire?

DORANTE.

Dans tout ce qui s'est passé chez vous, il n'y a rien de vrai que ma passion, qui est infinie, et que le portrait que j'ai fait. Tous les incidents qui sont arrivés partent de l'industrie d'un domestique, qui savait mon amour, qui m'en plaint, qui, par le charme de l'espérance du plaisir de vous voir, m'a, pour ainsi dire, forcé de consentir à son stratagème; il voulait me faire valoir auprès de vous. Voilà, madame, ce que mon respect, mon amour et mon caractère ne me permettent pas de vous cacher. J'aime encore mieux regretter votre tendresse que de la devoir à l'artifice qui me l'a acquise; j'aime mieux votre haine que le remords d'avoir trompé ce que j'adore.

ARAMINTE, le regardant quelque temps sans parler.

Si j'apprenais cela d'un autre que de vous, je vous haïrais sans doute; mais l'aveu que vous m'en faites vous-même, dans un moment comme celui-ci, change tout. Ce trait de sincérité me charme, me paraît incroyable, et vous êtes le plus honnête homme du monde. Après tout, puisque vous m'aimez véritablement, ce que vous avez fait pour gagner mon cœur n'est point blâmable : il est permis à un amant de chercher les moyens de plaire, et on doit lui pardonner lorsqu'il a réussi.

DORANTE.

Quoi! la charmante Araminte daigne me justifier?

ARAMINTE.

Voici le comte avec ma mère : ne dites mot, et laissez-moi partir.

SCÈNE XIII

DORANTE, ARAMINTE, LE COMTE, MADAME ARGANTE, DUBOIS, LUBIN.

MADAME ARGANTE, voyant Dorante.

Quoi! le voilà encore?

ARAMINTE, froidement.

Oui, ma mère. (Au comte.) Monsieur le comte, il était question de mariage entre vous et moi, et il n'y faut plus penser : vous méritez qu'on vous aime; mon cœur n'est point en état de vous rendre justice, et je ne suis pas d'un rang qui vous convienne.

MADAME ARGANTE.

Quoi donc! que signifie ce discours?

LE COMTE.

Je vous entends, madame; et, sans l'avoir dit à madame, je songeais à me retirer : j'ai deviné tout. Dorante n'est venu chez vous qu'à cause qu'il vous aimait : il vous a plu; vous voulez lui faire sa fortune : voilà tout ce que vous allez dire.

ARAMINTE.

Je n'ai rien à ajouter.

MADAME ARGANTE, outrée.

La fortune à cet homme-là!

LES FAUSSES CONFIDENCES.

LE COMTE, tristement.

Il n'y a plus que notre discussion, que nous réglerons à l'amiable. J'ai dit que je ne plaiderais point, et je tiendrai parole.

ARAMINTE.

Vous êtes bien généreux : envoyez-moi quelqu'un qui en décide, et ce sera assez.

MADAME ARGANTE.

Ah! la belle chute! ah! ce maudit intendant! Qu'il soit votre mari tant qu'il vous plaira ; mais il ne sera jamais mon gendre.

ARAMINTE.

Laissons passer sa colère, et finissons. (Ils sortent.)

DUBOIS.

Ouf! ma gloire m'accable : je mériterais bien d'appeler cette femme-là ma bru.

LUBIN.

Pardi! nous nous soucions bien de ton tableau à présent! l'original nous en fournira bien d'autres copies.

FIN DES FAUSSES CONFIDENCES.

L'ÉPREUVE

COMÉDIE

EN UN ACTE

Représentée pour la première fois, à Paris, en 1740

PERSONNAGES

MADAME ARGANTE.

ANGÉLIQUE, sa fille.

LISETTE, suivante.

LUCIDOR, amant d'Angélique.

FRONTIN, valet de Lucidor.

MAITRE BLAISE, jeune fermier du village.

La scène est chez madame Argante.

L'ÉPREUVE

SCÈNE PREMIÈRE

LUCIDOR, FRONTIN, en bottes et en habit de maître.

LUCIDOR.
Entrons dans cette salle. Tu ne fais donc que d'arriver ?

FRONTIN.
Je viens de mettre pied à terre à la première hôtellerie du village : j'ai demandé le chemin du château, suivant l'ordre de votre lettre, et me voilà dans l'équipage que vous m'avez prescrit. De ma figure, qu'en dites-vous ? Y reconnaissez-vous votre valet de chambre, et n'ai-je pas l'air un peu trop seigneur ?

LUCIDOR.
Tu es comme il faut : à qui t'es-tu adressé en entrant ?

FRONTIN.
Je n'ai rencontré qu'un petit garçon dans la cour, et vous avez paru. A présent, que voulez-vous faire de moi et de ma bonne mine ?

LUCIDOR.
Te proposer pour époux à une très-aimable fille.

FRONTIN.
Tout de bon ! Ma foi, monsieur, je soutiens que vous êtes encore plus aimable qu'elle.

LUCIDOR.
Eh ! non, tu te trompes ; c'est moi que la chose regarde.

FRONTIN.
En ce cas-là, je ne soutiens plus rien.

LUCIDOR.
Tu sais que je suis venu ici il y a près de deux mois pour

y voir la terre que mon homme d'affaires m'a achetée : j'ai trouvé dans le château une madame Argante, qui en était comme la concierge, et qui est une petite bourgeoise de ce pays-ci. Cette bonne dame a une fille qui m'a charmé, et c'est pour elle que je veux te proposer.

FRONTIN, riant.

Pour cette fille que vous aimez? La confidence est gaillarde. Nous serons donc trois? Vous traitez cette affaire-ci comme une partie de piquet.

LUCIDOR.

Écoute-moi donc : j'ai dessein de l'épouser moi-même.

FRONTIN.

Je vous entends bien, quand je l'aurai épousée.

LUCIDOR.

Me laisseras-tu dire? Je te présenterai sur le pied d'un homme riche et mon ami, afin de voir si elle m'aimera assez pour le refuser.

FRONTIN.

Ah! c'est une autre histoire, et, cela étant, il y a une chose qui m'inquiète.

LUCIDOR.

Quoi?

FRONTIN.

C'est qu'en venant j'ai rencontré près de l'hôtellerie une fille, qui ne m'a pas aperçu, je pense, qui causait sur le pas d'une porte, mais qui m'a bien la mine d'être une certaine Lisette que j'ai connue à Paris il y a quatre ou cinq ans, et qui était à une dame chez qui mon maître allait souvent. Je n'ai vu cette Lisette-là que deux ou trois fois; mais, comme elle était jolie, je lui en ai conté tout autant de fois que je l'ai vue, et cela vous grave dans l'esprit d'une fille.

LUCIDOR.

Mais, vraiment, il y en a une chez madame Argante de ce nom-là, qui est du village, qui y a toute sa famille, et qui a passé en effet quelque temps à Paris avec une dame du pays.

FRONTIN.

Ma foi, monsieur, la friponne me reconnaîtra; il y a de certaines tournures d'homme qu'on n'oublie point.

LUCIDOR.

Tout le remède que j'y sache, c'est de payer d'effronterie, et de lui persuader qu'elle se trompe.

FRONTIN.

Oh! pour de l'effronterie, je suis en fonds.

L'ÉPREUVE.

LUCIDOR.

N'y a-t-il pas des hommes qui se ressemblent tant, qu'on s'y méprend?

FRONTIN.

Allons, je ressemblerai, voilà tout. Mais, dites-moi, monsieur, souffririez-vous un petit mot de représentation?

LUCIDOR.

Parle.

FRONTIN.

Quoiqu'à la fleur de votre âge, vous êtes tout à fait sage et raisonnable : il me semble pourtant que votre projet est bien jeune.

LUCIDOR, sérieusement.

Hem!

FRONTIN.

Doucement! vous êtes le fils d'un riche négociant qui vous a laissé plus de cent mille livres de rente, et vous pouvez prétendre aux plus grands partis : le minois dont vous parlez est-il fait pour vous appartenir en légitime mariage? Riche comme vous êtes, on peut se tirer de là à meilleur marché, ce me semble.

LUCIDOR.

Tais-toi, tu ne connais point celle dont tu parles. Il est vrai qu'Angélique n'est qu'une simple bourgeoise de campagne, mais originairement elle me vaut bien, et je n'ai pas l'entêtement des grandes alliances : elle est d'ailleurs si aimable, et je démêle à travers son innocence tant d'honneur et tant de vertu en elle; elle a naturellement un caractère si distingué, que, si elle m'aime, comme je le crois, je ne serai jamais qu'à elle.

FRONTIN.

Comment! si elle vous aime? Est-ce que cela n'est pas décidé?

LUCIDOR.

Non; il n'a pas encore été question du mot d'amour entre elle et moi; je ne lui ai jamais dit que je l'aime; mais toutes mes façons n'ont signifié que cela, toutes les siennes n'ont été que des expressions du penchant le plus tendre et le plus ingénu. Je tombai malade trois jours après mon arrivée; j'ai été même en quelque danger, je l'ai vue inquiète, alarmée; plus changée que moi; j'ai vu des larmes couler de ses yeux sans que sa mère s'en aperçût; et, depuis que la santé m'est revenue, nous continuons de même : je l'aime toujours sans le lui dire : elle m'aime aussi sans m'en parler, et sans vouloir cependant m'en faire un secret; son cœur simple, honnête et vrai n'en sait pas davantage.

FRONTIN.

Mais, vous qui en savez plus qu'elle, que ne mettez-vous un petit mot d'amour en avant? il ne gâterait rien.

LUCIDOR.

Il n'est pas temps : tout sûr que je suis de son cœur, je veux savoir à quoi je le dois, et si c'est l'homme riche, ou seulement moi qu'on aime; c'est ce que j'éclaircirai par l'épreuve où je vais la mettre. Il m'est encore permis de n'appeler qu'amitié tout ce qui est entre nous deux, et c'est de quoi je vais profiter.

FRONTIN.

Voilà qui est fort bien ; mais ce n'était pas moi qu'il fallait employer.

LUCIDOR.

Pourquoi ?

FRONTIN.

Oh! pourquoi? Mettez-vous à la place d'une fille, et ouvrez les yeux, vous verrez pourquoi. Il y a cent à parier contre un que je plairai.

LUCIDOR.

Le sot! Eh bien, si tu plais, j'y remédierai sur-le-champ en te faisant connaître. As-tu apporté les bijoux?

FRONTIN, fouillant dans sa poche.

Tenez, voilà tout.

LUCIDOR.

Puisque personne ne t'a vu entrer, retire-toi avant que quelqu'un que je vois dans le jardin n'arrive. Va t'ajuster, et ne reparais que dans une heure ou deux.

FRONTIN.

Si vous jouez de malheur, souvenez-vous que je l'ai prédit.

SCÈNE II

LUCIDOR, MAITRE BLAISE, habillé en riche fermier.

LUCIDOR.

Il vient à moi, il paraît avoir à me parler.

MAITRE BLAISE.

Je vous salue, monsieur Lucidor. Eh bian, qu'est-ce? Comment vous va? vous avez bonne maine à cette heure.

LUCIDOR.

Oui, je me porte assez bien, maître Blaise.

MAITRE BLAISE.

Faut convenir que voute maladie vous a bian fait du proufit; vous v'là, morgué, pus rougeaut, pus varmeil! Ça réjouit, ça me plait à voir.

LUCIDOR.

Je vous en suis obligé.

MAITRE BLAISE.

C'est que j'aime tant la santé des braves gens, alle est si recommandable, surtout la vôtre, qui est la plus recommandable de tout le monde.

LUCIDOR.

Vous avez raison d'y prendre quelque intérêt, je voudrais pouvoir vous être utile à quelque chose.

MAITRE BLAISE.

Voirement, cette utilité-là est belle et bonne; et je vians tout justement vous prier de m'en gratifier d'une.

LUCIDOR.

Voyons.

MAITRE BLAISE.

Vous savez bian, monsieur, que je fréquente chez madame Argante et sa fille Angélique. Alle est gentille, au moins.

LUCIDOR.

Assurément.

MAITRE BLAISE, riant.

Hé! hé! hé! c'est, ne vous déplaise, que je vourais avoir sa gentillesse en mariage.

LUCIDOR.

Vous aimez donc Angélique?

MAITRE BLAISE.

Ah! cette criature-là m'affolle, j'en pards si peu d'esprit que j'ai; quand il fait jour, je pense à elle; quand il fait nuit, j'en rêve: il faut du remède à ça, et je vians envars vous à celle fin, par voute moyen, pour l'honneur et le respect qu'en vous porte ici, sauf voute grâce, et, si ça ne vous torne pas à importunité, de me favoriser de queuques bonnes paroles auprès de sa mère, dont j'ai itou besoin de la faveur.

LUCIDOR.

Je vous entends: vous souhaitez que j'engage madame Argante à vous donner sa fille. Et Angélique vous aime-t-elle?

MAITRE BLAISE.

Oh! dame, quand parfois je li conte ma chance, alle rit de tout son cœur, et me plante là. C'est bon signe, n'est-ce pas?

LUCIDOR.

Ni bon ni mauvais; au surplus, comme je crois que madame Argante a peu de bien, que vous êtes fermier de plusieurs terres, fils de fermier vous-même...

MAITRE BLAISE.

Et que je sis encore une jeunesse; car je n'ons que trente ans, et d'himeur folichonne, un Roger-Bontemps.

LUCIDOR.

Le parti pourrait convenir, sans une difficulté.

MAITRE BLAISE.

Laquelle?

LUCIDOR.

C'est qu'en revanche des soins que madame Argante et toute sa maison ont eu de moi pendant ma maladie, j'ai songé à marier Angélique à quelqu'un de fort riche, qui va se présenter, qui ne veut précisément épouser qu'une fille de campagne, de famille honnête, et qui ne se soucie point qu'elle ait du bien.

MAITRE BLAISE.

Morgué! vous me faites là un vilain tour avec voute avisement, monsieur Lucidor; v'là qui m'est bian rude, bian chagrin et bian traître. Jarnigué, soyons bons, je l'approuve; mais ne foulons parsonne; je sis voute prochain autant qu'un autre, et ne faut pas peser sur sti-ci pour alléger sti-là. Moi qui avais tant de peur que vous ne mouriez! c'était bian la peine de venir vingt fois demander, comment va-t-il? comment ne va-t-il pas? V'là-t-il pas une santé qui m'est bian chanceuse, après vous avoir mené moi-même sti-là qui vous a tiré deux fois du sang, et qui est mon cousin, afin que vous le sachiez, mon propre cousin germain; ma mère était sa tante; et, jarni, ce n'est pas bian fait à vous.

LUCIDOR.

Votre parenté avec lui n'ajoute rien à l'obligation que je vous ai.

MAITRE BLAISE.

Sans compter que c'est cinq bonnes mille livres que vous m'ôtez comme un sou, et que la petite aura en mariage.

LUCIDOR.

Calmez-vous! est-ce cela que vous en espérez? Eh bien,

je vous en donne douze pour en épouser une autre, et pour vous dédommager du chagrin que je vous fais.

MAITRE BLAISE.

Quoi! douze mille livres d'argent sec?

LUCIDOR.

Oui, je vous les promets, sans vous ôter cependant la liberté de vous présenter pour Angélique; au contraire, j'exige même que vous la demandiez à madame Argante; je l'exige, entendez-vous? Car, si vous plaisiez à Angélique, je serais très-fâché de la priver d'un homme qu'elle aimerait.

MAITRE BLAISE, se frottant les yeux de surprise.

Eh! mais c'est comme un prince qui parle : douze mille livres! Les bras m'en tombent! je ne saurais me ravoir. Allons, monsieur, boutez-vous là, que je me prosterne devant vous ni pus ni moins que devant un prodige.

LUCIDOR.

Il n'est pas nécessaire, point de compliments, je vous tiendrai parole.

MAITRE BLAISE.

Après que j'ons été si mal appris, si brutal! Eh! dites-moi, roi que vous êtes, si par aventure Angélique me chérit, j'aurons donc la femme et les douze mille francs avec?

LUCIDOR.

Ce n'est pas tout à fait cela. Écoutez-moi : je prétends, vous dis-je, que vous vous proposiez pour Angélique, indépendamment du mari que je lui offrirai : si elle vous accepte, comme alors je n'aurai fait aucun tort à votre amour, je ne vous donnerai rien : si elle vous refuse, les douze mille francs sont à vous.

MAITRE BLAISE.

Alle me refusera, monsieur, alle me refusera, le ciel m'en fera la grâce à cause de vous qui le désirez.

LUCIDOR.

Prenez garde! je vois bien qu'à cause des douze mille francs vous ne demandez déjà pas mieux que d'être refusé.

MAITRE BLAISE.

Hélas! peut-être bian que la somme m'étourdit un petit brin : j'en sis friand, je le confesse, alle est si consolante!

LUCIDOR.

Je mets cependant encore une condition à notre marché, c'est que vous feigniez de l'empressement pour obtenir Angélique, et que vous continuiez de paraître amoureux d'elle.

MAITRE BLAISE.

Oui, monsieur, je serons fidèle à ça; mais j'ons bonne espérance de n'être pas daigne d'elle, et mêmement j'avons opinion, si alle osait, qu'alle vous aimerait plus que parsonne.

LUCIDOR.

Moi, maître Blaise? Vous me surprenez; je ne m'en suis pas aperçu, vous vous trompez. En tout cas, si elle ne veut pas de vous, souvenez-vous de lui faire ce petit reproche-là : je serais bien aise de savoir ce qui en est par pure curiosité.

MAITRE BLAISE.

En n'y manquera pas, en li reprochera devant vous, drès que monsieur le commande.

LUCIDOR.

Et, comme je ne vous crois pas mal à propos glorieux, vous me ferez plaisir aussi de jeter vos vues sur Lisette, que, sans compter les douze mille francs, vous ne vous repentirez pas d'avoir choisie, je vous en avertis.

MAITRE BLAISE.

Hélas! il n'y a qu'à dire, en se revirera itou sur elle; je l'aimerai par mortification.

LUCIDOR.

J'avoue qu'elle sert madame Argante; mais elle n'est pas de moindre condition que les autres filles du village.

MAITRE BLAISE.

Eh! voirement, alle est née native.

LUCIDOR.

Jeune et bien faite, d'ailleurs.

MAITRE BLAISE.

Charmante. Monsieur verra l'appétit que je prends déjà pour elle.

LUCIDOR.

Mais je vous ordonne une chose, c'est de ne lui dire que vous l'aimez qu'après qu'Angélique se sera expliquée sur votre compte; il ne faut pas que Lisette sache vos desseins auparavant.

MAITRE BLAISE.

Laissez faire à Blaise; en li parlant, je li dirai des propos où alle ne comprenra rin. La v'là. Vous plaît-il que je m'en aille?

LUCIDOR.

Rien ne vous empêche de rester.

SCÈNE III

LUCIDOR, MAITRE BLAISE, LISETTE.

LISETTE.
Je viens d'apprendre, monsieur, par le petit garçon de notre vigneron, qu'il vous était arrivé une visite de Paris.
LUCIDOR.
Oui, c'est un de mes amis qui vient me voir.
LISETTE.
Dans quel appartement du château souhaitez-vous qu'on le loge ?
LUCIDOR.
Nous verrons quand il sera revenu de l'hôtellerie où il est retourné. Où est Angélique, Lisette?
LISETTE.
Il me semble l'avoir vue dans le jardin qui s'amusait à cueillir des fleurs.
LUCIDOR, en montrant Blaise.
Voici un homme qui est de bonne volonté pour elle, qui a grande envie de l'épouser; et je lui demandais si elle avait de l'inclination pour lui : qu'en pensez-vous ?
MAITRE BLAISE.
Oui, de quel avis êtes-vous touchant ça, belle brunette, ma mie ?
LISETTE.
Eh! mais, autant que j'en puis juger, mon avis est que, jusqu'ici, elle n'a rien dans le cœur pour vous.
MAITRE BLAISE.
Rian du tout! C'est ce que je disais. Que mademoiselle Lisette a de jugement!
LISETTE.
Ma réponse n'a rien de trop flatteur; mais je ne saurais en faire une autre.
MAITRE BLAISE.
Stelle-là est belle et bonne, et je m'y accorde. J'aime qu'on soit franc; et, en effet, queul mérite avons-je pour li plaire, à cette enfant?
LISETTE.
Ce n'est pas que vous ne valiez votre prix, monsieur Blaise; mais je crains que madame Argante ne vous trouve pas assez de bien pour sa fille.

MAITRE BLAISE, riant.

Ça est vrai, pas assez de bian. Plus vous allez, mieux vous dites.

LISETTE.

Vous me faites rire avec votre air joyeux.

MAITRE BLAISE.

Oui, v'là ce que c'est, et pis tout ce qui viant je le prends. (A Lisette.) Le biau brin de fille que vous êtes !

LISETTE.

La tête lui tourne, ou il y a là quelque chose que je n'entends pas.

MAITRE BLAISE.

Stapendant je me baillerai bian du tourment pour avoir Angélique; et il en pourra venir que je l'aurons, ou bian que je ne l'aurons pas; faut mettre les deux pour deviner juste.

LISETTE, riant.

Vous êtes un très-grand devin.

LUCIDOR.

Quoi qu'il en soit, j'ai aussi un parti à lui offrir, mais un très-bon parti : il s'agit d'un homme du monde; et voilà pourquoi je m'informe si elle n'aime personne.

LISETTE.

Dès que vous vous mêlez de l'établir, je pense bien qu'elle s'en tiendra là.

LUCIDOR.

Adieu, Lisette : je vais faire un tour dans la grande allée; quand Angélique sera venue, je vous prie de m'en avertir. Soyez persuadée, à votre égard, que je ne m'en retournerai point à Paris sans récompenser le zèle que vous m'avez marqué.

LISETTE.

Vous avez bien de la bonté, monsieur.

LUCIDOR, bas, à Blaise.

Ménagez vos termes avec Lisette, maître Blaise.

MAITRE BLAISE.

Aussi fais-je; je n'y mets pas le sens commun.

L'ÉPREUVE

SCÈNE IV

MAITRE BLAISE, LISETTE.

LISETTE.

Ce M. Lucidor a le meilleur cœur du monde.

MAITRE BLAISE.

Oh! un cœur magnifique, un cœur tout d'or : au surplus, comment vous portez-vous, mademoiselle Lisette?

LISETTE, riant.

Eh! que voulez-vous dire avec votre compliment, maître Blaise? Vous tenez depuis un moment des discours bien étranges.

MAITRE BLAISE.

Oui, j'ons des manières fantasques; et ça vous étonne, n'est-ce pas? je m'en doute bian... Que vous êtes agriable!

LISETTE.

Que vous êtes original avec votre agréable! Comme il me regarde! En vérité, vous extravaguez.

MAITRE BLAISE.

Tout au contraire, c'est ma prudence qui vous contemple.

LISETTE.

Eh bien, contemplez, voyez; ai-je aujourd'hui le visage autrement fait que je l'avais hier?

MAITRE BLAISE.

Non, c'est moi qui le vois mieux que de coutume; il est tout nouviau pour moi.

LISETTE, voulant s'en aller.

Eh! que le ciel vous bénisse!

MAITRE BLAISE, l'arrêtant.

Attendez donc.

LISETTE.

Et que me voulez-vous? C'est se moquer que de vous entendre; on dirait que vous m'en contez : je sais bien que vous êtes un fermier à votre aise, et que je ne suis pas pour vous : de quoi s'agit-il donc?

MAITRE BLAISE.

De m'accouter sans y voir goutte, et de dire à part vous : « Ouais! faut qu'il y ait un secret à ça. »

LISETTE.

Et à propos de quoi un secret? Vous ne me dites rien d'intelligible.

MAITRE BLAISE.

Non, c'est fait exprès, c'est résolu.

LISETTE.

Voilà qui est bien particulier. Ne recherchez-vous pas Angélique ?

MAITRE BLAISE.

Ça est itou conclu.

LISETTE.

Plus je rêve, et plus je m'y perds.

MAITRE BLAISE.

Faut que vous vous y perdiais.

LISETTE.

Mais pourquoi me trouver si agréable? par quel accident le remarquez-vous plus qu'à l'ordinaire? Jusqu'ici vous n'avez pas pris garde si je l'étais ou non. Croirai-je que vous êtes tombé subitement amoureux de moi? Je ne vous en empêche pas.

[MAITRE BLAISE, vivement.

Je ne dis pas que je vous aime.

LISETTE, riant.

Que dites vous donc ?

MAITRE BLAISE.

Je ne dis pas que je ne vous aime point; ni l'un ni l'autre, vous m'en êtes témoin : j'ons donné ma parole; je marche droit en besogne, voyez-vous. Il n'y a pas à rire à ça; je ne dis rin, mais je pense, et je vais répétant que vous êtes agréable !

LISETTE, étonnée.

Je vous regarde à mon tour; et, si je ne me figurais pas que vous êtes timbré, en vérité je soupçonnerais que vous ne me haïssez pas.

MAITRE BLAISE.

Oh ! soupçonnez, croyez, persuadez-vous : il n'y aura pas de mal, pourvu qu'il n'y ait pas de ma faute, et que ça vienne de vous toute seule, sans que je vous aide.

LISETTE.

Qu'est-ce que cela signifie ?

MAITRE BLAISE.

Et mêmement, à vous parmis de m'aimer, par exemple; j'y consens encore si le cœur vous y porte, ne vous retenez pas : je vous lâche la bride là-dessus; il n'y aura rian de pardu.

LISETTE.
Le plaisant compliment! Eh! quel avantage en tirerais-je?
MAITRE BLAISE.
Oh! dame, je sis bridé, mais ce n'est pas comme vous; je ne saurais parler plus clair. Voici venir Angélique; laissez-moi li toucher un petit mot d'affection, que cela empêche sans que vous soyez gentille.
LISETTE.
Ma foi, votre tête est dérangée, monsieur Blaise, je n'en rabats rien.

SCÈNE V

ANGÉLIQUE, MAITRE BLAISE, LISETTE.

ANGÉLIQUE, un bouquet à la main.
Bonjour, monsieur Blaise. Est-il vrai, Lisette, qu'il est venu quelqu'un de Paris pour M. Lucidor?
LISETTE.
Oui, à ce que j'ai su.
ANGÉLIQUE.
Dit-on que ce soit pour l'emmener à Paris qu'on est venu?
LISETTE.
C'est ce que je ne sais pas; M. Lucidor ne m'en a rien appris.
MAITRE BLAISE.
Il n'y a pas d'apparence; il veut auparavant vous marier dans l'opulence, à ce qu'il dit.
ANGÉLIQUE.
Me marier, monsieur Blaise! et à qui donc, s'il vous plaît?
MAITRE BLAISE.
La parsonne n'a pas encore de nom.
LISETTE.
Il parle vraiment d'un très-grand mariage; il s'agit d'un homme du monde, et il ne dit pas qui c'est, ni d'où il viendra.
ANGÉLIQUE, d'un air content et discret.
D'un homme du monde qu'il ne nomme pas!
LISETTE.
Je vous rapporte ses propres termes.
ANGÉLIQUE.
Eh bien, je n'en suis point inquiète; on le connaîtra tôt ou tard.

MAITRE BLAISE.

Ce n'est pas moi, toujours.

ANGÉLIQUE.

Oh! je le crois bien; ce serait là un beau mystère : vous n'êtes qu'un homme des champs, vous.

MAITRE BLAISE.

Stapendant j'ons mes prétentions itou; mais je ne me cache pas, je dis mon nom, je me montre en publiant que je suis amoureux de vous : vous le savez bian. (Lisette lève les épaules.)

ANGÉLIQUE.

Je l'avais oublié.

MAITRE BLAISE.

Me v'là pour vous en aviser derechef : vous souciez-vous un peu de ça, mademoiselle Angélique? (Lisette boude.)

ANGÉLIQUE.

Hélas! guère.

MAITRE BLAISE.

Guère! c'est toujours queuque chose; prenez-y garde au moins, car je vais me douter sans façon que je vous plais.

ANGÉLIQUE.

Je ne vous le conseille pas, monsieur Blaise; car il me semble que non.

MAITRE BLAISE.

Ah! bon, ça; v'là qui se comprend : c'est pourtant fâcheux, voyez-vous, mais ça me chagraine; n'importe, ne vous gênez pas; je revianrai tantôt pour savoir si vous désirez que j'en parle à madame Argante, ou s'il faudra que je m'en taise; ruminez ça à part vous, et faites à votre guise : bonjour. (À Lisette.) Que vous êtes avenante!

LISETTE, en colère.

Quelle cervelle!

SCÈNE VI

LISETTE, ANGÉLIQUE.

ANGÉLIQUE.

Heureusement, je ne crains pas son amour; quand il me demanderait à ma mère, il n'en sera pas plus avancé.

LISETTE.

Lui! c'est un conteur de sornettes qui ne convient pas à une fille comme vous.

ANGÉLIQUE.

Je ne l'écoute pas. Mais, dis-moi, Lisette : M. Lucidor parle donc sérieusement d'un mari ?

LISETTE.

Mais d'un mari distingué, d'un établissement considérable.

ANGÉLIQUE.

Très-considérable, si c'est ce que je soupçonne.

LISETTE.

Eh ! que soupçonnez-vous ?

ANGÉLIQUE.

Oh ! je rougirais trop si je me trompais.

LISETTE.

Ne serait-ce pas lui, par hasard, que vous vous imaginez être l'homme en question, tout grand seigneur qu'il est par ses richesses ?

ANGÉLIQUE.

Bon ! lui ? Je ne sais pas seulement moi-même ce que je veux dire : on rêve, on promène sa pensée, et puis c'est tout. On le verra, ce mari ; je ne l'épouserai pas sans le voir.

LISETTE.

Quand ce ne serait qu'un de ses amis, ce sera toujours une grande affaire. A propos, il m'a recommandé d'aller l'avertir quand vous seriez venue, et il m'attend dans l'allée.

ANGÉLIQUE.

Eh ! va donc ; à quoi t'amuses-tu là ? Pardi ! tu fais bien les commissions qu'on te donne ; il n'y sera peut-être plus.

LISETTE.

Tenez, le voilà lui-même.

SCÈNE VII

ANGÉLIQUE, LUCIDOR, LISETTE.

LUCIDOR.

Y a-t-il longtemps que vous êtes ici, Angélique ?

ANGÉLIQUE.

Non, monsieur ; il n'y a qu'un moment que je sais que vous avez envie de me parler, et je la querellais de ne me l'avoir pas dit plus tôt.

LUCIDOR.

Oui, j'ai à vous entretenir d'une chose assez importante.

LISETTE.
Est-ce en secret? M'en irai-je?
LUCIDOR.
Il n'y a pas de nécessité que vous restiez.
ANGÉLIQUE.
Aussi bien, je crois que ma mère aura besoin d'elle.
LISETTE.
Je me retire donc.

SCÈNE VIII

ANGÉLIQUE, LUCIDOR, la regardant attentivement.

ANGÉLIQUE, en riant.
A quoi songez-vous donc en me considérant si fort?
LUCIDOR.
Je songe que vous embellissez tous les jours.
ANGÉLIQUE.
Ce n'était pas de même quand vous étiez malade. A propos, je sais que vous aimez les fleurs, et je pensais à vous en cueillant ce petit bouquet; tenez, monsieur, prenez-le.
LUCIDOR.
Je ne le prendrai que pour vous le rendre; j'aurai plus de plaisir à vous le voir.
ANGÉLIQUE, prenant le bouquet.
Et moi, à cette heure que je l'ai reçu, je l'aime mieux qu'auparavant.
LUCIDOR.
Vous ne répondez jamais rien que d'obligeant.
ANGÉLIQUE.
Ah! cela est si aisé avec de certaines personnes! Mais que me voulez-vous donc?
LUCIDOR.
Vous donner des témoignages de l'extrême amitié que j'ai pour vous, à condition qu'avant tout vous m'instruirez de l'état de votre cœur.
ANGÉLIQUE.
Hélas! le compte en sera bientôt fait! Je ne vous en dirai rien de nouveau : ôtez notre amitié que vous savez bien, il n'y a rien dans mon cœur que je sache; je n'y vois qu'elle.
LUCIDOR.
Vos façons de parler me font tant de plaisir, que j'en oublie presque ce que j'ai à vous dire.

ANGÉLIQUE.

Comment faire ? Vous oublierez donc toujours, à moins que je ne me taise ? Je ne connais point d'autre secret.

LUCIDOR.

Je n'aime point ce secret-là. Mais poursuivons ; il n'y a encore environ que sept semaines que je suis ici.

ANGÉLIQUE.

Y a-t-il tant que cela ? Que le temps passe vite ! Après ?

LUCIDOR.

Et je vois quelquefois bien des jeunes gens du pays qui vous font la cour ; lequel de tout distinguez-vous parmi eux ? Confiez-moi ce qui en est, comme au meilleur ami que vous ayez.

ANGÉLIQUE.

Je ne sais pas, monsieur, pourquoi vous pensez que j'en distingue ? Des jeunes gens qui me font la cour ! est-ce que je les remarque ? est-ce que je les vois ? Ils perdent donc bien leur temps.

LUCIDOR.

Je vous crois, Angélique.

ANGÉLIQUE.

Je ne me souciais d'aucun quand vous êtes venu ici, et je ne m'en soucie pas d'avantage depuis que vous y êtes, assurément.

LUCIDOR.

Êtes-vous aussi indifférente pour maître Blaise, ce jeune fermier, qui veut vous demander en mariage, à ce qu'il m'a dit ?

ANGÉLIQUE.

Il me demandera en ce qu'il lui plaira ; mais, en un mot, tous ces gens-là me déplaisent depuis le premier jusqu'au dernier ; principalement lui, qui me reprochait l'autre jour que nous nous parlions trop souvent tous deux, comme s'il n'était pas bien naturel de se plaire plus en votre compagnie qu'en la sienne. Que cela est sot !

LUCIDOR.

Si vous ne haïssez pas de me parler, je vous le rends bien, ma chère Agélique : quand je ne vous vois pas, vous me manquez, et je vous cherche.

ANGÉLIQUE.

Vous ne cherchez pas longtemps ; car je reviens bien vite, et ne sors guère.

LUCIDOR.
Quand vous êtes revenue, je suis content.

ANGÉLIQUE.
Et moi, je ne suis pas mélancolique.

LUCIDOR.
Il est vrai, je vois avec joie que votre amitié répond à la mienne.

ANGÉLIQUE.
Oui; mais, malheureusement, vous n'êtes pas de notre village, et vous retournerez peut-être bientôt à votre Paris, que je n'aime guère. Si j'étais à votre place, il me viendrait plutôt chercher que je n'irais le voir.

LUCIDOR.
Eh! qu'importe que j'y retourne ou non, puisqu'il ne tiendra qu'à vous que nous y soyons tous deux?

ANGÉLIQUE.
Tous deux, monsieur Lucidor? Eh! mais, contez-moi donc comme quoi.

LUCIDOR.
C'est que je vous destine un mari qui y demeure.

ANGÉLIQUE.
Est-il possible? Ah çà! ne me trompez pas au moins; tout le cœur me bat! Loge-t-il avec vous?

LUCIDOR.
Oui, Angélique, nous sommes dans la même maison.

ANGÉLIQUE.
Ce n'est pas assez, je n'ose encore être bien aise en toute confiance. Quel homme est-ce?

LUCIDOR.
Un homme très-riche.

ANGÉLIQUE.
Ce n'est pas là le principal. Après?

LUCIDOR.
Il est de mon âge et de ma taille.

ANGÉLIQUE.
Bon! c'est ce que je voulais savoir.

LUCIDOR.
Nos caractères se ressemblent, il pense comme moi.

ANGÉLIQUE.
Toujours de mieux en mieux. Que je l'aimerai!

LUCIDOR.

C'est un homme tout aussi uni, tout aussi sans façon que je le suis.

ANGÉLIQUE.

Je n'en veux point d'autre.

LUCIDOR.

Qui n'a ni ambition ni gloire, et qui n'exigera de celle qu'il épousera que son cœur.

ANGÉLIQUE, riant.

Il l'aura, monsieur Lucidor, il l'aura; il l'a déjà; je l'aime autant que vous, ni plus ni moins.

LUCIDOR.

Vous avez le sien, Angélique, je vous en assure; je le connais, c'est tout comme s'il vous le disait lui-même.

ANGÉLIQUE.

Eh! sans doute; et moi, je réponds aussi comme s'il était là.

LUCIDOR.

Ah! que, de l'humeur dont il est, vous allez le rendre heureux!

ANGÉLIQUE.

Ah! je vous promets bien qu'il ne sera pas heureux tout seul.

LUCIDOR.

Adieu, ma chère Angélique; il me tarde d'entretenir votre mère, et d'avoir son consentement. Le plaisir que me fait ce mariage ne me permet pas de différer davantage; mais, avant que je vous quitte, acceptez de moi ce petit présent de noce que j'ai droit de vous offrir, suivant l'usage et en qualité d'ami; ce sont de petits bijoux que j'ai fait venir de Paris.

ANGÉLIQUE.

Et moi, je les prends, parce qu'ils y retourneront avec vous, et que nous y retournerons ensemble; mais il ne fallait point de bijoux : c'est votre amitié qui est le véritable.

LUCIDOR.

Adieu, belle Agélique; votre mari ne tardera pas à paraître.

ANGÉLIQUE.

Courez donc, afin qu'il vienne plus vite.

SCÈNE IX

ANGÉLIQUE, LISETTE.

LISETTE.

Eh bien, mademoiselle, êtes-vous instruite? A qui vous marie-t-on?

ANGÉLIQUE.

A lui, ma chère Lisette, à lui-même; et je l'attends.

LISETTE.

A lui, dites-vous? Et quel est donc cet homme qui s'appelle *lui* par excellence? est-ce qu'il est ici?

ANGÉLIQUE.

Eh! tu as dû le rencontrer; il va trouver ma mère.

LISETTE.

Je n'ai vu que M. Lucidor, et ce n'est pas lui qui vous épouse.

ANGÉLIQUE.

Eh! si fait; voilà vingt fois que je le répète. Si tu savais comme nous nous sommes parlé, comme nous nous entendions bien sans qu'il ait dit : « C'est moi; » mais cela était si clair, si clair, si agréable, si tendre!...

LISETTE.

Je ne l'aurais jamais imaginé; mais le voici encore.

SCÈNE X

LUCIDOR, FRONTIN, LISETTE, ANGÉLIQUE.

LUCIDOR.

Je reviens, belle Angélique; en allant chez votre mère, j'ai trouvé monsieur qui arrivait, et j'ai cru qu'il n'y avait rien de plus pressé que de vous l'amener; c'est lui, c'est lui, c'est ce mari pour qui vous êtes si favorablement prévenue, et qui, par le rapport de nos caractères, est, en effet, un autre moi-même. Il m'a apporté aussi le portrait d'une jeune et jolie personne qu'on veut me faire épouser à Paris. (Il le lui présente.) Jetez les yeux dessus : comment le trouvez-vous?

ANGÉLIQUE, d'un air mourant, le repousse.

Je ne m'y connais pas.

LUCIDOR.

Adieu! je vous laisse ensemble, et je cours chez madame

Argante. (Il s'approche d'elle.) Êtes-vous contente? (Angélique, sans lui répondre, tire la boîte de bijoux, et la lui rend sans le regarder: elle la met dans sa main et il s'arrête comme surpris, et sans la lui remettre; après quoi, il sort.)

SCÈNE XI

ANGÉLIQUE, FRONTIN, LISETTE. Angélique reste immobile; Lisette tourne autour de Frontin avec surprise, et Frontin paraît embarrassé.

FRONTIN.

Mademoiselle, l'étonnante immobilité où je vous vois intimide extrêmement mon inclination naissante; vous me découragez tout à fait, et je sens que je perds la parole.

LISETTE.

Mademoiselle est immobile; vous, muet, et moi, stupéfaite; j'ouvre les yeux, je regarde, et je n'y comprends rien.

ANGÉLIQUE, tristement.

Lisette, qui est-ce qui l'aurait cru?

LISETTE.

Je ne le crois pas, moi qui le vois.

FRONTIN.

Si la charmante Angélique daignait seulement jeter un regard sur moi, je crois que je ne lui ferais point de peur, et peut-être reviendrait elle: on s'accoutume aisément à me voir, j'en ai l'expérience. Essayez-en.

ANGÉLIQUE, sans le regarder.

Je ne saurais: ce sera pour une autre fois. Lisette, tenez compagnie à monsieur; je lui demande pardon, je ne me sens pas bien, j'étouffe, et je vais me retirer dans ma chambre.

SCÈNE XII

FRONTIN, LISETTE.

FRONTIN, à part.

Mon mérite a manqué son coup.

LISETTE, à part.

C'est Frontin, c'est lui-même.

FRONTIN, à part.

Voici le plus fort de ma besogne ici. (Haut.) Ma mie, que dois-je conjecturer d'un aussi langoureux accueil? (Elle le regarde.) Eh bien, répondez donc. Allez-vous me dire aussi que ce sera pour une autre fois?

LISETTE.

Monsieur, ne t'ai-je pas vu quelque part?

FRONTIN.

Comment donc! « Ne t'ai-je pas vu quelque part? » Ce village-ci est bien familier.

LISETTE.

Est-ce que je me tromperais?... Monsieur, excusez-moi; mais n'avez-vous jamais été à Paris chez une madame Dorman, où j'étais?

FRONTIN.

Qu'est-ce que c'est que madame Dorman? Dans quel quartier?

LISETTE.

Du côté de la place Maubert, chez un marchand de café, au second.

FRONTIN.

Une place Maubert! une madame Dorman! un second! Non, mon enfant, je ne connais point cela, et je prends toujours mon café chez moi.

LISETTE.

Je ne dis plus mot! mais j'avoue que je vous ai pris pour Frontin, et il faut que je me fasse toute la violence du monde pour m'imaginer que ce n'est point lui.

FRONTIN.

Frontin? Mais c'est un nom de valet.

LISETTE.

Oui, monsieur, et il m'a semblé que c'était toi... Que c'était vous, dis-je.

FRONTIN.

Quoi! toujours des *tu* et des *toi!* Vous me lassez à la fin.

LISETTE.

J'ai tort; mais tu lui ressembles si fort... Eh! monsieur, pardon. Je retombe toujours. Quoi! tout de bon, ce n'est pas toi?... Je veux dire, ce n'est pas vous?

FRONTIN, riant.

Je crois que le plus court est d'en rire moi-même. Allez, ma fille, un homme moins raisonnable et de moindre étoffe se fâcherait; mais je suis trop au-dessus de votre méprise, et vous me divertiriez beaucoup, si ce n'était le désagrément qu'il y a d'avoir une physionomie commune avec ce coquin-là. La nature pouvait se passer de lui donner le double de la mienne, et c'est un affront qu'elle m'a fait; mais ce n'est pas votre faute. Parlons de votre maîtresse.

L'ÉPREUVE.

LISETTE.

Oh! monsieur, n'y ayez point de regret : celui pour qui je vous prenais est un garçon fort aimable, fort amusant, plein d'esprit, et d'une très-jolie figure.

FRONTIN.

J'entends bien, la copie est parfaite.

LISETTE.

Si parfaite, que je n'en reviens point, et tu serais le plus grand maraud... Monsieur, je me brouille encore; la ressemblance m'emporte.

FRONTIN.

Ce n'est rien : je commence à m'y faire. Ce n'est pas moi à qui vous parlez.

LISETTE.

Non, monsieur, c'est à votre copie, et je voulais dire qu'il aurait grand tort de me tromper; car je voudrais de tout mon cœur que ce fût lui. Je crois qu'il m'aimait, et je le regrette.

FRONTIN.

Vous avez raison, il en valait bien la peine. (A part.) Que cela est flatteur!

LISETTE.

Voilà qui est bien particulier : à chaque fois que vous parlez, il me semble l'entendre.

FRONTIN.

Vraiment, il n'y a rien là de surprenant; dès qu'on se ressemble, on a le même son de voix, et volontiers les mêmes inclinations. Il vous aimait, dites-vous, et je ferais comme lui, sans l'extrême distance qui nous sépare.

LISETTE.

Hélas! je me réjouissais en croyant l'avoir retrouvé.

FRONTIN.

Oh!... Tant d'amour sera récompensé, ma belle enfant, je vous le prédis; en attendant, vous ne perdrez pas tout : je m'intéresse à vous, et je vous rendrai service; ne vous mariez point sans me consulter.

LISETTE.

Je sais garder un secret : monsieur, dites-moi si c'est toi.

FRONTIN, en s'en allant.

Allons, vous abusez de ma bonté; il est temps que je me retire. (A part.) Ouf! le rude assaut!

SCÈNE XIII

LISETTE, MAITRE BLAISE.

LISETTE, d'abord seule.

Je m'y suis prise de toutes façons, et ce n'est pas lui sans doute ; mais il n'y a jamais rien eu de pareil ; quand ce serait lui au reste, maître Blaise est bien un autre parti, s'il m'aime.

MAITRE BLAISE.

Eh bien, fillette, à quoi en suis-je avec Angélique ?

LISETTE.

Au même état où vous étiez tantôt.

MAITRE BLAISE, en riant.

Eh ! mais tant pire, ma grande fille !

LISETTE.

Ne me direz-vous point ce que peut signifier le tant pis que vous dites en riant ?

MAITRE BLAISE.

C'est que je ris de tout, mon poulet.

LISETTE.

En tout cas, j'ai un avis à vous donner : c'est qu'Angélique ne paraît pas disposée à accepter le mari que M. Lucidor lui destine, et qui est ici ; et que, si dans ces circonstances vous continuez à la rechercher, apparemment vous l'obtiendrez.

MAITRE BLAISE, tristement.

Croyez-vous ? Eh ! mais, tant mieux !

LISETTE.

Oh ! vous m'impatientez avec vos tant mieux si tristes, et vos tant pis si gaillards, et le tout en m'appelant ma grande fille, et mon poulet. Il faut, s'il vous plaît, que j'en aie le cœur net, monsieur Blaise : pour la dernière fois, est-ce que vous m'aimez ?

MAITRE BLAISE.

Il n'y pas encore de réponse à ça.

LISETTE.

Vous vous moquez donc de moi ?

MAITRE BLAISE.

V'là une mauvaise pensée.

LISETTE.

Avez-vous toujours dessein de demander Angélique en mariage ?

L'ÉPREUVE.

MAITRE BLAISE.

Le micmac le requiert...

LISETTE.

Le micmac! Et, si on vous le refuse, en serez-vous fâché?

MAITRE BLAISE, riant.

Oui-da.

LISETTE.

En vérité, dans l'incertitude où vous me tenez de vos sentiments, que voulez-vous que je réponde aux douceurs que vous me dites? Mettez-vous à ma place.

MAITRE BLAISE.

Boutez-vous à la mienne.

LISETTE.

Et quelle est-elle? car, si vous êtes de bonne foi, si effectivement vous m'aimez...

MAITRE BLAISE, riant.

Oui, je suppose...

LISETTE.

Vous jugez bien que je n'aurais pas le cœur ingrat.

MAITRE BLAISE, riant.

Hé! hé! hé!... Lorgnez-moi un peu, que je voie si ça est vrai.

LISETTE.

Qu'en ferez-vous?

MAITRE BLAISE.

Hé! hé!... Je le garde. La gentille enfant! queue dommage de laisser ça dans la peine!

LISETTE.

Quelle obscurité! Voilà madame Argante et M. Lucidor; il est apparemment question du mariage d'Angélique avec l'amant qui lui est venu; sa mère voudra qu'elle l'épouse; et, si elle obéit, comme elle y sera peut-être obligée, il ne sera plus nécessaire que vous la demandiez; ainsi retirez-vous, je vous prie.

MAITRE BLAISE.

Oui; mais je sis d'obligation aussi de revenir voir ce qui en est, pour me comporter à l'avenant.

LISETTE, fâchée.

Encore? Oh! votre énigme est d'une impertinence qui m'indigne.

MAITRE BLAISE, riant et s'en allant.

C'est pourtant douze mille francs qui vous fâchent.

LISETTE.

Douze mille francs! où va-t-il prendre ce qu'il dit là? Je commence à croire qu'il y a quelque motif à cela.

SCÈNE XIV

MADAME ARGANTE, LUCIDOR, FRONTIN, LISETTE.

MADAME ARGANTE, en entrant, à Frontin.

Eh! monsieur, ne vous rebutez point; il n'est pas possible qu'Angélique ne se rende, il n'est pas possible. (A Lisette.) Lisette, vous étiez présente quand monsieur a vu ma fille; est-il vrai qu'elle ne l'ait pas bien reçu? Qu'a-t-elle donc dit? Parlez! a-t-il lieu de se plaindre?

LISETTE.

Non, madame, je ne me suis point aperçue de mauvaise réception; il n'y a eu qu'un étonnement naturel à une jeune et honnête fille qui se trouve, pour ainsi dire, mariée dans la minute; mais, pour le peu que madame la rassure et s'en mêle, il n'y aura pas la moindre difficulté.

LUCIDOR.

Lisette a raison, je pense comme elle.

MADAME ARGANTE.

Eh! sans doute, elle est si jeune et si innocente!

FRONTIN.

Madame, le mariage en impromptu étonne l'innocence, mais ne l'afflige pas; et votre fille est allée se trouver mal dans sa chambre.

MADAME ARGANTE.

Vous verrez, monsieur, vous verrez... Allez, Lisette; dites-lui que je lui ordonne de venir tout à l'heure : amenez-la ici; partez. (A Frontin.) Il faut avoir la bonté de lui pardonner ces premiers mouvements-là, monsieur; ce ne sera rien. (Lisette sort.)

FRONTIN.

Vous avez beau dire, on a eu tort de m'exposer à cette aventure-ci. Il est fâcheux à un galant homme à qui tout Paris jette ses filles à la tête, et qui les refuse toutes, de venir lui-même essuyer les dédains d'une jeune citoyenne de village à qui on ne demande précisément que sa figure en mariage. Votre fille me convient fort, et je rends grâce à mon ami de me l'avoir retenue; mais il fallait en m'appelant me tenir sa main si prête et si disposée, que je n'eusse qu'à tendre la mienne pour la recevoir; point d'autre cérémonie.

LUCIDOR.

Je n'ai pas dû deviner l'obstacle qui se présente.

MADAME ARGANTE.

Eh! messieurs, un peu de patience; regardez-la dans cette occasion-ci comme une enfant.

SCÈNE XV

MADAME ARGANTE, ANGÉLIQUE, LUCIDOR, FRONTIN, LISETTE.

MADAME ARGANTE.

Approchez, mademoiselle, approchez; n'êtes-vous pas bien sensible à l'honneur que vous fait monsieur de venir vous épouser, malgré votre peu de fortune et la médiocrité de votre état?

FRONTIN.

Rayons ce mot d'honneur; mon amour et ma galanterie le désapprouvent.

MADAME ARGANTE.

Non, monsieur, je dis la chose comme elle est. Répondez, ma fille.

ANGÉLIQUE.

Ma mère...

MADAME ARGANTE.

Vite donc.

FRONTIN.

Point de ton d'autorité, sinon je reprends mes bottes et monte à cheval. (A Angélique.) Vous ne m'avez pas encore regardé, fille aimable; vous n'avez point encore vu ma personne; vous la rebutez sans la connaître; voyez-la pour la juger.

ANGÉLIQUE.

Monsieur...

MADAME ARGANTE.

« Monsieur... Ma mère... » Levez la tête.

FRONTIN.

Silence, maman! voilà une réponse entamée.

LISETTE.

Vous êtes trop heureuse, mademoiselle; il faut que vous soyez née coiffée.

ANGÉLIQUE, vivement.

En tout cas, je ne suis pas née babillarde.

FRONTIN.

Vous n'en êtes que plus rare; allons, mademoiselle, reprenez haleine, et prononcez.

MADAME ARGANTE.

Je dévore ma colère.

LUCIDOR.

Que je suis mortifié !

FRONTIN, à Angélique.

Courage ! encore un effort pour achever.

ANGÉLIQUE.

Monsieur, je ne vous connais point.

FRONTIN.

La connaissance est sitôt faite en mariage ! c'est un pays où l'on va si vite !

MADAME ARGANTE.

Comment ! étourdie, ingrate que vous êtes...

FRONTIN.

Ah ! ah ! madame Argante, vous avez le dialogue d'une rudesse insoutenable.

MADAME ARGANTE.

Je sors : je ne pourrais pas me retenir ; mais je la déshérite si elle continue de répondre aussi mal aux obligations que nous vous avons, messieurs. Depuis que M. Lucidor est ici, son séjour n'a été marqué pour nous que par des bienfaits; pour comble de bonheur, il procure à ma fille un mari tel qu'elle ne pouvait pas l'espérer, ni pour le bien, ni pour le mérite...

FRONTIN.

Tout doux ! appuyez légèrement sur le dernier.

MADAME ARGANTE, en s'en allant.

Et, merci de ma vie ! qu'elle l'accepte, ou je la renonce.

SCÈNE XVI

ANGÉLIQUE, LUCIDOR, FRONTIN, LISETTE.

LISETTE.

En vérité, mademoiselle, on ne saurait vous excuser. Attendez-vous qu'il vienne un prince ?

FRONTIN.

Sans vanité, voici mon apprentissage en fait de refus; je ne connaissais pas cet affront-là.

LUCIDOR.

Vous savez, belle Angélique, que je vous ai d'abord consultée sur ce mariage; je n'y ai pensé que par zèle pour vous, et vous m'en avez paru satisfaite.

ANGÉLIQUE.

Oui, monsieur, votre zèle est admirable, c'est la plus belle chose du monde; j'ai tort; je suis une étourdie; mais laissez-moi dire. A cette heure que ma mère n'y est plus, et que je suis un peu plus hardie, il est juste que je parle à mon tour, Et je commence par vous, Lisette: c'est que je vous prie de vous taire, entendez-vous? Il n'y a rien ici qui vous regarde: quand il vous viendra un mari, vous en ferez ce qu'il vous plaira, sans que je vous en demande compte, et je ne vous dirai point sottement ni que vous êtes née coiffée, ni que vous êtes trop heureuse, ni que vous attendez un prince, ni d'autres propos aussi ridicules que vous m'avez tenus sans savoir ni quoi ni qu'est-ce.

FRONTIN.

Sur sa part, je devine la mienne.

ANGÉLIQUE.

La vôtre est toute prête, monsieur. Vous êtes honnête homme, n'est-ce pas?

FRONTIN.

C'est en quoi je brille.

ANGÉLIQUE.

Vous ne voudrez pas causer du chagrin à une fille qui ne vous a jamais fait de mal: cela serait cruel et barbare.

FRONTIN.

Je suis l'homme du monde le plus humain; vos pareilles en ont mille preuves.

ANGÉLIQUE.

C'est bien fait; je vous dirai donc, monsieur, que je serais mortifiée s'il fallait vous aimer; le cœur me le dit, on sent cela; non que vous ne soyez fort aimable, pourvu que ce ne soit pas moi qui vous aime: je ne finirai point de vous louer quand ce sera pour une autre. Je vous prie de prendre en bonne part tout ce que je vous dis là, j'y vais de tout mon cœur; ce n'est pas moi qui ai été vous chercher une fois; je ne songeais pas à vous; et, si je l'avais pu, il ne m'en aurait pas plus coûté de vous crier: « Ne venez pas, » que de vous dire: « Allez-vous-en. »

FRONTIN.

Comme vous me le dites.

ANGÉLIQUE.

Oh! sans doute, et le plus tôt sera le mieux. Mais que vous

importe? Vous ne manquerez pas de filles; quand on est riche, on en a tant qu'on veut, à ce qu'on dit, au lieu que naturellement je n'aime pas l'argent; j'aimerais mieux en donner que d'en prendre; c'est là mon humeur.

FRONTIN.

Elle est bien opposée à la mienne. A quelle heure voulez-vous que je parte?

ANGÉLIQUE.

Vous êtes bien honnête : quand il vous plaira; je ne vous retiens point. Il est tard à cette heure; mais il fera beau demain.

FRONTIN, à Lucidor.

Mon grand ami, voilà ce qu'on appelle un congé bien conditionné; et je le reçois, sauf vos conseils qui me régleront là-dessus cependant. Ainsi, belle ingrate, je diffère encore mes derniers adieux.

ANGÉLIQUE.

Quoi! monsieur, ce n'est pas fait? Pardi! vous avez bon courage! (A Lucidor.) Votre ami n'a guère de cœur; il me demande à quelle heure il partira, et il reste.

SCÈNE XVII

ANGÉLIQUE, LUCIDOR, LISETTE.

LUCIDOR.

Il n'est pas si aisé de vous quitter, Angélique; mais je vous débarrasserai de lui.

LISETTE.

Quelle perte! Un homme qui lui faisait sa fortune.

LUCIDOR.

Il y a des antipathies insurmontables; si Angélique est dans ce cas-là, je ne m'étonne point de son refus; et je ne renonce pas au projet de l'établir avantageusement.

ANGÉLIQUE.

Eh! monsieur, ne vous en mêlez pas. Il y a des gens qui ne font que nous porter guignon.

LUCIDOR.

Vous porter guignon avec les intentions que j'ai! Et qu'avez-vous à reprocher à mon amitié?

ANGÉLIQUE, à part.

Son amitié! Le méchant homme!

LUCIDOR.

Dites-moi de quoi vous vous plaignez?

ANGÉLIQUE.

Moi, monsieur, me plaindre? Et qui est-ce qui y songe? Où sont les reproches que je vous fais? Me voyez-vous fâchée? Je suis très-contente de vous; vous en agissez on ne peut pas mieux : comment donc! vous m'offrez des maris tant que j'en voudrai, vous m'en faites venir de Paris sans que j'en demande; y a-t-il rien de plus obligeant, de plus officieux? Il est vrai que je laisse là tous vos mariages; mais aussi il ne faut pas croire, à cause de vos rares bontés, qu'on soit obligée vite et vite de se donner au premier venu que vous attirerez de je ne sais où, et qui arrivera tout botté pour m'épouser sur votre parole; il ne faut pas croire cela. Je suis fort reconnaissante; mais je ne suis pas idiote.

LUCIDOR.

Quoi que vous en disiez, vos discours ont une aigreur que je ne sais à quoi attribuer, et que je ne mérite point.

LISETTE.

Ah! j'en sais bien la cause, moi; si je voulais parler...

ANGÉLIQUE.

Hein! Qu'est-ce que c'est que cette science que vous avez? Que veut-elle dire? Écoutez, Lisette; je suis naturellement douce et bonne; un enfant a plus de malice que moi; mais, si vous me fâchez, vous m'entendez bien, je vous promets de la rancune pour mille ans.

LUCIDOR.

Si vous ne vous plaignez pas de moi, reprenez donc ce petit présent que je vous avais fait, et que vous m'avez rendu sans me dire pourquoi.

ANGÉLIQUE.

Pourquoi? C'est qu'il n'est pas juste que je l'aie. Le mari et les bijoux étaient pour aller ensemble, et, en rendant l'un, je rends l'autre. Vous voilà bien embarrassé; gardez cela pour cette charmante beauté dont on vous a apporté le portrait.

LUCIDOR.

Je lui en trouverai d'autres; reprenez ceux-ci.

ANGÉLIQUE.

Oh! qu'elle garde tout, monsieur; je les jetterais.

LISETTE.

Et moi, je les ramasserai.

LUCIDOR.

C'est-à-dire que vous ne voulez pas que je songe à vous marier, et que, malgré ce que vous m'avez dit tantôt, il y a quelque amour secret dont vous me faites mystère.

ANGÉLIQUE.

Eh! mais, cela se peut bien : oui, monsieur, voilà ce que c'est : j'en ai pour un homme d'ici ; et, quand je n'en aurais pas, j'en prendrai tout exprès demain pour avoir un mari à ma fantaisie.

SCÈNE XVIII

LUCIDOR, ANGÉLIQUE, LISETTE, MAITRE BLAISE.

MAITRE BLAISE.

Je requiers la parmission d'interrompre pour avoir la déclaration de voute darnière volonté. Mademoiselle, retenez-vous voute amoureux nouviau-venu?

ANGÉLIQUE.

Non ; laissez-moi.

MAITRE BLAISE.

Me retenez-vous, moi?

ANGÉLIQUE.

Non.

MAITRE BLAISE.

Une fois, deux fois, me voulez-vous?

ANGÉLIQUE.

L'insupportable homme!

LISETTE.

Êtes-vous sourd, maître Blaise? Elle vous dit que non.

MAITRE BLAISE.

Oui, ma mie... Ah çà! monsieur, je vous prends à témoin comme quoi je l'aime, comme quoi alle me repousse, que si alle ne me prend pas, c'est sa faute, et que ce n'est pas sur moi qu'il en faut jeter l'endosse. (Bas, à Lisette.) Bonjour, poulet! (A tous.) Au demeurant, ça ne me surprend point : mademoiselle Angélique en refuse deux; alle en refuserait trois; alle en refuserait un boissiau : il n'y en a qu'un qu'alle envie ; tout le reste est du fretin pour alle ; hormis M. Lucidor, que j'ons deviné drès le commencement.

ANGÉLIQUE, outrée.

M. Lucidor?

MAITRE BLAISE.

Li-même : n'ons-ti pas vu que vous pleuriais quand il fut malade, tant vous aviez peur qu'il ne devînt mort?

LUCIDOR.

Je ne croirai jamais ce que vous dites-là. Angélique pleurait par amitié pour moi?

ANGÉLIQUE.

Comment! ne le croyez pas! vous ne seriez pas homme de bien de le croire. M'accuser d'aimer à cause que je pleure, à cause que je donne des marques de bon cœur! Eh! mais je pleure tous les malades que je vois; je pleure pour tout ce qui est en danger de mourir. Si mon oiseau mourait devant moi, je pleurerais; dira-t-on que j'ai de l'amour pour lui?

LISETTE.

Passons, passons là-dessus; car, à vous parler franchement, je l'ai cru de même.

ANGÉLIQUE.

Quoi! vous aussi, Lisette? Vous m'accablez, vous me déchirez. Eh! que vous ai-je fait? Quoi! un homme qui ne songe point à moi, qui veut me marier à tout le monde, je l'aimerais, moi qui ne pourrais pas le souffrir s'il m'aimait, moi qui ai de l'inclination pour un autre? J'ai donc le cœur bien bas, bien misérable!... Ah! que l'affront qu'on me fait m'est sensible!

LUCIDOR.

Mais, en vérité, Angélique, vous n'êtes pas raisonnable : ne voyez-vous pas que ce sont nos petites conversations qui ont donné lieu à cette folie qu'on a rêvée, et qu'elle ne mérite pas votre attention?

ANGÉLIQUE.

Hélas! monsieur, c'est par discrétion que je ne vous ai pas dit ma pensée; mais je vous aime si peu, que, si je ne me retenais pas, je vous haïrais depuis ce mari que vous avez mandé de Paris; oui, monsieur, je vous haïrais : je ne sais trop même si je ne vous hais pas; je ne voudrais pas jurer que non, car j'avais de l'amitié pour vous, et je n'en ai plus. Est-ce là des dispositions pour aimer?

LUCIDOR.

Je suis honteux de la douleur où je vous vois. Avez-vous besoin de vous défendre? Dès que vous en aimez un autre, tout n'est-il pas dit?

MAÎTRE BLAISE.

Un autre galant? Alle serait, morgué! bian en peine de le montrer.

ANGÉLIQUE.

En peine? Eh bien, puisqu'on m'obstine, c'est justement lui qui parle, cet indigne.

LUCIDOR.

Je l'ai soupçonné.

MAITRE BLAISE.

Moi ?

LISETTE.

Bon ! cela n'est pas vrai.

ANGÉLIQUE.

Quoi ! je ne sais pas l'inclination que j'ai ? Oui, c'est lui, je vous dis que c'est lui.

MAITRE BLAISE.

Ah çà ! mademoiselle, ne badinons point : ça n'a ni rime ni raison. Par votre foi, est-ce ma personne qui vous a pris le cœur?

ANGÉLIQUE.

Oh ! je l'ai assez dit. Oui, c'est vous, malhonnête que vous êtes; si vous ne m'en croyez pas, je ne m'en soucie guère.

MAITRE BLAISE.

Eh ! mais, jamais voute mère n'y consentira.

ANGÉLIQUE.

Vraiment, je le sais bien.

MAITRE BLAISE.

Et pis vous m'avez rebuté d'abord ; j'ai compté là-dessus, moi : je me sis arrangé autrement.

ANGÉLIQUE.

Eh bien, ce sont vos affaires.

MAITRE BLAISE.

On n'a pas un cœur qui va et qui viant comme une girouette : faut être fille pour ça. On se fie à des refus.

ANGÉLIQUE.

Oh ! accommodez-vous, benêt.

MAITRE BLAISE.

Sans compter que je ne sis pas riche.

LUCIDOR.

Ce n'est pas là ce qui m'embarrassera, et j'aplanirai tout ; puisque vous avez le bonheur d'être aimé, maître Blaise, je donne vingt mille francs en faveur de ce mariage. Je vais en porter la parole à madame Argante, et je reviens dans le moment vous en rendre la réponse.

ANGÉLIQUE.

Comme on me persécute !

LUCIDOR.

Adieu, Angélique. J'aurai enfin la satisfaction de vous avoir mariée selon votre cœur, quelque chose qui m'en coûte.

ANGÉLIQUE, à part.

Je crois que cet homme-là me fera mourir de chagrin.

SCÈNE XIX

MAITRE BLAISE, ANGÉLIQUE, LISETTE.

LISETTE.

Ce M. Lucidor est un grand marieur de filles! A quoi vous déterminez-vous, maître Blaise?

MAITRE BLAISE, après avoir rêvé.

Je dis qu'ous êtes toujours bian jolie, mais que ces vingt mille francs vous font grand tort.

LISETTE.

Hum! le vilain procédé!

ANGÉLIQUE, d'un air languissant.

Est-ce que vous aviez quelque dessein pour elle?

MAITRE BLAISE.

Oui; je n'en fais pas le fin.

ANGÉLIQUE.

Sur ce pied-là, vous ne m'aimez pas.

MAITRE BLAISE.

Si fait da! ça m'avait un peu quitté; mais je vous r'aime chèrement à cette heure.

ANGÉLIQUE.

A cause des vingt mille francs?

MAITRE BLAISE.

A cause de vous, et pour l'amour d'eux.

ANGÉLIQUE.

Vous avez donc intention de les recevoir?

MAITRE BLAISE.

Pargué! à voute avis?

ANGÉLIQUE.

Et moi, je vous déclare que, si vous les prenez, je ne veux point de vous.

MAITRE BLAISE.

En veci bian d'un autre!

ANGÉLIQUE.

Il y aurait trop de lâcheté à vous de prendre de l'argent d'un homme qui a voulu me marier à un autre, qui m'a offensée en particulier en croyant que je l'aimais, et qu'on dit que j'aime moi-même.

LISETTE.

Mademoiselle a raison; j'approuve tout à fait ce qu'elle dit là.

MAITRE BLAISE.

Mais acoutez donc le bon sens : si je ne prends pas les vingt mille francs, vous me pardrez, vous ne m'aurez point, voute mère ne voura point de moi.

ANGÉLIQUE.

Eh bien, si elle ne veut point de vous, je vous laisserai.

MAITRE BLAISE, inquiet.

Est-ce votre dernier mot?

ANGÉLIQUE.

Je ne changerai jamais.

MAITRE BLAISE.

Ah! me v'là biau garçon!

SCÈNE XX

LUCIDOR, MAITRE BLAISE, ANGÉLIQUE, LISETTE.

LUCIDOR.

Votre mère consent à tout, belle Angélique; j'en ai sa parole, et votre mariage avec maître Blaise est conclu, moyennant les vingt mille francs que je donne. Ainsi vous n'avez qu'à venir tous deux l'en remercier.

MAITRE BLAISE.

Point du tout; il y a un autre vertigo qui la tiant : alle a de l'aversion pour le magot de vingt mille francs, à cause de vous qui les délivrez ; alle ne veut point de moi si je les prends, et je veux du magot avec alle.

ANGÉLIQUE, s'en allant.

Et moi, je ne veux plus de qui que ce soit au monde.

LUCIDOR.

Arrêtez, de grâce, chère Angélique. Laissez-nous, vous autres.

MAITRE BLAISE, prenant Lisette sous le bras, à Lucidor.

Noute premier marché tiant-il toujours?

LUCIDOR.

Oui, je vous le garantis.

MAITRE BLAISE.

Que le ciel vous conserve en joie! je vous flance donc, fillette.

SCÈNE XXI

LUCIDOR, ANGÉLIQUE.

LUCIDOR.

Vous pleurez, Angélique ?

ANGÉLIQUE.

C'est que ma mère sera fâchée; et puis j'ai eu assez de confusion pour cela.

LUCIDOR.

A l'égard de votre mère, ne vous en inquiétez pas, je la calmerai ; mais me laisserez-vous la douleur de n'avoir pu vous rendre heureuse ?

ANGÉLIQUE.

Oh! voilà qui est fini, je ne veux rien d'un homme qui m'a donné le renom que je l'aimais toute seule.

LUCIDOR.

Je ne suis point l'auteur des idées qu'on a eues là-dessus.

ANGÉLIQUE.

On ne m'a point entendue me vanter que vous m'aimiez, quoique je l'eusse pu croire aussi bien que vous, après toutes les amitiés et toutes les manières que vous avez eues pour moi depuis que vous êtes ici; je n'ai pourtant pas abusé de cela ; vous n'en avez pas agi de même, et je suis la dupe de ma bonne foi.

LUCIDOR.

Quand vous auriez pensé que je vous aimais, quand vous m'auriez cru pénétré de l'amour le plus tendre, vous ne vous seriez pas trompée. (Angélique ici redouble ses pleurs.) Et, pour achever de vous ouvrir mon cœur, je vous avoue que je vous adore, Angélique.

ANGÉLIQUE.

Je n'en sais rien; mais, si jamais je viens à aimer quelqu'un ce ne sera pas moi qui lui chercherai des filles en mariage; je le laisserai plutôt mourir garçon.

LUCIDOR.

Hélas ! Angélique, sans la haine que vous m'avez déclarée, et qui m'a paru si vraie, si naturelle, j'allais me proposer moi-même. Mais qu'avez-vous donc encore à soupirer?

ANGÉLIQUE.

Vous dites que je vous hais: n'ai-je pas raison? Quand il n'y aurait que ce portrait de Paris qui est dans votre poche.

LUCIDOR.

Ce portrait n'est qu'une feinte : c'est celui d'une sœur que j'ai.

ANGÉLIQUE.

Je ne pouvais pas deviner.

LUCIDOR.

Le voici, Angélique, et je vous le donne.

ANGÉLIQUE.

Qu'en ferai-je, si vous n'y êtes plus? Un portrait ne guérit de rien.

LUCIDOR.

Et si je restais, si je vous demandais votre main, si nous ne nous quittions de la vie?

ANGÉLIQUE.

Voilà du moins ce qu'on appelle parler, cela.

LUCIDOR.

Vous m'aimez donc?

ANGÉLIQUE.

Ai-je jamais fait autre chose?

LUCIDOR, se mettant à genoux.

Vous me transportez, Angélique!

SCÈNE XXII

MADAME ARGANTE, LUCIDOR, ANGÉLIQUE, MAITRE BLAISE, FRONTIN, LISETTE.

MADAME ARGANTE.

Eh bien, mais, monsieur!... Mais que vois-je? vous êtes aux genoux de ma fille, je pense.

LUCIDOR.

Oui, madame, et je l'épouse dès aujourd'hui, si vous y consentez.

MADAME ARGANTE.

Vraiment, que de reste, monsieur! c'est bien de l'honneur à nous tous; et il ne manquera rien à la joie où je suis, si monsieur (montrant Frontin), qui est votre ami, demeure aussi le nôtre.

FRONTIN.

Je suis de si bonne composition, que ce sera moi qui vous verserai à boire à table. (A Lisette.) Ma reine, puisque vous aimiez tant Frontin, et que je lui ressemble, j'ai envie de l'être.

LISETTE.

Ah ! coquin ! je t'entends bien ; mais tu l'es trop tard.

MAITRE BLAISE.

Je ne pouvons nous quitter; il y a douze mille francs qui nous suivent.

MADAME ARGANTE.

Que signifie donc cela ?

LUCIDOR.

Je vous l'expliquerai tout à l'heure. Qu'on fasse venir les violons du village, et que la journée finisse par des danses.

FIN.

www.ingramcontent.com/pod-product-compliance
Lightning Source LLC
Chambersburg PA
CBHW070753170426
43200CB00007B/758